U0861093

高 等 学 校 教 师 教 育 系 列 教 材
教育部卓越教师培养计划改革项目成果教材

数学

（第二册）

丛书总主编　黄　琳
丛书副总主编　李学全　禹建柏　匡代军
丛书主审　徐庆军

本册主编　覃亚平
副主编　邓　勇　杨柳笑　何凯琳
参编人员　于　鹏　吴艳斌　柯飞燕
文　娟　郭　啸　彭　懿
向　文

南京大学出版社

图书在版编目(CIP)数据

数学. 第二册 / 覃亚平主编. — 南京 ：南京大学出版社，2018.12(2021.1 重印)

ISBN 978 - 7 - 305 - 21370 - 0

Ⅰ. ①数… Ⅱ. ①覃… Ⅲ. ①小学数学课—教学研究—高等学校—教材 Ⅳ. ①G623.502

中国版本图书馆 CIP 数据核字(2018)第 291274 号

出版发行 南京大学出版社
社　　址 南京市汉口路 22 号　　邮　编 210093
出 版 人 金鑫荣

书　　名 数学(第二册)
主　　编 覃亚平
责任编辑 曹　森　　编辑热线 025 - 83592123

照　　排 南京南琳图文制作有限公司
印　　刷 南京玉河印刷厂
开　　本 787×1092　1/16　印张 13.75　字数 335 千
版　　次 2018 年 12 月第 1 版　2021 年 1 月第 2 次印刷
ISBN 978 - 7 - 305 - 21370 - 0
定　　价 45.00 元

网址：http://www.njupco.com
官方微博：http://weibo.com/njupco
微信服务号：njuyuexue
销售咨询热线：(025) 83594756

前言

数学是研究空间形式和数量关系的科学，是科学和技术的基础，是人类文化的重要组成部分. 通过数学的学习，可以提高个人的思维能力、运算能力、空间想象能力和解决实际问题的能力. 本教材立足教育部卓越教师培养计划改革的要求，为初中起点的教师教育而编写，目的是让学生通过学习掌握必要的基础知识，具备必需的技能与能力，形成一定的数学素养，为学习专业知识、掌握专业技能和终身学习奠定基础.

在编写上本书体现科学性、实用性、针对性、持续性和趣味性的原则. 在内容呈现上关注：① 注重继承、发展与创新的关系，在吸收、研究以往同类教材的基础上有所发展，有所创新. ② 注重与九年义务教育阶段数学课程的衔接，做到知识的整合，章节中提供一些预备知识，供学生们在学习相关知识时复习以前的知识. ③ 体现新课改的理念，把知识学习、能力培养与情感体验三个目标有机结合，使学生在学习过程中既获得了知识，又在能力方面得到提高，获得情感体验. ④ 纸质书与立体化教学资源结合，除了有相应的阅读材料、知识结构图、知识回顾与思考和总复习题等，借助二维码的形式，根据重难点配备了相应的视频片段及练习答案. ⑤ 全套共四册，按知识的逻辑顺序及课时的分配划分章节，每小节配备随堂练习，供学生即学即练；每大节配备习题，并按难易程度分 A、B 两组，以满足学情不同的学生课后练习. 为方便学生课后复习、巩固提高，编写了配套的学习指导用书，亦可作为六年制、五年制学前及小学教育专业的学习用书.

本套书共有四册，总主编是黄琳（长沙师范学院），第一册主编是邓勇（长沙师范学院），第二册主编是覃亚平（长沙师范学院），第三册主编是邓勇（长沙师范学院），第四册主编是杨柳笑（长沙师范学院）.

本书为丛书的第二册. 参加本册书编写及微课制作的人员有：覃亚平、邓勇、杨柳笑、何凯琳、于鹏、吴艳斌、柯飞燕、文娟、郭啸、彭懿、向文.

在此，还要对本教材编写过程中给予我们诸多支持、帮助的各位领导、老师表示衷心的感谢！

由于编者水平有限，书中的不足之处在所难免，恳请各位专家、同行和读者批评指正，以便再版时修订.

目 录

第五章　三角函数

第六章　数　列

第七章 空间几何体

第八章 点、直线、平面的位置关系

第五章 三角函数

微信扫一扫
获取本章资源

在我们周围运动着的世界里，存在着许多周期性的现象. 例如：由地球自转引起的昼夜交替变化和公转引起的四季交替变化；物体做匀速圆周运动时位置变化的周期性；潮汐变化的周期性，即海水在月球和太阳引力作用下发生的周期性涨落现象，等等. 应如何用数学的方法来表示这种周期性变化规律呢？我们知道，函数是表示客观世界变化规律的数学模型，而本章要学习的三角函数就是描述这种变化规律的数学模型.

在本章，我们将角推广到任意角，引入弧度制，定义任意角的三角函数. 在此基础上研究三角函数的基本关系式、诱导公式，以及三角函数的图像和性质等. 此外，我们反过来探讨已知三角函数值求角的方法. 三角函数知识在今后的学习中起着重要的作用.

本章学习目标

通过本章学习，将实现以下学习目标：

- 了解任意角的概念
- 理解弧度制的意义，能正确地进行弧度与角度的换算
- 了解弧度制下的弧长公式
- 掌握任意角的正弦、余弦、正切的定义，了解余切、正割、余割的定义
- 掌握同角三角函数的基本关系式及其应用
- 掌握诱导公式及其应用
- 能画出正弦函数、余弦函数、正切函数的图像，理解它们的性质
- 理解函数 $y=A\sin(\omega x+\phi)$ 的图像与正弦曲线的关系，理解 A、ω、ϕ 的物理意义
- 了解已知三角函数值求角的方法

5.1 角的概念的推广　弧度制

5.1.1 角的概念的推广

思考: 如果你的手表慢了 20 分钟,或快了 1.25 个小时,你应该将分针分别旋转多少度才能将时间校准?

过去,我们研究的角是 $0^\circ \sim 360^\circ$ 范围的角.但是,在日常生活中,在生产和科学实验中,还会经常遇到其他度数的角.如自行车的车轮按逆时针旋转一周就形成了 0° 到 360° 之间的角;车轮继续旋转一周后又形成了 360° 到 720° 的所有的角;继续旋转下去,可以形成更大的角.又如,在调整手表过程中,当手表快了,我们需要将分针逆时针旋转;当手表慢了,我们需要将分针顺时针旋转.这时,分针旋转所形成的角明显是有不同的方向,因此要准确地描述这些现实中的角,我们就需要将角的概念进行推广.

我们知道,**角可以看成是由一条射线绕着它的端点旋转而成的**.如图 5.1.1,一条射线由原来的位置 OA,绕着它的端点 O 按逆时针方向旋转到另一位置 OB,就形成角 α.旋转的起始位置 OA 叫作角 α 的**始边**,旋转的终止位置 OB 叫作角 α 的**终边**.

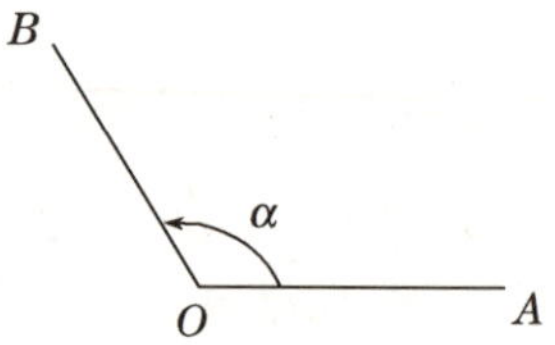

图 5.1.1

我们把按逆时针方向旋转所形成的角叫**正角**,把按顺时针方向旋转所形成的角叫作**负角**.图 5.1.2(1)中的角是个正角,为 750°;图 5.1.2(2)中分别有,正角 $\alpha=210^\circ$,负角 $\beta=-150^\circ$,$\gamma=-660^\circ$.

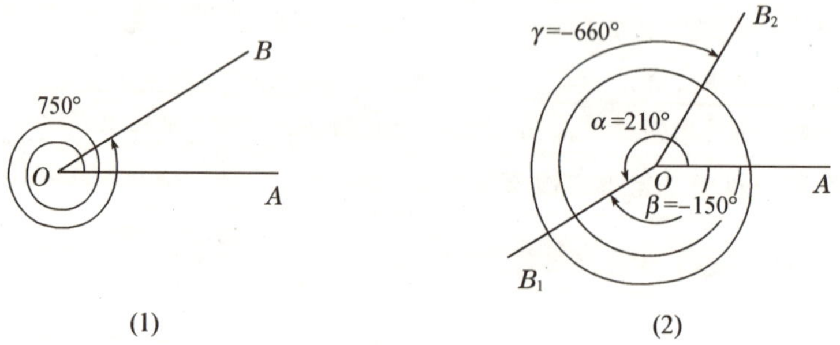

图 5.1.2

特别注意,当一条射线没有进行任何旋转时,我们认为这时也形成了一个角,并把这个角叫作**零角**.如果 α* 是零角,那么 $\alpha=0^\circ$.

这样,我们就把**角的概念推广**到了任意角,包括正角、负角和零角.

* 为了简单起见,在不引起混淆的前提下,"角 α"或"$\angle\alpha$"可以简记为"α".

我们常在直角坐标系内讨论角，使角的顶点与原点重合，角的始边与 x 轴的非负半轴重合，**角的终边在第几象限，就说这个角是第几象限的角**(或说这个角属于第几象限). 如图 5.1.3(1)中的 $30°$，$390°$，$-330°$的角都是第一象限的角；图 5.1.3(2)中的 $300°$，$-60°$的角都是第四象限的角；$585°$的角是第三象限的角. **如果角的终边在坐标轴上，则认为这个角不属于任何象限**.

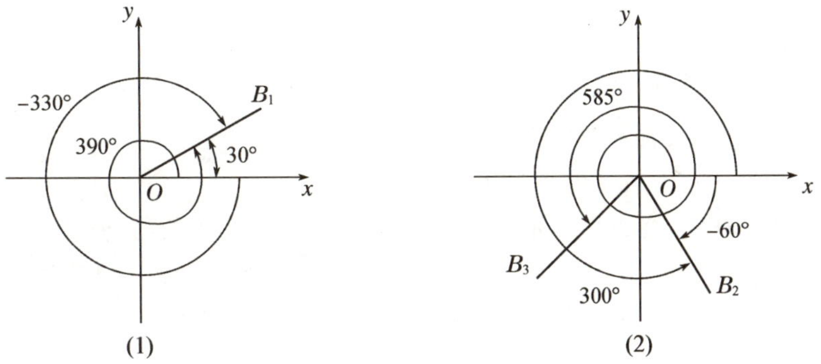

图 5.1.3

> **思考**：从图 5.1.3(1)中看到，$390°$，$-330°$的角都与 $30°$的角的终边相同，那么这些角之间有什么内在联系?

$390°$，$-330°$可以分别写成：$30°+360°$，$30-360°$.

显然，除了这两个角以外，与 $30°$的角终边相同的角还有：

$$30°+2\times360°, 30°-2\times360°;$$

$$30°+3\times360°, 30°-3\times360°;$$

$$\cdots\cdots \qquad \cdots\cdots$$

所有与 $30°$的角终边相同的角，连同 $30°$的角在内，可以用下式来表示：

$$30°+k\times360°, k\in\mathbf{Z}.$$

当 $k=0$ 时，它表示 $30°$的角；$k=1$ 时，它表示 $390°$的角；$k=-1$ 时，它表示 $330°$的角.

一般来说，所有与角 α 终边相同的角，连同 α 角在内，可以用下式来表示：

$$\alpha+k\times360°, k\in\mathbf{Z}.$$

与角 α 终边相同的角，可构成一个集合：$S=\{\beta|\beta=\alpha+k\times360°, k\in\mathbf{Z}\}$.

例 1　在 $0°$到 $360°$间，找出与下列各角终边相同的角，并判定下列各角是哪个象限的角. *

(1) $390°$；　　(2) $-150°$；　　(3) $-750°$.

解：(1) ∵ $390°=360°+30°$

∴ $390°$的角与 $30°$的角终边相同，它是第一象限的角.

---

* 本书规定，在 $0°$到 $360°$间的角，是指 $0°\leqslant\alpha<360°$.

(2) ∵ $-150°=-360°+210°$

∴ $-150°$的角与 $210°$的角终边相同,它是第三象限的角.

(3) ∵ $-750°=-3\times360°+330°$

∴ $-750°$的角与 $330°$的角终边相同,它是第四象限的角.

例 2 写出与下列各角终边相同的角的集合 S.

(1) $30°$; (2) $-60°$; (3) $378°$.

解:(1) $S=\{\beta|\beta=30°+k\times360°,k\in\mathbf{Z}\}$

(2) $S=\{\beta|\beta=-60°+k\times360°,k\in\mathbf{Z}\}$

(3) $S=\{\beta|\beta=378°+k\times360°,k\in\mathbf{Z}\}$

例 3 写出终边在 y 轴上的角的集合.

解:在 $0°$到 $360°$间,终边在 y 轴上的角有两个,即 $90°$,$270°$的角.所有与 $90°$终边相同的角构成集合 $S_1=\{\beta|\beta=90°+k\times360°,k\in\mathbf{Z}\}$,而所有与 $270°$终边相同的角构成集合 $S_2=\{\beta|\beta=270°+k\times360°,k\in\mathbf{Z}\}$,于是终边在 y 轴上的角的集合

$$\begin{aligned}S&=S_1\cup S_2\\&=\{\beta|\beta=90°+2k\times180°,k\in\mathbf{Z}\}\cup\{\beta|\beta=90°+180°+2k\times180°,k\in\mathbf{Z}\}\\&=\{\beta|\beta=90°+2k\times180°,k\in\mathbf{Z}\}\cup\{\beta|\beta=90°+(2k+1)\times180°,k\in\mathbf{Z}\}\\&=\{\beta|\beta=90°+n\times180°,n\in\mathbf{Z}\}.\end{aligned}$$

随堂练习

1. (口答)锐角是第几象限的角?第一象限的角是否都是锐角?请以钝角、直角为例回答这两个问题.

2. 在 $0°$到 $360°$间,找出与下列各角终边相同的角,并判定下列各角是哪个象限的角.

(1) $400°$; (2) $-45°$; (3) $-450°$.

3. 写出与下列各角终边相同的角的集合.

(1) $45°$; (2) $-70°$; (3) $380°$.

4. 在 $-720°$到 $360°$间,找出与下列各角终边相同的角.

(1) $-225°$; (2) $-54°$; (3) $1303°$.

5. 写出终边在直线 $y=x$ 上的角的集合.

5.1.2 弧度制

度量长度可以用米、尺等不同的单位制.度量角是否也能用不同的单位制呢?我们知道,角可以用度为单位进行度量,1 度的角为周角的$\frac{1}{360}$.这种用度作为单位来度量角的单位制叫作**角度制**.下面再介绍在数学和其他许多科学研究中还要经常用到的另一种度量角的单位制——**弧度制**.

把等于半径长的圆弧所对的圆心角叫作 **1 弧度**的角,用符号 rad 表示,读作**弧度**.如图 5.1.4,弧 AB 的长等于半径 r,弧 AB 所对的圆心角$\angle AOB$ 就是 1 弧度的角.在图

5.1.5 中，弧 AC 的长 $l=2r$，那么$\angle AOC$ 的弧度数就是$\frac{l}{r}=\frac{2r}{r}=2$.

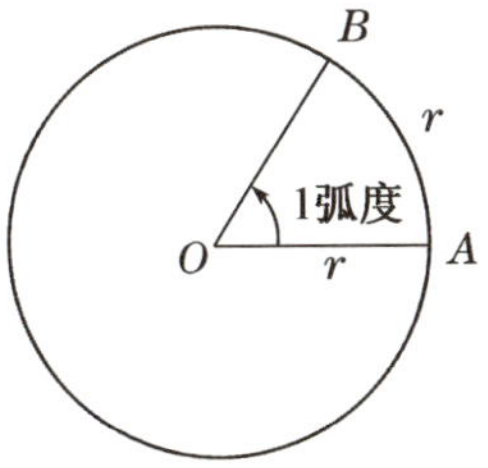

图 5.1.4

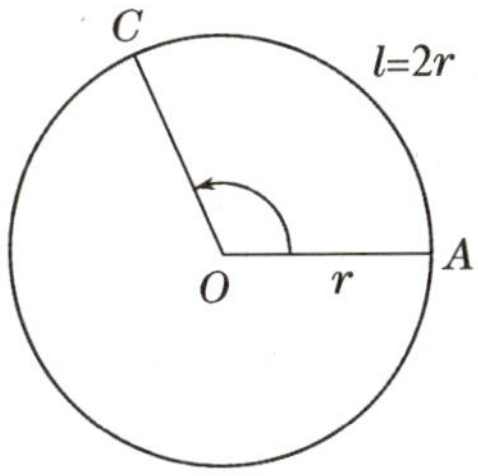

图 5.1.5

可以证明，一定大小的圆心角 α 所对应的弧长与半径的比值是唯一确定的，与半径无关.

思考：如果半径为 r 的圆的圆心角 α 所对的弧长为 l，那么角 α 的弧度数是多少？既然角度制和弧度制都是角的度量制，那么它们之间如何换算？

一般规定：**正角的弧度数为正数，负角的弧度数为负数，零角的弧度数为 0. 如果半径为 r 的圆的圆心角 α 所对的弧长为 l，那么角 α 的弧度数的绝对值是：$|\alpha|=\frac{l}{r}$.**

我们知道，一个周角在角度制下是 360°，在弧度制下，由于它所对的弧长 $l=2\pi r$，所以一个周角的弧度数是：$\frac{2\pi r}{r}=2\pi$

因此有：

$$360^\circ=2\pi\ \text{rad}$$
$$180^\circ=\pi\ \text{rad}$$

由此得到：

$$1^\circ=\frac{\pi}{180}\ \text{rad}$$
$$1\ \text{rad}=\left(\frac{180}{\pi}\right)^\circ$$

例 4　把下列各角从度化成弧度：

(1) 15°；　　(2) 300°.

解：(1) $15^\circ=15\times\frac{\pi}{180}\ \text{rad}=\frac{\pi}{12}\ \text{rad}$

(2) $300^\circ=300\times\frac{\pi}{180}\ \text{rad}=\frac{5\pi}{3}\ \text{rad}$

例 5　把下列各角从弧度化成度：

(1) $-\frac{4\pi}{3}$ rad；　　(2) 2 rad(精确到 0.1°).

解：(1) $-\frac{4\pi}{3}\ \text{rad}=-\frac{4}{3}\times180^\circ=-240^\circ$

(2) $2\ \text{rad}=2\times\frac{180^\circ}{\pi}=\frac{360^\circ}{\pi}\approx114.6^\circ$

我们用弧度制表示角的时候,"弧度"二字或 rad 通常略去不写,而只写这个角所对应的弧度数. 例如:角 $\alpha=2$ 就表示 α 是 2 rad 的角,$\sin\frac{\pi}{3}$ 就表示 $\frac{\pi}{3}$ rad 的角的正弦,即 $\sin\frac{\pi}{3}=\sin 60^\circ=\frac{\sqrt{3}}{2}$.

填写下面特殊角的度数与弧度数的对应表:

度	0°	30°	45°			120°	135°	150°			360°
弧度				$\frac{\pi}{3}$	$\frac{\pi}{2}$				π	$\frac{3\pi}{2}$	

用弧度制来度量角,实际上也是在角的集合与实数集 **R** 之间建立了一种一一对应关系:每一个角都有唯一的一个实数(即这个角的弧度数)与它对应;反过来,每一个实数也都有唯一的一个角(角的弧度数等于这个实数)与它对应,如图 5.1.6 所示.

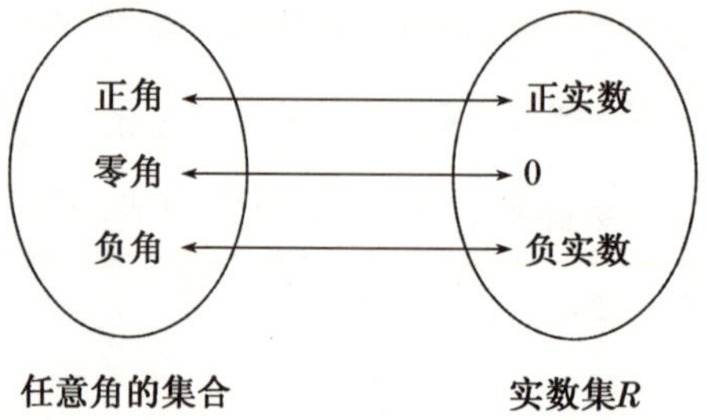

图 5.1.6

例 6　将下列各角化成 $\alpha+2k\pi(0\leqslant\alpha<2\pi,k\in\mathbf{Z})$ 的形式,在弧度制下写出终边相同的角的集合,并指出它是第几象限的角:

(1) $\frac{19}{3}\pi$;　　(2) -315°.

解:(1) $\frac{19}{3}\pi=\frac{\pi}{3}+6\pi\left(\alpha=\frac{\pi}{3},k=3\right)$,它是第一象限的角,与它终边相同的角的集合是:$S=\left\{\beta\middle|\beta=\frac{\pi}{3}+2k\pi,k\in\mathbf{Z}\right\}$

(2) $-315^\circ=45^\circ-360^\circ=\frac{\pi}{4}-2\pi\left(\alpha=\frac{\pi}{4},k=-1\right)$,它是第一象限的角,与它终边相同的角的集合是:$S=\left\{\beta\middle|\beta=\frac{\pi}{4}+2k\pi,k\in\mathbf{Z}\right\}$

随堂练习

1. 把下列各角从度化成弧度.

(1) 135°;　　(2) -210°;　　(3) 300°.

2. 把下列各角从弧度化成度.

(1) $\frac{\pi}{12}$;　　(2) $-\frac{5}{6}\pi$;　　(3) $\frac{7\pi}{4}$.

3. 将下列各角化成 $\alpha+2k\pi(0\leqslant\alpha<2\pi,k\in\mathbf{Z})$ 的形式，并指出它是第几象限的角.

(1) $\frac{25}{3}\pi$;　　(2) $-1500°$.

4. 利用计算器比较下列各对值的大小(精确到 0.001).

(1) $\cos 0.75°$ 和 $\cos 0.75$;　　(2) $\tan 1.2°$ 和 $\tan 1.2$.

5. 已知半径为 120 mm 的圆上，有一条弧的长是 144 mm，求所对的圆心角(正角)的弧度数.

5.1.3　弧度制下的弧长公式

我们知道，在角度制下的弧长公式：$l=\frac{n\pi R}{180}$

其中 n 表示弧所对的圆心角的度数，R 为半径(图 5.1.7).

在弧度制下，由公式 $|\alpha|=\frac{l}{r}$ 可得：

$$l=|\alpha|R,$$

即：弧长等于弧所对的圆心角(的弧度数)的绝对值与半径的积.

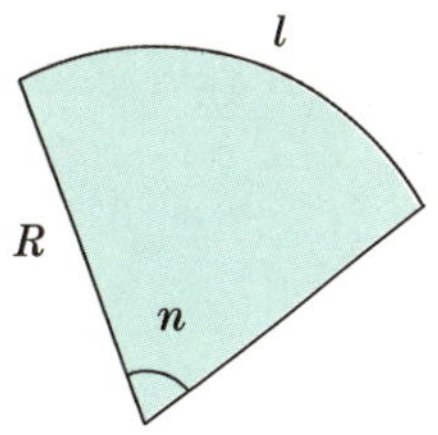

图 5.1.7

显然，弧度制下的弧长公式比角度制下的弧长公式更为简单，这正是引入弧度制的原因之一.

例 7　证明扇形面积公式为：$S=\frac{1}{2}lR$

其中 l 是扇形弧长，R 是圆的半径.

证明：由于角度制下的扇形面积公式为：$S=\frac{n\pi R^2}{360}$

n 表示弧所对的圆心角的度数. 将 $n°$ 转化为弧度得：$\alpha=\frac{n\pi}{180}$，

于是

$$S=\frac{1}{2}\alpha R^2$$

将弧度制下的弧长公式 $l=\alpha R$ 代入上式得：$S=\frac{1}{2}lR$

可知这比扇形面积公式 $S=\frac{n\pi R^2}{360}$ 简单.

例 8　求右图 5.1.8 中弧 AB 的长(精确到 1 m). (图中长度单位为：m)

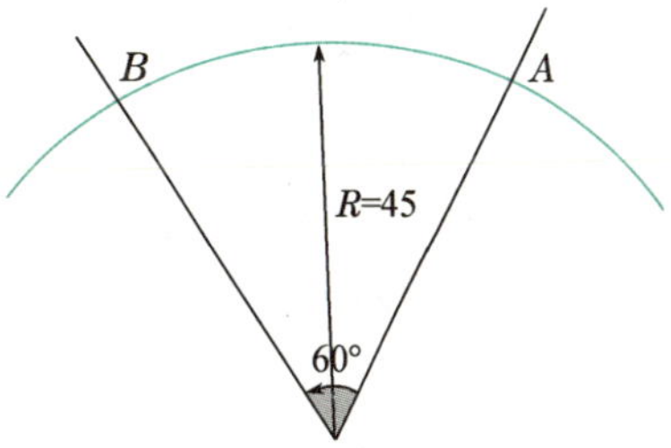

图 5.1.8

解：∵ $60°=\frac{\pi}{3}$

∴ $l=\alpha R=\frac{\pi}{3}\times 45\approx 3.14\times 15\approx 47$(m)

例 9　已知扇形 AOB 的周长是 6 cm，该扇形的中心角是 1 弧度，求该扇形的面积.

解：设扇形的半径为 r，弧长为 l，则有：$\begin{cases}2r+l=6\\ \dfrac{l}{r}=1\end{cases} \Rightarrow \begin{cases}r=2\\ l=2\end{cases}$

∴ 扇形的面积 $S=\dfrac{1}{2}rl=2\ \text{cm}^2$

随堂练习

1. 半径为 1 m 的圆中，60°的圆心角所对的弧长为（　　）m.

A. $\dfrac{\pi}{3}$　　B. $\dfrac{\pi}{6}$　　C. 60　　D. 1

2. 半径为 2，圆心角为 $\dfrac{\pi}{3}$ 的扇形的面积为（　　）.

A. $\dfrac{4\pi}{3}$　　B. π　　C. $\dfrac{2\pi}{3}$　　D. $\dfrac{\pi}{3}$

习题 5.1

A 组

1. 手表时针走过 2 小时，时针转过的角度为（　　）.

A. 60°　　B. −60°　　C. 30°　　D. −30°

2. 在 0°到 360°间，找出与下列各角终边相同的角，并判定下列各角是哪个象限的角：

(1) −265°；　(2) −1000°；　(3) 3900°.

3. 写出与下列各角终边相同的角的集合，并把集合中在−720°到 360°间的角写出来：

(1) 60°；　(2) −75°；　(3) 90°.

4. 把下列各角从度化成弧度：

(1) 36°；　(2) −150°；　(3) 1095°.

5. 把下列各角从弧度化成度：

(1) $-\dfrac{7\pi}{6}$；　(2) 1.4；　(3) $-\dfrac{10\pi}{3}$.

6. 用弧度制表示终边在下列位置的角的集合：

(1) 终边在 x 轴的负半轴上的角的集合；

(2) 终边在 x 轴上的角的集合；

(3) 终边在 y 轴上的角的集合.

7. 判断下列说法是否正确，并说明理由：

(1) 第一象限的角小于第二象限的角；

(2) 若 $90^\circ \leqslant \alpha \leqslant 180^\circ$，则 α 是第二象限的角.

8. 已知弧长为 50 cm 的弧所对的圆心角为 200°，求这条弧所在的圆的半径.

9. 直径为 20 cm 的圆中，求下列大小的圆心角所对的弧长和面积：

(1) $\frac{4\pi}{3}$；　　(2) 165°.

B 组

1. 选择题

(1) 已知 α 是锐角，那么 2α 是(　　).

A. 第一象限角　　B. 第二象限角

C. 小于 180° 的正角　　D. 第一或第二象限角

(2) 已知 α 是第一象限角，那么 $\frac{\alpha}{2}$ 是(　　).

A. 第一象限角　　B. 第二象限角

C. 第一或第二象限　　D. 第一或三象限角

2. 设集合 $E=\{x|x$ 是小于 90° 的角$\}$，$F=\{x|x$ 是锐角$\}$，$G=\{x|x$ 是第一象限的角$\}$，$M=\{x|x$ 是小于 90°，但不小于 0° 的角$\}$，则下列关系成立的是(　　).

A. $F\subset G\subset E$　B. $F\subset E\subset G$　C. $M\subset(E\cap G)$　D. $G\cap M=F$

3. 与 15° 角终边相同的角的集合是(　　).

A. $\{\beta|\beta=15^\circ+k\cdot 90^\circ, k\in\mathbf{Z}\}$　　B. $\{\beta|\beta=15^\circ+k\cdot 180^\circ, k\in\mathbf{Z}\}$

C. $\{\beta|\beta=15^\circ+k\cdot 360^\circ, k\in\mathbf{Z}\}$　　D. $\{\beta|\beta=15^\circ+2k\cdot 360^\circ, k\in\mathbf{Z}\}$

4. 与 1775° 终边相同的绝对值最小的角是(　　).

A. 175°　　B. 75°　　C. -25°　　D. 25°

5. 若 $A=\{\alpha|\alpha=k\cdot 360^\circ, k\in\mathbf{Z}\}$；$B=\{\alpha|\alpha=k\cdot 180^\circ, k\in\mathbf{Z}\}$；$C=\{\alpha|\alpha=k\cdot 90^\circ, k\in\mathbf{Z}\}$，则下列关系中正确的是(　　).

A. $A=B=C$　　B. $A=B\subset C$

C. $A\subseteq B=C$　　D. $A\subset B\subset C$

6. 已知两角 α、β 之差为 1°，其和为 1 弧度，则 α、β 的大小为(　　).

A. $\frac{\pi}{90}$ 和 $\frac{\pi}{180}$　　B. 28° 和 27°

C. 0.505 和 0.495　　D. $\frac{180+\pi}{360}$ 和 $\frac{180-\pi}{360}$

7. (1) 时间经过 4 h(小时)，时针、分针各转了多少度？各等于多少弧度？

(2) 有人说，钟的时针和分针一天内会重合 24 次，你认为这种说法是否正确，请说明理由.(提示：从午夜零时算起，假设分针走了 t min 会与时针重合，一天内分针和时针会重合 n 次，建立 t 关于 n 的函数关系式，并画出其图像，然后求出每次重合的时间.)

8. 每人准备一把扇形的扇子,然后与本小组其他同学的对比,从中选出一把展开后看上去形状较为美观的扇子,并用计算器算出它的面积 S_1.

(1) 假设这把扇子是从一个圆面中剪下的,而剩余部分的面积为 S_2,求 S_1 与 S_2 比值.

(2) 要使它的比值为 0.618,则扇子的圆心角应为几度(精确到 10°).

5.2 任意角的三角函数

5.2.1 三角函数的概念

在初中的学习中已经接触过锐角三角函数,它们都是以锐角为自变量,以比值为函数值的函数,当时是对 0°~90°范围内的角研究的. 下面将锐角三角函数推广到任意角的情形.

如图 5.2.1,设 α 是一个任意大小的角. 角 α 的终边上任意一点 P 的坐标是 (x,y),它与原点的距离是 $r(r=\sqrt{x^2+y^2}>0)$,则

(1) 比值 $\frac{y}{r}$ 叫作 α 的正弦,记作 $\sin\alpha$,即:$\sin\alpha=\frac{y}{r}$;

(2) 比值 $\frac{x}{r}$ 叫作 α 的余弦,记作 $\cos\alpha$,即:$\cos\alpha=\frac{x}{r}$;

(3) 比值 $\frac{y}{x}$ 叫作 α 的正切,记作 $\tan\alpha$,即:$\tan\alpha=\frac{y}{x}$;

(4) 比值 $\frac{x}{y}$ 叫作 α 的余切,记作 $\cot\alpha$,即:$\cot\alpha=\frac{x}{y}$;

(5) 比值 $\frac{r}{x}$ 叫作 α 的正割,记作 $\sec\alpha$,即:$\sec\alpha=\frac{r}{x}$;

(6) 比值 $\frac{r}{y}$ 叫作 α 的余割,记作 $\csc\alpha$,即:$\csc\alpha=\frac{r}{y}$.

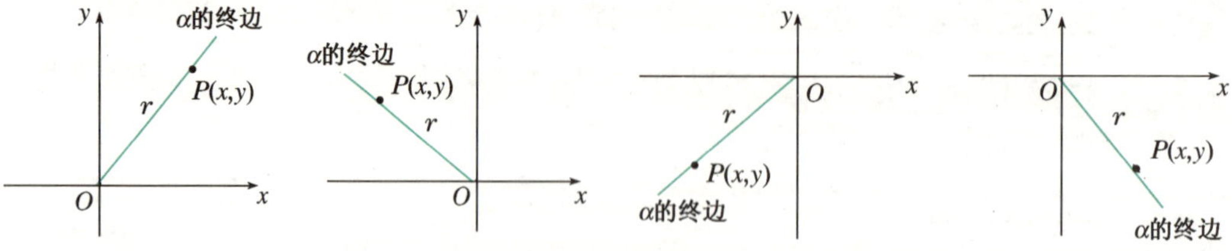

图 5.2.1

由相似三角形的知识可知,这六个比值不会随着点 P 在角 α 的终边上的位置的改变而改变. 当角 α 的终边在 y 轴上时,即 $\alpha=\frac{\pi}{2}+k\pi(k\in\mathbf{Z})$ 时,点 P 的横坐标为 0,$\tan\alpha=\frac{y}{x}$ 及 $\sec\alpha=\frac{r}{x}$ 没有意义. 当角 α 的终边在 x 轴上时,即 $\alpha=k\pi(k\in\mathbf{Z})$ 时,点 P 的纵坐标为 0,

$\cot\alpha=\frac{x}{y}$及 $\csc\alpha=\frac{r}{y}$没有意义. 此外，对于确定的角 α，上面六个比值都各是一个确定的实数. 这就是说，正弦、余弦、正切、余切、正割、余割分别可看成以角为自变量，以终边上点的坐标的比值为函数值的函数，这些函数统称为三角函数.

由于角的集合与实数集合之间可以建立一一对应的关系，三角函数的自变量也可看成是实数. 在弧度制下，三角函数的定义域如下表 5.2.1：

表 5.2.1　三角函数的定义域

三角函数	定义域
$\sin\alpha$	$\mathbf{R}$
$\cos\alpha$	$\mathbf{R}$
$\tan\alpha$	$\left\{\alpha \middle| \alpha\neq\frac{\pi}{2}+k\pi, k\in\mathbf{Z}\right\}$
$\cot\alpha$	$\{\alpha \mid \alpha\neq k\pi, k\in\mathbf{Z}\}$
$\sec\alpha$	$\left\{\alpha \middle| \alpha\neq\frac{\pi}{2}+k\pi, k\in\mathbf{Z}\right\}$
$\csc\alpha$	$\{\alpha \mid \alpha\neq k\pi, k\in\mathbf{Z}\}$

例 1　已知角 α 的终边经过点 $P(2,-3)$，求角 α 的六个三角函数的值.

解：因为 $x=2, y=-3$，所以　$r=\sqrt{2^2+(-3)^2}=\sqrt{13}$，由三角函数的定义得，

$$\sin\alpha=\frac{y}{r}=\frac{-3}{\sqrt{13}}=-\frac{3\sqrt{13}}{13};\qquad \cos\alpha=\frac{x}{r}=\frac{2}{\sqrt{13}}=\frac{2\sqrt{13}}{13};$$

$$\tan\alpha=\frac{y}{x}=-\frac{3}{2};\qquad \cot\alpha=\frac{x}{y}=-\frac{2}{3};$$

$$\sec\alpha=\frac{r}{x}=\frac{\sqrt{13}}{2};\qquad \csc\alpha=\frac{r}{y}=-\frac{\sqrt{13}}{3}.$$

例 2　求角$\frac{5\pi}{3}$的六个三角函数值.

解：如图 5.2.2，我们在角$\frac{5\pi}{3}$的终边上取与原点距离为 1 的点 P，即 $r=1$，易得 P 点坐标为$\left(\frac{1}{2},-\frac{\sqrt{3}}{2}\right)$，由三角函数的定义得，

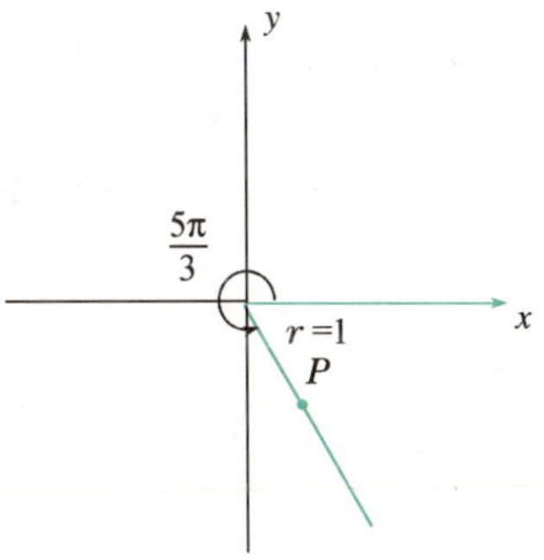

图 5.2.2

$$\sin\alpha=\frac{y}{r}=\frac{-\sqrt{3}}{2};\qquad \cos\alpha=\frac{x}{r}=\frac{1}{2};$$

$$\tan\alpha=\frac{y}{x}=-\sqrt{3};\qquad \cot\alpha=\frac{x}{y}=-\frac{\sqrt{3}}{3};$$

$$\sec\alpha=\frac{r}{x}=2;\qquad \csc\alpha=\frac{r}{y}=-\frac{2\sqrt{3}}{3}.$$

例 3　求下列各角的正弦、余弦、正切、余切值.

(1) 0;　　(2) $\frac{\pi}{2}$;　　(3) π;　　(4) $\frac{3\pi}{2}$.

解:(1) 当 $\alpha=0$ 时, $x=r$, $y=0$, 于是

$\sin 0=0$, $\cos 0=1$, $\tan 0=0$, $\cot 0$ 不存在.

(2) 当 $\alpha=\frac{\pi}{2}$ 时, $x=0$, $y=r$, 于是

$\sin\frac{\pi}{2}=1$, $\cos\frac{\pi}{2}=0$, $\tan\frac{\pi}{2}$ 不存在, $\cot\frac{\pi}{2}=0$.

(3) 当 $\alpha=\pi$ 时, $x=-r$, $y=0$, 于是

$\sin\pi=0$, $\cos\pi=-1$, $\tan\pi=0$, $\cot 0$ 不存在.

(4) 当 $\alpha=\frac{3\pi}{2}$ 时, $x=0$, $y=-r$, 于是

$\sin\frac{3\pi}{2}=-1$, $\cos\frac{3\pi}{2}=0$, $\tan\frac{3\pi}{2}$ 不存在, $\cot\frac{3\pi}{2}=0$.

思考: 设 α 是一个任意的象限角, 那么当 α 在第一、二、三、四象限时, $\sin\alpha$ 的取值符号分别如何? 其他五个三角函数的取值符号分别如何?

由三角函数的定义和各象限内点的坐标的符号得知:

正弦值 $\sin\alpha=\frac{y}{r}$ 对于第一、二象限的角是正的($y>0$, $r>0$), 而对于第三、四象限的角是负的($y<0$, $r>0$);

余弦值 $\cos\alpha=\frac{x}{r}$ 对于第一、四象限的角是正的($x>0$, $r>0$), 而对于第二、三象限的角是负的($x<0$, $r>0$);

正切值 $\tan\alpha=\frac{y}{x}$ 对于第一、三象限的角是正的(x, y 同号), 而对于第二、四象限的角是负的(x, y 异号);

余切值 $\cot\alpha=\frac{x}{y}$ 与正切值 $\tan\alpha=\frac{y}{x}$ 的符号相同;

正割值 $\sec\alpha=\frac{r}{x}$ 与余弦值 $\cos\alpha=\frac{x}{r}$ 的符号相同;

余割值 $\csc\alpha=\frac{r}{y}$ 与正弦值 $\sin\alpha=\frac{y}{r}$ 得符号相同.

三角函数值在每个象限的符号如图 5.2.3 所示.

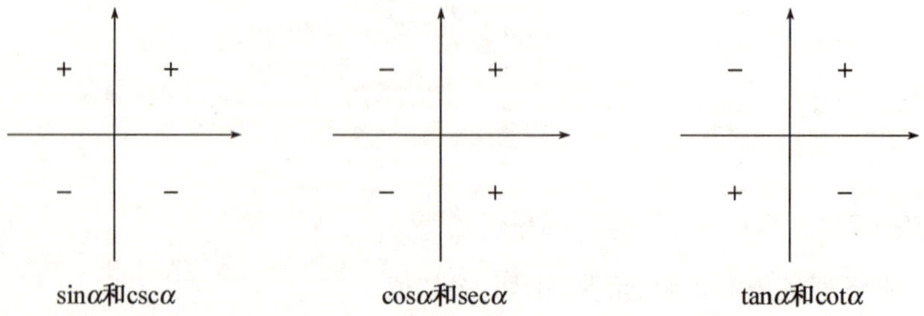

图 5.2.3

例 4　确定下列三角函数值的符号：

(1) $\sin 240°$；　　(2) $\cos\left(-\frac{\pi}{4}\right)$；　　(3) $\tan\frac{11\pi}{3}$.

解：(1) 因为 $240°$是第三象限的角，所以 $\sin 240°<0$；

(2) 因为$-\frac{\pi}{4}$是第四象限的角，所以 $\cos\left(-\frac{\pi}{4}\right)>0$；

(3) 因为 $\tan\frac{11\pi}{3}=\tan\left(2\pi+\frac{5\pi}{3}\right)=\tan\frac{5\pi}{3}$，而$\frac{5\pi}{3}$是第四象限的角，所以 $\tan\frac{11\pi}{3}<0$.

根据三角函数的定义还可以知道，**终边相同的角的同一三角函数的值相等.** 由此得到一组公式**(公式一)**：

$$\sin(\alpha+k\cdot 360°)=\sin\alpha,\cos(\alpha+k\cdot 360°)=\cos\alpha$$
$$\tan(\alpha+k\cdot 360°)=\tan\alpha,\cot(\alpha+k\cdot 360°)=\cot\alpha(k\in\mathbf{Z})$$
$$\sec(\alpha+k\cdot 360°)=\sec\alpha,\csc(\alpha+k\cdot 360°)=\csc\alpha$$

当 α 用弧度制表示时，上式中的 $k\cdot 360°$相应的换成 $2k\pi$.

利用公式一可以把求任意角的三角函数值的问题，转化为求 $0°$到 $360°$(0 到 2π)间角的三角函数值的问题. 由公式一可知，三角函数值有“周而复始”的变化规律，即角的终边每绕原点旋转一周，函数值将重复出现.

例 5　求下列三角函数值.

(1) $\sin 405°$；　　(2) $\cos\frac{13\pi}{3}$；　　(3) $\tan(-300°)$.

解：(1) $\sin 405°=\sin(360°+45°)=\sin 45°=\frac{\sqrt{2}}{2}$

(2) $\cos\frac{13\pi}{3}=\cos\left(4\pi+\frac{\pi}{3}\right)=\cos\frac{\pi}{3}=\frac{1}{2}$

(3) $\tan(-300°)=\tan(-360°+60°)=\tan 60°=\sqrt{3}$

随堂练习

1. 已知角 α 的终边经过点 $P(-1,2)$，求角 α 的六个三角函数的值.

2. 利用任意角的三角函数的定义求$\frac{7\pi}{6}$的六个三角函数的值.

3. (口答)设 α 分别是第一、二、三、四象限的角，$\sin\alpha$，$\cos\alpha$，$\tan\alpha$ 值的符号分别是什么？

4. 确定下列三角函数值的符号：

(1) $\sin 230°$；　　(2) $\cos(-80°)$；　　(3) $\tan\left(-\frac{4\pi}{3}\right)$.

5. 求下列各三角函数值：

(1) $\tan\frac{19\pi}{3}$；　　(2) $\sin 1110°$；　　(3) $\cos\left(-\frac{31\pi}{4}\right)$.

6. 填表：

α	$0°$	$90°$	$180°$	$270°$	$360°$
角 α 的弧度数					
$\sin\alpha$					
$\cos\alpha$					
$\tan\alpha$					

5.2.2 同角三角函数的基本关系式

思考:三角函数是以终边上的点的坐标的比值来定义的，你能通过定义推导出不同三角函数之间的关系吗？

根据三角函数的定义，可以得到同角三角函数的下列基本关系式：

$$\sin^2\alpha+\cos^2\alpha=\left(\frac{y}{r}\right)^2+\left(\frac{x}{r}\right)^2=\frac{y^2+x^2}{r^2}=\frac{r^2}{r^2}=1$$

$$\tan\alpha=\frac{y}{x}=\frac{\frac{y}{r}}{\frac{x}{r}}=\frac{\sin\alpha}{\cos\alpha}$$

$$\tan\alpha\cdot\cot\alpha=\frac{y}{x}\times\frac{x}{y}=1$$

以上关系式可归纳如下：

平方关系：$\sin^2\alpha+\cos^2\alpha=1$

商数关系：$\dfrac{\sin\alpha}{\cos\alpha}=\tan\alpha$

倒数关系：$\tan\alpha\cdot\cot\alpha=1$

上面这些关系式都是恒等式，即当 α 取使关系式的两边都有意义的任意值时，关系式两边的值都相等. 以后所说的恒等式，都是指这个意义下的恒等式.

利用这些关系式，可以根据一个角的某一个三角函数值，求出这个角的其它三角函数值，还可化简三角函数式，证明其它一些三角恒等式，等等.

例 6 已知 $\cos\alpha=-\dfrac{3}{5}$，并且 α 是第二象限的角，求 α 的正弦、正切、余切的值.

解：由 $\sin^2\alpha+\cos^2\alpha=1$，可得

$$\sin\alpha=\pm\sqrt{1-\cos^2\alpha}$$

∵ α 是第二象限的角，$\sin\alpha>0$

∴ $\sin\alpha=\sqrt{1-\cos^2\alpha}=\sqrt{1-\left(-\frac{3}{5}\right)^2}=\frac{4}{5}$

$$\tan\alpha=\frac{\sin\alpha}{\cos\alpha}=\frac{\frac{4}{5}}{-\frac{3}{5}}=-\frac{4}{3}$$

$$\cot\alpha=\frac{1}{\tan\alpha}=\frac{1}{-\frac{4}{3}}=-\frac{3}{4}$$

例 7　已知 $\sin\alpha=\frac{15}{17}$，求 α 的余弦、正切、余切的值.

解：因为 $\sin\alpha>0$，且 $\sin\alpha\neq1$，所以 α 第一或第二象限的角.

(1) 如果 α 是第一象限的角，则

$$\cos\alpha=\sqrt{1-\sin^2\alpha}=\sqrt{1-\left(\frac{15}{17}\right)^2}=\frac{8}{17}$$

$$\tan\alpha=\frac{\sin\alpha}{\cos\alpha}=\frac{15}{17}\div\frac{8}{17}=\frac{15}{8}$$

$$\cot\alpha=\frac{1}{\tan\alpha}=\frac{1}{\frac{15}{8}}=\frac{8}{15}$$

(2) 如果 α 是第二象限的角，则

$$\cos\alpha=-\frac{8}{17},\tan\alpha=-\frac{15}{8},\cot\alpha=-\frac{8}{15}$$

例 8　化简：$\sqrt{1-\sin^2 440^\circ}$.

解：原式 $=\sqrt{1-\sin^2(360^\circ+80^\circ)}=\sqrt{1-\sin^2 80^\circ}=\sqrt{\cos^2 80^\circ}=\cos 80^\circ$

例 9　求证：$\frac{\cos x}{1-\sin x}=\frac{1+\sin x}{\cos x}$.

证法 1：$\because$ 左边 $=\frac{\cos x\cdot\cos x}{(1-\sin x)\cos x}=\frac{1-\sin^2 x}{(1-\sin x)\cdot\cos x}=\frac{1+\sin x}{\cos x}=$ 右边，

$\therefore$ 原等式成立.

证法 2：$\because$ $(1-\sin x)(1+\sin x)=1-\sin^2 x=\cos^2 x=\cos x\cdot\cos x$

$\therefore$ $\frac{\cos x}{1-\sin x}=\frac{1+\sin x}{\cos x}$.

从例 4 可以看出，证明一个三角恒等式的方法多种多样，你能总结一下吗？

随堂练习

1. 已知 $\sin\alpha=-\frac{1}{2}$，并且 α 是第四象限的角，求 α 的余弦、正切、余切的值.

2. 已知 $\tan\alpha=\sqrt{3}$，$\pi\leqslant\alpha\leqslant\frac{3}{2}\pi$，求 $\cos\alpha-\sin\alpha$ 的值.

3. 已知 $\cos\alpha=\frac{\sqrt{3}}{2}$，求 α 的正弦、正切、余切的值.

4. 化简下列式子：

(1) $(1+\tan^2\alpha)\cos^2\alpha$；　　(2) $\sin^4\alpha+\sin^2\alpha\cos^2\alpha+\cos^2\alpha$.

5. 证明下列恒等式：

(1) $\sin^4 x+\cos^4 x=1-2\sin^2 x\cos^2 x$；　　(2) $\tan^2\theta-\sin^2\theta=\tan^2\theta\cdot\sin^2\theta$.

5.2.3 诱导公式

思考：给定一个角 α，$\pi+\alpha$、$\pi-\alpha$、$-\alpha$ 的终边分别与 α 的终边有什么关系？你能推出它们的三角函数之间的关系吗？

如图 5.2.4，我们不难发现，$\pi+\alpha$ 的终边与 α 的终边关于原点对称. 下面，结合三角函数的定义，来讨论 $\pi+\alpha$ 与角 α 之间三角函数的关系. 以原点为圆心，半径为 1 作圆(这个圆叫作**单位圆**). 设任意角 α 的终边与单位圆相交于点 $P_1(x, y)$，由于 $\pi+\alpha$ 的终边与 α 的终边关于原点对称，则 $\pi+\alpha$ 的终边与单位圆的交点 P_2 与 P_1 点关于原点对称，即点 P_2 的坐标为 $(-x, -y)$. 由三角函数的定义得：

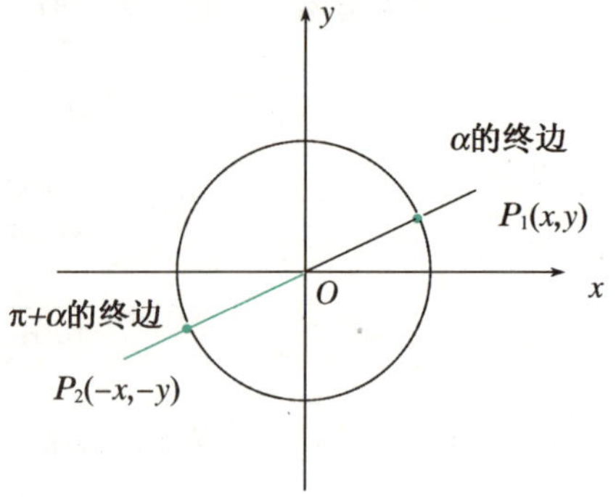

图 5.2.4

$$\sin\alpha=y, \cos\alpha=x, \tan\alpha=\frac{y}{x}$$

$$\sin(\pi+\alpha)=-y, \cos(\pi+\alpha)=-x, \tan\alpha=\frac{y}{x}$$

从而得

$$\begin{aligned}\sin(\pi+\alpha)&=-\sin\alpha\\ \cos(\pi+\alpha)&=-\cos\alpha\\ \tan(\pi+\alpha)&=\tan\alpha\end{aligned} \qquad \text{(公式二)}$$

不难发现，$-\alpha$ 的终边与 α 的终边关于 x 轴对称，$\pi-\alpha$ 的终边与 α 的终边关于 y 轴对称. 同理，得出

$$\begin{aligned}\sin(-\alpha)&=-\sin\alpha\\ \cos(-\alpha)&=\cos\alpha\\ \tan(-\alpha)&=-\tan\alpha\end{aligned} \qquad \text{(公式三)}$$

$$\begin{aligned}\sin(\pi-\alpha)&=\sin\alpha\\ \cos(\pi-\alpha)&=-\cos\alpha\\ \tan(\pi-\alpha)&=-\tan\alpha\end{aligned} \qquad \text{(公式四)}$$

思考：你能用简洁的语言概括一下公式一到公式四吗？它们的作用是什么？

$2k\pi+\alpha(k\in\mathbf{Z})$，$\pi+\alpha$，$-\alpha$，$\pi-\alpha$ **的三角函数值等于 α 的同名函数值，并在前面分别放上把 α 看成锐角时原函数值的符号.**

例 10 求下列各三角函数值.

(1) $\cos 225^\circ$；　　　　(2) $\tan \frac{4}{3}\pi$.

解：(1) $\cos 225^\circ=\cos(180^\circ+45^\circ)=-\cos 45^\circ=-\frac{\sqrt{2}}{2}$

(2) $\tan \frac{4}{3}\pi=\tan\left(\pi+\frac{\pi}{3}\right)=\tan \frac{\pi}{3}=\sqrt{3}$

例 11　求下列各三角函数值.

(1) $\sin\left(-\frac{\pi}{3}\right)$；　　　　(2) $\tan(-210^\circ)$.

解：(1) $\sin\left(-\frac{\pi}{3}\right)=-\sin \frac{\pi}{3}=-\frac{\sqrt{3}}{2}$

(2) $\tan(-210^\circ)=-\tan 210^\circ=-\tan(180^\circ+30^\circ)=-\tan 30^\circ=-\frac{\sqrt{3}}{3}$

例 12　求下列各三角函数值.

(1) $\tan \frac{3}{4}\pi$；　　　　(2) $\sin \frac{5}{6}\pi$.

解：(1) $\tan \frac{3}{4}\pi=\tan\left(\pi-\frac{\pi}{4}\right)=-\tan \frac{\pi}{4}=-1$

(2) $\sin \frac{5}{6}\pi=\sin\left(\pi-\frac{\pi}{6}\right)=\sin \frac{\pi}{6}=\frac{1}{2}$

例 13　求下列各三角函数值.

(1) $\tan(-1665^\circ)$；　　　　(2) $\sin\left(-\frac{17}{3}\pi\right)$.

解：(1) $\tan(-1665^\circ)=-\tan 1665^\circ=-\tan(4\times 360^\circ+225^\circ)=-\tan 225^\circ$

$=-\tan(180^\circ+45^\circ)=-\tan 45^\circ=-1$

(2) $\sin\left(-\frac{17}{3}\pi\right)=-\sin \frac{17}{3}\pi=-\sin\left(2\times 2\pi+\frac{5\pi}{3}\right)=-\sin \frac{5\pi}{3}$

$=-\sin\left(2\pi-\frac{\pi}{3}\right)=\sin \frac{\pi}{3}=\frac{\sqrt{3}}{2}$

利用公式把任意角的三角函数值转化为锐角的三角函数值，一般地可以按以下步骤进行：

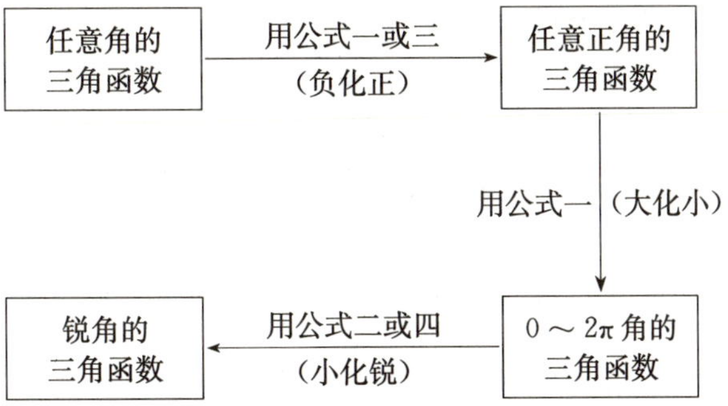

例 14 化简 $\sin(\alpha+180^\circ)\cos(-\alpha)\sin(-\alpha-180^\circ)$.

解:原式 $=-\sin\alpha\cos\alpha[-\sin(\alpha+180^\circ)]$

$=-\sin\alpha\cos\alpha\sin\alpha$

$=-\sin^2\alpha\cos\alpha$

> **思考:** 角 $\frac{\pi}{2}-\alpha$ 的终边分别与 α 的终边有什么关系?你能推出它们的三角函数之间的关系吗?

如图 5.2.5,设任意角 α 的终边与单位圆相交于点 $P_1(x,y)$,由于角 $\frac{\pi}{2}-\alpha$ 的终边与角 α 的终边关于直线 $y=x$ 对称,则 $\frac{\pi}{2}-\alpha$ 的终边与单位圆的交点 P_2 与 P_1 点关于直线 $y=x$ 对称,即点 P_2 的坐标为 (y,x),由三角函数的定义得:

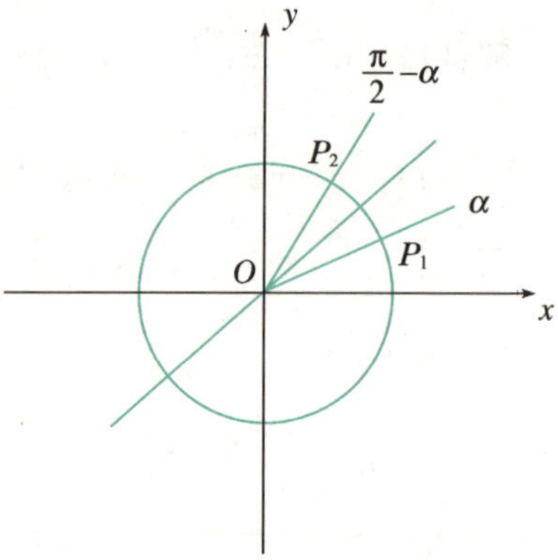

图 5.2.5

$$\cos\alpha=x,\sin\alpha=y;$$

$$\cos\left(\frac{\pi}{2}-\alpha\right)=y,\sin\left(\frac{\pi}{2}-\alpha\right)=x$$

从而得

$$\sin\left(\frac{\pi}{2}-\alpha\right)=\cos\alpha$$
$$\cos\left(\frac{\pi}{2}-\alpha\right)=\sin\alpha$$
(公式五)

由于 $\frac{\pi}{2}+\alpha=\pi-\left(\frac{\pi}{2}-\alpha\right)$,以及公式四、五得

$$\sin\left(\frac{\pi}{2}+\alpha\right)=\cos\alpha$$
$$\cos\left(\frac{\pi}{2}+\alpha\right)=-\sin\alpha$$
(公式六)

公式五和公式六可以概括为:$\frac{\pi}{2}\pm\alpha$ 的正弦(余弦)函数值,分别等于 α 的余弦(正弦)函数值,前面加上一个把 α 看成锐角时原函数值的符号.

公式一~六都叫作诱导公式.

例 15 证明:(1) $\sin\left(\frac{3\pi}{2}-\alpha\right)=-\cos\alpha$;

(2) $\cos\left(\frac{3\pi}{2}-\alpha\right)=-\sin\alpha$.

证明:(1) $\sin\left(\frac{3\pi}{2}-\alpha\right)=\sin\left[\pi+\left(\frac{\pi}{2}-\alpha\right)\right]=-\sin\left(\frac{\pi}{2}-\alpha\right)=-\cos\alpha$

(2) $\cos\left(\frac{3\pi}{2}-\alpha\right)=\cos\left[\pi+\left(\frac{\pi}{2}-\alpha\right)\right]=-\cos\left(\frac{\pi}{2}-\alpha\right)=-\sin\alpha$

随堂练习

1. 求下列各三角函数值.

(1) $\tan 210°$；　　(2) $\cos \frac{7\pi}{6}$.

(3) $\sin 225°$；　　(4) $\sin \frac{4}{3}\pi$.

2. 求下列各三角函数值.

(1) $\tan\left(-\frac{\pi}{3}\right)$；　　(2) $\cos(-210°)$.

3. 求下列各三角函数值.

(1) $\tan \frac{11}{6}\pi$；　　(2) $\cos \frac{3}{4}\pi$；

(3) $\sin 120°$；　　(4) $\sin 150°$.

4. 求下列各三角函数值.

(1) $\sin(-1230°)$；　　(2) $\cos 800°$；

(3) $\tan \frac{79}{6}\pi$；　　(4) $\sin\left(-\frac{23}{3}\pi\right)$.

5. 化简：

(1) $\sin^3(-\alpha)\cos(2\pi+\alpha)\tan(-\alpha-\pi)$；

(2) $\dfrac{\cos\left(\alpha-\frac{\pi}{2}\right)}{\sin\left(\frac{5\pi}{2}+\alpha\right)}\cdot\sin(\alpha-2\pi)\cdot\sin(2\pi-\alpha)$.

6. 填表：

α	$-\frac{4\pi}{3}$	$-\frac{5\pi}{4}$	$-\frac{5\pi}{3}$	$-\frac{7\pi}{4}$	$-\frac{8\pi}{3}$
$\sin\alpha$					
$\cos\alpha$					
$\tan\alpha$					

习题 5.2

A 组

1. 已知角 α 的终边经过点 $P(-8,5)$，求角 α 的六个三角函数的值.

2. 已知角 α 的终边上有一点 P 的坐标是 $(3a,4a)$，其中 $a\neq 0$，求 $\sin\alpha$，$\cos\alpha$，$\tan\alpha$ 的值.

3. 确定下列三角函数值的符号.

(1) $\cos 250°$； (2) $\sin\left(-\frac{\pi}{4}\right)$； (3) $\tan(-672°)$； (4) $\tan\left(\frac{11\pi}{3}\right)$.

4. 求下列三角函数的值.

(1) $\cos\frac{9\pi}{4}$； (2) $\tan\left(-\frac{11\pi}{6}\right)$； (3) $\sin\frac{9\pi}{4}\tan\frac{7\pi}{3}$.

5. 已知 $\sin\alpha=\frac{4}{5}$,并且 α 是第二象限的角,则 $\tan\alpha$ 的值为________.

6. 已知 $\cos\alpha=-\frac{8}{17}$,并且 α 是第三象限的角,则 $\sin\alpha$ 的值为________.

7. 已知 $\tan\alpha=2$,求 $\sin\alpha$,$\cos\alpha$ 的值.

8. 求下列三角函数值：

(1) $\cos 210°$； (2) $\sin\frac{5\pi}{4}$；

(3) $\sin\left(-\frac{4\pi}{3}\right)$； (4) $\tan(-150°)$；

(5) $6\sin(-90°)+3\sin 0°-8\sin 270°+12\cos 180°$；

(6) $10\cos 270°+4\sin 0°+9\tan 0°+15\cos 360°$.

9. 化简：(1) $\cos^2(-\alpha)-\frac{\tan(360°+\alpha)}{\sin(-\alpha)}$；

(2) $\sin(-1071°)\cdot\sin 99°+\sin(-171°)\cdot\sin(-261°)$.

10. 求证：(1) $\frac{1-2\sin x\cos x}{\cos^2 x-\sin^2 x}=\frac{1-\tan x}{1+\tan x}$；

(2) $\tan^2\alpha-\sin^2\alpha=\tan^2\alpha\cdot\sin^2\alpha$；

(3) $(\cos\beta-1)^2+\sin^2\beta=2-2\cos\beta$；

(4) $\sin^4\alpha-\cos^4\alpha=\sin^2\alpha-\cos^2\alpha$；

(5) $\sin(2\pi-\alpha)=-\sin\alpha$；

(6) $\cos(2\pi-\alpha)=\cos\alpha$.

B组

1. 求值：$\sin(-1200°)\cdot\cos 1290°+\cos(-1020°)\cdot\sin(-1050°)+\tan 855°$

2. 已知 $\tan\alpha=3$,求下列各式的值：

(1) $\frac{4\sin\alpha-\cos\alpha}{3\sin\alpha+5\cos\alpha}$； (2) $\frac{\sin^2\alpha-2\sin\alpha\cdot\cos\alpha-\cos^2\alpha}{4\cos^2\alpha-3\sin^2\alpha}$.

3. 已知 α 是第三象限角,化简 $\sqrt{\frac{1+\sin\alpha}{1-\sin\alpha}}-\sqrt{\frac{1-\sin\alpha}{1+\sin\alpha}}$.

4. 化简：

(1) $\frac{\sin(1440°+\alpha)\cdot\cos(\alpha-1080°)}{\cos(-180°-\alpha)\cdot\sin(-\alpha-180°)}$； (2) $\frac{\sin(3\pi+\alpha)\cdot\cos(\alpha-4\pi)}{\cos(-\alpha-5\pi)\cdot\sin(-\pi-\alpha)}$.

5. 已知 $\sin(\pi+\alpha)=-\frac{1}{2}$，计算：

(1) $\sin(5\pi-\alpha)$　　(2) $\sin\left(\frac{\pi}{2}+\alpha\right)$

(3) $\cos\left(\alpha-\frac{3\pi}{2}\right)$　　(4) $\tan\left(\frac{\pi}{2}-\alpha\right)$

5.3　三角函数的图像和性质

5.3.1　正弦函数、余弦函数的图像

先用描点法画出正弦函数 $y=\sin x, x\in[0,2\pi]$的图像.

将定义域$[0,2\pi]$12 等分:(分点越多,画出的图像越精确),计算出它们对应的 y 的值,列成下表:

x	0	$\frac{\pi}{6}$	$\frac{\pi}{3}$	$\frac{\pi}{2}$	$\frac{2\pi}{3}$	$\frac{5\pi}{6}$	π	$\frac{7\pi}{6}$	$\frac{4\pi}{3}$	$\frac{3\pi}{2}$	$\frac{5\pi}{3}$	$\frac{11\pi}{6}$	2π
y	0	$\frac{1}{2}$	$\frac{\sqrt{3}}{2}$	1	$\frac{\sqrt{3}}{2}$	$\frac{1}{2}$	0	$-\frac{1}{2}$	$-\frac{\sqrt{3}}{2}$	-1	$-\frac{\sqrt{3}}{2}$	$-\frac{1}{2}$	0

把表中的每一组对应值作为点的坐标,描出各点,再用光滑的曲线把它们顺次连接起来,就得到函数 $y=\sin x, x\in[0,2\pi]$的图像(图 5.3.1).

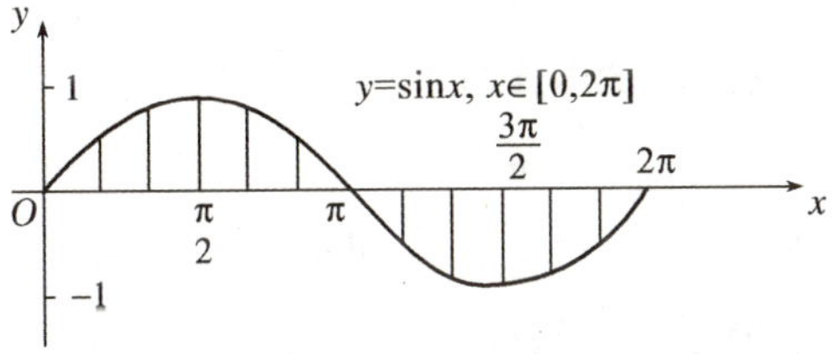

图 5.3.1

因为终边相同的角的三角函数值相等,所以,正弦函数 $y=\sin x, x\in[2\pi,4\pi], x\in[4\pi,6\pi]$,…,以及 $x\in[-2\pi,0], x\in[-4\pi,-2\pi]$,…的图像,与 $x\in[0,2\pi]$的图像形状完全一样. 我们把 $y=\sin x, x\in[0,2\pi]$的图像向左向右平行移动(每次 2π 个单位长度),就可以得到 $y=\sin x, x\in\mathbf{R}$ 的图像(图 5.3.2).

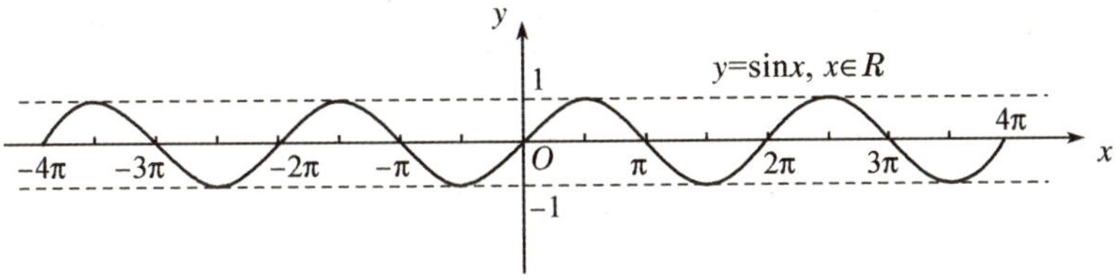

图 5.3.2

探究：你能根据诱导公式，以正弦函数的图像为基础，通过适当的图像变换得到余弦函数的图像吗？

根据诱导公式六，得出

$$y=\cos x=\sin\left(\frac{\pi}{2}+x\right)$$

而函数

$$y=\sin\left(\frac{\pi}{2}+x\right),x\in\mathbf{R}$$

的图像可以通过将正弦函数

$$y=\sin x,x\in\mathbf{R}$$

的图像向左平行移动$\frac{\pi}{2}$个单位长度而得到. 于是我们得到余弦函数 $y=\cos x,x\in\mathbf{R}$ 的图像（图 5.3.3）.

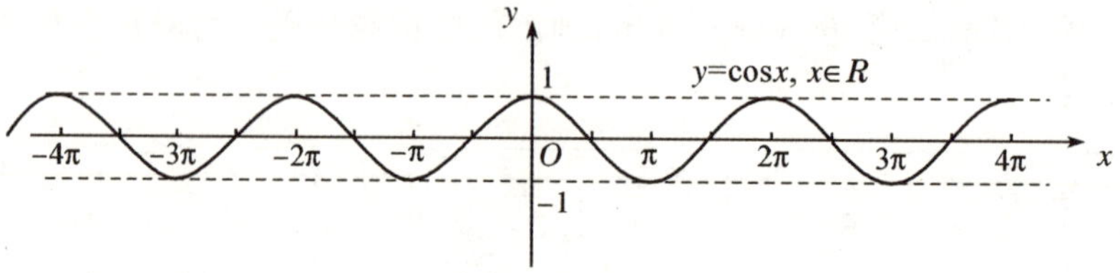

图 5.3.3

正弦函数 $y=\sin x,x\in\mathbf{R}$ 的图像叫作**正弦曲线**，余弦函数 $y=\cos x,x\in\mathbf{R}$ 的图像叫作**余弦曲线**.

思考：在作出正弦函数的图像时，应抓住哪些关键点？

观察图 5.3.1，在函数 $y=\sin x,x\in[0,2\pi]$的图像上，起关键作用的点有以下五个：

$$(0,0),\left(\frac{\pi}{2},1\right),(\pi,0),\left(\frac{3\pi}{2},-1\right),(2\pi,0).$$

这五点描出后，正弦函数 $y=\sin x$ 在$[0,2\pi]$上的图像就基本确定了. 因此，在精确度要求不高时，我们常常先找出这关键的五个点，再用光滑曲线把它们连接起来，就得到函数的简图. 这种方法被称为“五点（画图）法”.

探究：类似于正弦函数图像的五个关键点，你能找出余弦函数的五个关键点吗？请将它们的坐标填入下表，然后作出 $y=\cos x,x\in[0,2\pi]$的图像.

x					
$y=\cos x$					

例 1　作出下列函数图像：

(1) $y=1+\sin x, x\in[0,2\pi]$;

(2) $y=-\cos x, x\in[0,2\pi]$.

解：(1) 列表：

x	0	$\frac{\pi}{2}$	π	$\frac{3\pi}{2}$	2π
$\sin x$	0	1	0	-1	0
$1+\sin x$	1	2	1	0	1

描点：

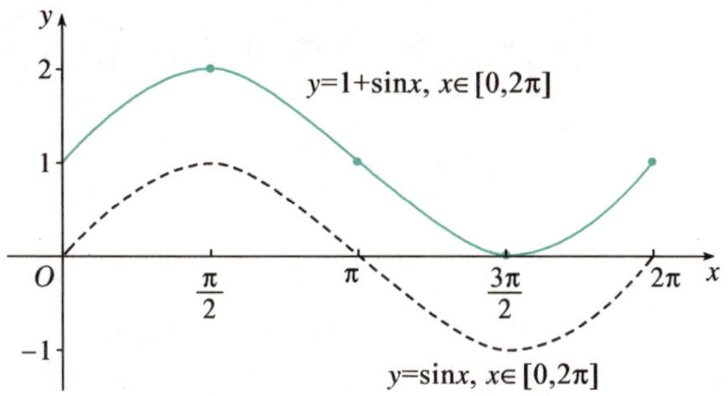

图 5.3.4

从图可以看出：$y=1+\sin x$ 的图像可由 $y=\sin x$ 的图像向上平移一个单位得到.

(2) 列表：

x	0	$\frac{\pi}{2}$	π	$\frac{3\pi}{2}$	2π
$\cos x$	1	0	-1	0	1
$-\cos x$	-1	0	1	0	-1

描点：

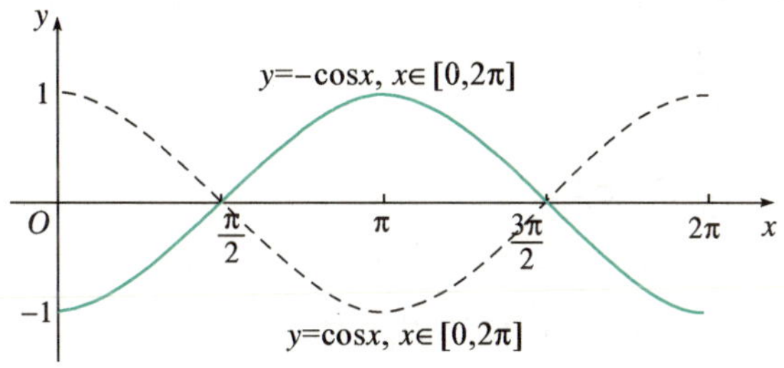

图 5.3.5

从图可以看出：$y=-\cos x$ 的图像与 $y=\cos x$ 的图像关于 x 轴对称.

随堂练习

1. 画出下列函数的简图.

(1) $y=1+\cos x, x\in[0,2\pi]$;　　　　(2) $y=2\sin x, x\in[0,2\pi]$.

2. 画出函数 $y=\sin x, x\in[0,2\pi]$ 与 $y=\cos x, x\in\left[-\frac{\pi}{2},\frac{3\pi}{2}\right]$ 的图像,并观察两条曲线,说出它们的异同.

5.3.2 正弦函数、余弦函数的性质

思考: 根据正弦函数和余弦函数的图像,你能说出它们具有哪些性质?

下面来研究正弦函数和余弦函数的主要性质.

(1) 周期性

由诱导公式 $\sin(x+2k\pi)=\sin x, \cos(x+2k\pi)=\cos x (k\in\mathbf{Z})$ 知道,正弦函数值、余弦函数值是按照一定的规律不断重复出现的,这是弦函数的重要性质.

一般地,对于函数 $y=f(x)$,如果存在一个不为零的常数 T,使得当 x 取定义域内的每一个值时,$f(x+T)=f(x)$ 都成立,那么函数 $y=f(x)$ 叫作**周期函数**,不为零的常数 T 叫作这个函数的**周期**.

例如:对于正弦函数 $y=\sin x, x\in\mathbf{R}$ 来说,$2\pi, 4\pi, \cdots, -2\pi, -4\pi, \cdots$ 都是它的周期. 一般地,对于 $2k\pi (k\in\mathbf{Z}, k\neq0)$ 都是它的周期.

对于一个周期函数来说,如果在所有的周期中存在着一个最小的正数,就把这个最小的正数叫作最小正周期. 例如:2π 是正弦函数的最小正周期.

正弦函数 $y=\sin x, x\in\mathbf{R}$ 和余弦函数 $y=\cos x, x\in\mathbf{R}$ 都是周期函数,$2k\pi (k\in\mathbf{Z}, k\neq0)$ 都是它们的周期,最小正周期是 2π.

今后我们谈到三角函数的周期时,一般指的是三角函数的最小正周期.

例 2 求下列函数的周期.

(1) $y=3\cos x, x\in\mathbf{R}$;

(2) $y=\cos 2x, x\in\mathbf{R}$;

(3) $y=3\sin\left(\frac{1}{2}x+\frac{\pi}{5}\right), x\in\mathbf{R}$.

解:(1) $\because 3\cos x=3\cos(x+2\pi)$,

$\therefore$ 由周期函数的定义可知,原函数的周期为 2π.

(2) 因为 $\cos 2x=\cos(2x+2\pi)=\cos 2(x+\pi)$,

所以由周期函数的定义可知,原函数的周期为 π.

(3) 因为 $3\sin\left(\frac{1}{2}x+\frac{\pi}{5}\right)=3\sin\left(\frac{1}{2}x+2\pi+\frac{\pi}{5}\right)=3\sin\left[\frac{1}{2}(x+4\pi)+\frac{\pi}{5}\right]$,

所以由周期函数的定义可知,原函数的周期为 4π.

> **思考：**你能从例 2 的解答过程中归纳出这些函数的周期与解析式中的哪些量有关？

从上述可看出，这些函数的周期仅与自变量 x 的系数有关.

函数 $y=A\sin(\omega x+\varphi)$，$x\in\mathbf{R}$ 及函数 $y=A\cos(\omega x+\varphi)$，$x\in\mathbf{R}$（其中 A、ω、φ 为常数，且 $A\neq0$，$\omega>0$）的周期 $T=\frac{2\pi}{\omega}$.

根据这个结论，我们可以由这类函数的解析式直接写出函数的周期，如对于上述例子：(1) $T=2\pi$，(2) $T=\frac{2\pi}{2}=\pi$，(3) $T=2\pi\div\frac{1}{2}=4\pi$.

(2) 奇偶性

由诱导公式 $\sin(-x)=-\sin x$，$\cos(-x)=\cos x$ 可知，正弦函数 $y=\sin x$，$x\in\mathbf{R}$ 是奇函数，余弦函数 $y=\cos x$，$x\in\mathbf{R}$ 是偶函数.

从图像上看，正弦曲线关于原点对称，余弦曲线关于 y 轴对称.

(3) 单调性

由正弦曲线 $y=\sin x$ 在 $\left[-\frac{\pi}{2},\frac{\pi}{2}\right]$ 可以看出：当 x 由 $-\frac{\pi}{2}$ 增大到 $\frac{\pi}{2}$ 时，曲线逐渐上升，$\sin x$ 的值由 -1 增大到 1；当 x 由 $\frac{\pi}{2}$ 增大到 $\frac{3\pi}{2}$，曲线逐渐下降，$\sin x$ 由 1 减小到 -1. 这个变化情况如下表所示：

x	$-\frac{\pi}{2}$	…	0	…	$\frac{\pi}{2}$	…	π	…	$\frac{3\pi}{2}$
$\sin x$	-1	↗	0	↗	1	↘	0	↘	-1

这就是说，正弦函数 $y=\sin x$ 在 $\left[-\frac{\pi}{2},\frac{\pi}{2}\right]$ 上是增函数，在 $\left[\frac{\pi}{2},\frac{3\pi}{2}\right]$ 上是减函数.

根据正弦函数的周期性，正弦函数 $y=\sin x$ 在每一个闭区间 $\left[-\frac{\pi}{2}+2k\pi,\frac{\pi}{2}+2k\pi\right]$ $(k\in\mathbf{Z})$ 上，都是增函数；在每一个闭区间 $\left[\frac{\pi}{2}+2k\pi,\frac{3\pi}{2}+2k\pi\right]$ $(k\in\mathbf{Z})$ 上，都是减函数.

类似地，由余弦曲线可以看出，函数 $y=\cos x$ 在 $[-\pi,\pi]$ 上的变化情况如下表所示：

x	$-\pi$	…	$-\frac{\pi}{2}$	…	0	…	$\frac{\pi}{2}$	…	π
$\cos x$	-1	↗	0	↗	1	↘	0	↘	-1

由余弦函数的周期性知道：

余弦函数 $y=\cos x$ 在每一个闭区间 $[-\pi+2k\pi,2k\pi]$ $(k\in\mathbf{Z})$ 上，从 -1 增大到 1，是增函数；在每一个闭区间 $[2k\pi,\pi+2k\pi]$ $(k\in\mathbf{Z})$ 上，都从 1 减小到 -1，是减函数.

(4) 最大值与最小值

函数 $y=\sin x$ 在 $x=\frac{\pi}{2}+2k\pi$，$k\in\mathbf{Z}$ 时取得最大值 $y=1$；在 $x=-\frac{\pi}{2}+2k\pi$，$k\in\mathbf{Z}$ 时

取得最小值 $y=-1$.

函数 $y=\cos x$ 在 $x=2k\pi, k\in \mathbf{Z}$ 时取得最大值 $y=1$;在 $x=(2k+1)\pi, k\in \mathbf{Z}$ 时取得最小值 $y=-1$.

例 3 不求值,比较下列每组中两个三角函数值的大小.

(1) $\sin\left(-\frac{\pi}{10}\right)$与 $\sin\left(-\frac{\pi}{18}\right)$;

(2) $\cos\left(-\frac{23\pi}{5}\right)$与 $\cos\left(-\frac{17\pi}{4}\right)$.

解:(1) 因为$-\frac{\pi}{2}<-\frac{\pi}{10}<-\frac{\pi}{18}<\frac{\pi}{2}$,且正弦函数 $y=\sin x$ 当$-\frac{\pi}{2}\leqslant x\leqslant\frac{\pi}{2}$时是增函数,所以

$$\sin\left(-\frac{\pi}{10}\right)<\sin\left(-\frac{\pi}{18}\right)$$

(2) $\cos\left(-\frac{23\pi}{5}\right)=\cos\frac{23\pi}{5}=\cos\frac{3\pi}{5}$

$\cos\left(-\frac{17\pi}{4}\right)=\cos\frac{17\pi}{4}=\cos\frac{\pi}{4}$

因为 $0<\frac{\pi}{4}<\frac{3\pi}{5}<\pi$,且余弦函数 $y=\cos x$ 在 $0\leqslant x\leqslant\pi$ 上是减函数,所以 $\cos\frac{3\pi}{5}<\cos\frac{\pi}{4}$,即 $\cos\left(-\frac{23\pi}{5}\right)<\cos\left(-\frac{17\pi}{4}\right)$

例 4 利用正弦函数和余弦函数的图像,求满足下列条件的 x 的集合:

(1) $\sin x\geqslant\frac{1}{2}$;

解:作出正弦函数 $y=\sin x, x\in[0,2\pi]$的图像如图 5.3.6,由图像可以得到,$[0,2\pi]$内满足条件的 x 的集合为$\left[\frac{\pi}{6},\frac{5\pi}{6}\right]$. 因此在 $\mathbf{R}$ 上,满足下列条件的 x 的集合:

$$\left[\frac{\pi}{6}+2k\pi,\frac{5\pi}{6}+2k\pi\right],k\in\mathbf{Z}$$

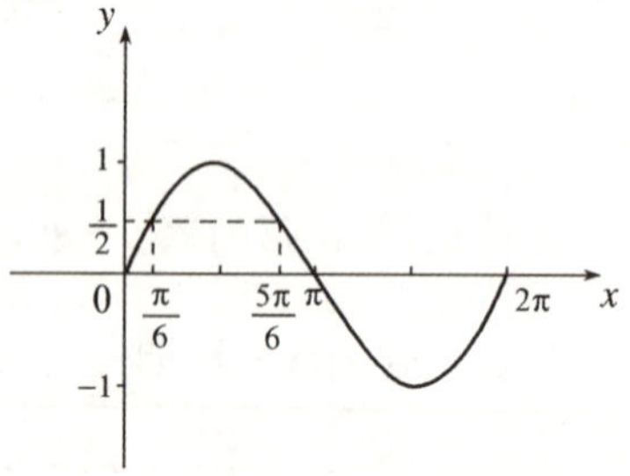

图 5.3.6

(2) $\cos x\leqslant\frac{1}{2}$.

解:作出余弦函数 $y=\cos x, x\in[0,2\pi]$的图像如图 5.3.7,由图像可以得到,$[0,2\pi]$内满足条件的 x 的集合为$\left[\frac{\pi}{3},\frac{5\pi}{3}\right]$. 因此在 $\mathbf{R}$ 上,满足条件的 x 的集合为:

$$\left[\frac{\pi}{3}+2k\pi,\frac{5\pi}{3}+2k\pi\right],k\in\mathbf{Z}$$

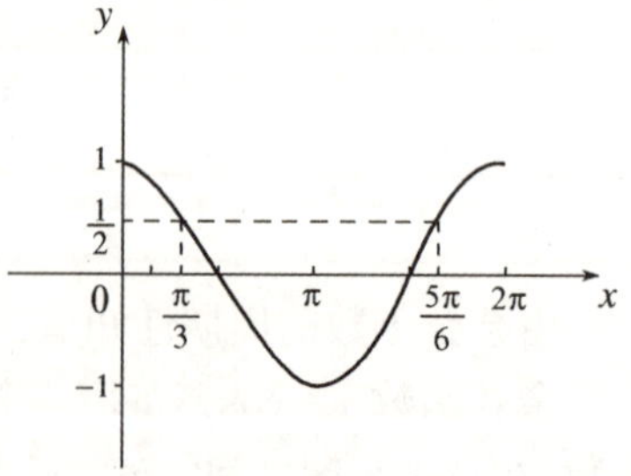

图 5.3.7

例 5 求使下列函数取得最大值的自变量 x 的集合,并说出最大值.

(1) $y=\cos x+1, x\in\mathbf{R}$;

(2) $y=\sin 2x, x\in\mathbf{R}$.

解：(1)使函数 $y=\cos x+1, x\in\mathbf{R}$ 取得最大值的 x 的集合，就是使函数 $y=\cos x, x\in\mathbf{R}$ 取得最大值的 x 的集合

$$\{x \mid x=2k\pi, k\in\mathbf{Z}\}$$

函数 $y=\cos x+1, x\in\mathbf{R}$ 的最大值是 $1+1=2$.

(2) 令 $Z=2x$，使函数 $y=\sin Z, Z\in\mathbf{R}$ 取得最大值的 Z 的集合是

$$\left\{Z \middle| Z=\frac{\pi}{2}+2k\pi, k\in\mathbf{Z}\right\}$$

由 $2x=Z=\frac{\pi}{2}+2k\pi$，得出

$$x=\frac{\pi}{4}+k\pi$$

即使函数 $y=\sin 2x, x\in\mathbf{R}$ 取得最大值的 x 的集合是

$$\left\{x \middle| x=\frac{\pi}{4}+k\pi, k\in\mathbf{Z}\right\},$$

函数 $y=\sin 2x, x\in\mathbf{R}$ 的最大值是 1.

例 6　求下列函数的定义域：

(1) $y=1+\frac{1}{\sin x}$；　　(2) $y=\sqrt{\cos x}$.

解：(1) 由 $\sin x\neq 0$，得 $x\neq k\pi(k\in\mathbf{Z})$

∴ 原函数的定义域为 $\{x \mid x\neq k\pi, k\in\mathbf{Z}\}$

(2) 由 $\cos x\geqslant 0$ 得 $-\frac{\pi}{2}+2k\pi\leqslant x\leqslant\frac{\pi}{2}+2k\pi(k\in\mathbf{Z})$

∴ 原函数的定义域为 $\left[-\frac{\pi}{2}+2k\pi, \frac{\pi}{2}+2k\pi\right](k\in\mathbf{Z})$

随堂练习

1. 作出下列函数图像.

(1) $y=-2\sin x, x\in[0,2\pi]$；　　(2) $y=1+3\cos x, x\in[0,2\pi]$.

2. 确定下列函数的定义域.

(1) $y=\sin(2x+1)$；　　(2) $y=\frac{1}{1-\cos x}$.

3. (口答)下列各式有意义吗？为什么？

(1) $\cos x=-1.001$；　　(2) $\sin x=n^2+1\quad(n\neq 0)$.

4. (口答)当 $x=0,\pi,2\pi,3\pi\cdots\cdots$ 时，等式 $\sin(x+\pi)=\sin x$ 都成立. 能不能说 π 是正弦函数 $y=\sin x$ 的周期？为什么？

5. 求下列各函数的周期.

(1) $y=\sin 2x$；　　(2) $y=\cos\frac{1}{3}x$.

(3) $y=4\sin\frac{1}{5}x$;　　(4) $y=\cos\left(x+\frac{\pi}{7}\right)$.

6. 求下列函数的最大值、最小值及使函数取得这些值的 x 的集合.

(1) $y=3\sin x$;　　(2) $y=1-\frac{1}{2}\cos x$;

(3) $y=2\sin 3x$.

7. 比较下列各组中两个三角函数值的大小(不求值).

(1) $\sin 250°$与$\sin 260°$;　　(2) $\cos\frac{15\pi}{8}$与$\cos\frac{14\pi}{9}$;

(3) $\cos 515°$与$\cos 530°$;　　(4) $\sin\left(-\frac{54\pi}{7}\right)$与$\sin\left(-\frac{63\pi}{8}\right)$.

5.3.3　正切函数的图像和性质

思考: 你能仿照正弦函数图像的研究方法,作出正切函数的图像吗?

由诱导公式二得知,$\tan(x+\pi)=\tan x$,$x\neq\frac{\pi}{2}+k\pi(k\in\mathbf{Z})$,故正切函数是周期函数,周期 $T=\pi$,所以我们只需先研究它在一个周期的变化情况.

这里我们先研究正切函数在$\left(-\frac{\pi}{2},\frac{\pi}{2}\right)$上的图像,列表:

x	$-\frac{\pi}{3}$	$-\frac{\pi}{4}$	$-\frac{\pi}{6}$	0	$\frac{\pi}{6}$	$\frac{\pi}{4}$	$\frac{\pi}{3}$
$\tan x$	−1.73	−1	−0.58	0	0.58	1	1.73

描点作图(图 5.3.8):

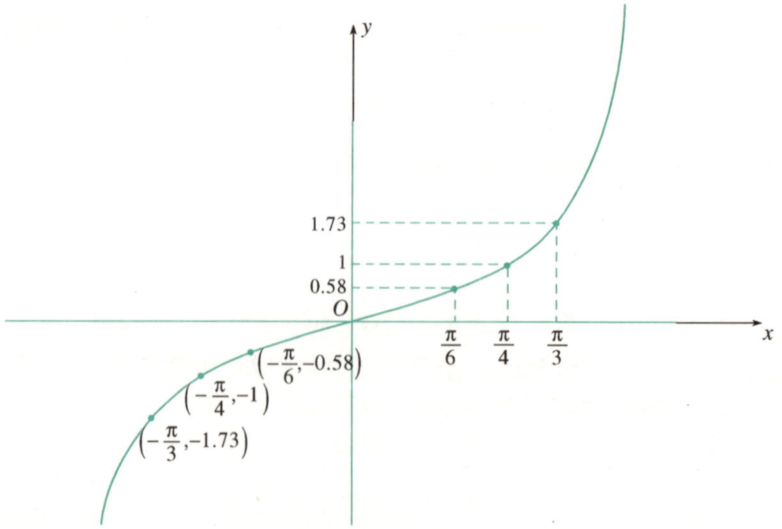

图 5.3.8

根据正切函数的周期性，把正切函数 $y=\tan x, x\in\left(-\frac{\pi}{2},\frac{\pi}{2}\right)$ 的图像向左向右平行移动(每次 π 个单位长度)，就得到 $y=\tan x, x\in\left(-\frac{\pi}{2}+k\pi,\frac{\pi}{2}+k\pi\right)(k\in\mathbf{Z})$ 的图像，如图 5.3.9. 正切函数的图像称为正切曲线，可以看出正切曲线是由相互平行的直线 $x=\frac{\pi}{2}+k\pi$，$(k\in\mathbf{Z})$ 隔开的无穷多支曲线组成的.

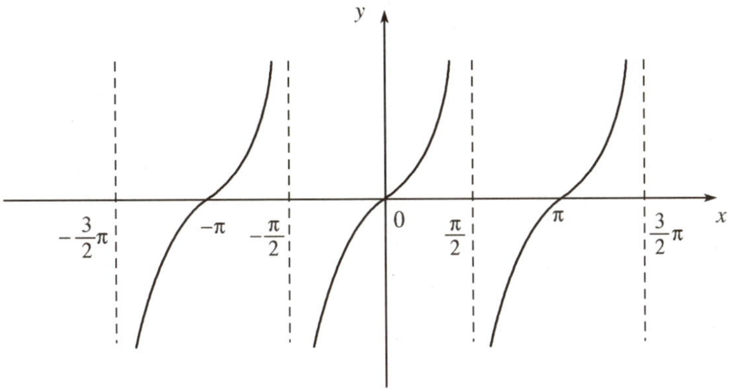

图 5.3.9

正切函数有以下主要性质：

(1) 周期性

正切函数 $y=\tan x, x\neq\frac{\pi}{2}+k\pi$，$(k\in\mathbf{Z})$ 是周期函数，周期 $T=\pi$.

(2) 奇偶性

由诱导公式 $\tan(-x)=-\tan x, x\neq\frac{\pi}{2}+k\pi$，$(k\in\mathbf{Z})$ 可知，正切函数是奇函数.

(3) 单调性

由图 5.3.9 可以看出，正切函数 $y=\tan x$，在每个开区间 $\left(-\frac{\pi}{2}+k\pi,\frac{\pi}{2}+k\pi\right)(k\in\mathbf{Z})$ 内都是增函数.

(4) 值域

由图 5.3.9 可以看出，当 x 从小于 $\frac{\pi}{2}+k\pi(k\in\mathbf{Z})$ 方向无限接近 $\frac{\pi}{2}+k\pi$ 时，曲线向上无限延伸，$\tan x$ 无限增大；当 x 从大于 $\frac{\pi}{2}+k\pi(k\in\mathbf{Z})$ 方向无限接近 $\frac{\pi}{2}+k\pi$ 时，曲线向下无限延伸，$\tan x$ 无限减小，因此，$y=\tan x$ 的值域是 $\mathbf{R}$.

例 7　求函数 $y=\tan 2x$ 的定义域.

解：由 $2x\neq k\pi+\frac{\pi}{2}$，$(k\in\mathbf{Z})$

得 $x\neq\frac{k\pi}{2}+\frac{\pi}{4}$，$(k\in\mathbf{Z})$

∴ $y=\tan 2x$ 的定义域为：$\left\{x \left| x\in\mathbf{R}\text{ 且 }x\neq\frac{k\pi}{2}+\frac{\pi}{4},k\in\mathbf{Z}\right.\right\}$

例 8 观察正切曲线写出满足下列条件的 x 的值的范围：

(1) $\tan x>0$； (2) $\tan x\geqslant\sqrt{3}$.

解：(1) 观察 $y=\tan x$ 在 $\left(-\frac{\pi}{2},\frac{\pi}{2}\right)$ 上的图像，不难看出在此区间上满足 $\tan x>0$ 的 x 的范围为：$0<x<\frac{\pi}{2}$，结合周期性，可知在 $x\in\mathbf{R}$，且 $x\neq k\pi+\frac{\pi}{2}$ 上满足的 x 的取值范围为

$$\left(k\pi,k\pi+\frac{\pi}{2}\right)(k\in\mathbf{Z})$$

(2) 方法同(1)利用图像可知，所求解为 $\left[k\pi+\frac{\pi}{3},k\pi+\frac{\pi}{2}\right)(k\in\mathbf{Z})$.

例 9 不通过求值比较大小.

(1) $\tan 135°$ 与 $\tan 138°$；

(2) $\tan\left(-\frac{13\pi}{4}\right)$ 与 $\tan\left(-\frac{17\pi}{5}\right)$.

解：(1) ∵ $90°<135°<138°<270°$

又∵ $y=\tan x$ 在 $x\in(90°,270°)$ 上是增函数

∴ $\tan 135°<\tan 138°$

(2) ∵ $\tan\left(-\frac{13\pi}{4}\right)=-\tan\frac{\pi}{4}$，$\tan\left(-\frac{17\pi}{5}\right)=-\tan\frac{2\pi}{5}$

又∵ $0<\frac{\pi}{4}<\frac{2\pi}{5}<\frac{\pi}{2}$，$y=\tan x$ 在 $\left(0,\frac{\pi}{2}\right)$ 内单调递增

∴ $\tan\frac{\pi}{4}<\tan\frac{2\pi}{5}$，∴ $-\tan\frac{\pi}{4}>-\tan\frac{2\pi}{5}$，即 $\tan\left(-\frac{13}{4}\pi\right)>\tan\left(-\frac{17}{5}\pi\right)$

随堂练习

1. 正切曲线 $y=\tan x$ 的定义域是________，值域是________，周期是________，它的图像关于________对称，它在每个开区间________内都是单调________.

2. 观察正切曲线写出满足下列条件的 x 的值的范围：

(1) $\tan x=0$； (2) $\tan x+1<0$.

3. 求函数 $y=\tan 3x$ 的定义域.

4. 求函数 $y=5\tan\frac{x}{2}$ 的周期.

5. 我们能说正切曲线在整个定义域内单调递增吗？为什么？

6. 不求值，判断大小.

(1) $\tan\frac{\pi}{7}$ 与 $\tan\frac{\pi}{5}$； (2) $\tan 310°$ 与 $\tan 281°$.

习题 5.3

A组

1. 画出下列函数的简图.

(1) $y=1-\sin x, x\in[0,2\pi]$;　　(2) $y=3\cos x+1, x\in[0,2\pi]$.

2. 求使下列函数取得最大值、最小值的自变量 x 的集合,并分别写出最大值、最小值.

(1) $y=1-\frac{1}{2}\cos\frac{\pi}{3}x, x\in\mathbf{R}$;　　(2) $y=3\sin\left(2x+\frac{\pi}{4}\right), x\in\mathbf{R}$.

3. 求出下列函数的周期.

(1) $y=\sin\frac{3}{2}x, x\in\mathbf{R}$;　　(2) $y=\frac{1}{2}\cos 4x, x\in\mathbf{R}$.

4. 利用函数的单调性比较下列各组中两个三角函数值的大小.

(1) $\sin 256°$与$\sin 265°$;　　(2) $\cos\left(-\frac{47}{10}\pi\right)$与$\cos\left(-\frac{44}{9}\pi\right)$;

(3) $\sin\left(-\frac{63\pi}{8}\right)$与$\sin\left(-\frac{54\pi}{7}\right)$;　　(4) $\cos 760°$与$\cos(-770°)$.

5. 根据正弦函数、余弦函数的图像,写出使下列不等式成立的 x 的取值集合.

(1) $\sin x\geqslant\frac{\sqrt{3}}{2}(x\in\mathbf{R})$;　　(2) $\sqrt{2}+2\cos x\geqslant 0(x\in\mathbf{R})$.

6. 求函数 $y=-\tan\left(x+\frac{\pi}{6}\right)+2$ 的定义域.

7. 求 $y=\tan\left(2x-\frac{\pi}{3}\right), x\neq\frac{5\pi}{12}+\frac{k\pi}{2}(k\in\mathbf{Z})$ 的周期.

8. 利用正切函数的单调性比较下列各组中两个函数值的大小.

(1) $\tan\left(-\frac{1}{5}\pi\right)$与$\tan\left(-\frac{3}{7}\pi\right)$;　　(2) $\tan 1519°$与$\tan 1493°$.

9. 根据正切函数的图像,写出使下列不等式成立的 x 集合.

(1) $1+\tan x\geqslant 0$;　　(2) $\tan x-\frac{\sqrt{3}}{3}\geqslant 0$.

B组

1. 求下列函数的单调区间.

(1) $y=1+\sin x, x\in\mathbf{R}$;

(2) $y=-\cos x, x\in\mathbf{R}$.

2. 已知函数 $y=f(x)$ 的图像如右图所示,试回答下列问题.

(1) 求函数的周期;

(2) 画出函数 $y=f(x+1)$ 的图像;

(3) 写出函数 $y=f(x)$ 的解析式.

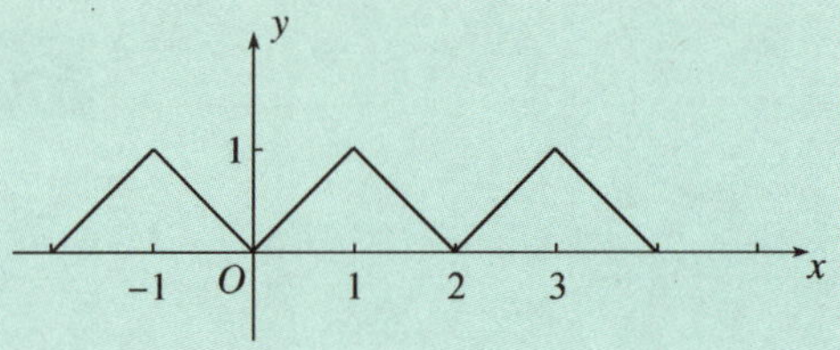

5.4 函数 $y=A\sin(\omega x+\varphi)$ 的图像

在许多实际问题中,我们常常会遇到如 $y=A\sin(\omega x+\varphi)$ 的函数解析式(其中 A,ω,φ 都是常数). 如交流电中电压 u 和时间 t 的关系,物体做简谐振动时位移 s 和时间 t 的关系等. 下面将讨论函数 $y=A\sin(\omega x+\varphi)$,$x\in\mathbf{R}$ 的简图的画法.

1. 振幅变换

例 1 画出下列函数的简图.

$$y=2\sin x,x\in\mathbf{R} \text{ 和 } y=\frac{1}{2}\sin x,x\in\mathbf{R}$$

解:先用"五点法"作出他们在$[0,2\pi]$上的简图,列表如下

x	0	$\frac{\pi}{2}$	π	$\frac{3\pi}{2}$	2π
$\sin x$	0	1	0	-1	0
$2\sin x$	0	2	0	-2	0
$\frac{1}{2}\sin x$	0	$\frac{1}{2}$	0	$-\frac{1}{2}$	0

描点作图(图 5.4.1).

再利用函数的周期性,可得它们在定义域 $\mathbf{R}$ 上的简图(图略).

从图 5.4.1 可以看出:

(1) $y=2\sin x,x\in\mathbf{R}$ 的值域是$[-2,2]$

图像可看作把 $y=\sin x,x\in\mathbf{R}$ 上所有点的纵坐标伸长到原来的 2 倍而得(横坐标不变).

(2) $y=\frac{1}{2}\sin x,x\in\mathbf{R}$ 的值域是 $\left[-\frac{1}{2},\frac{1}{2}\right]$

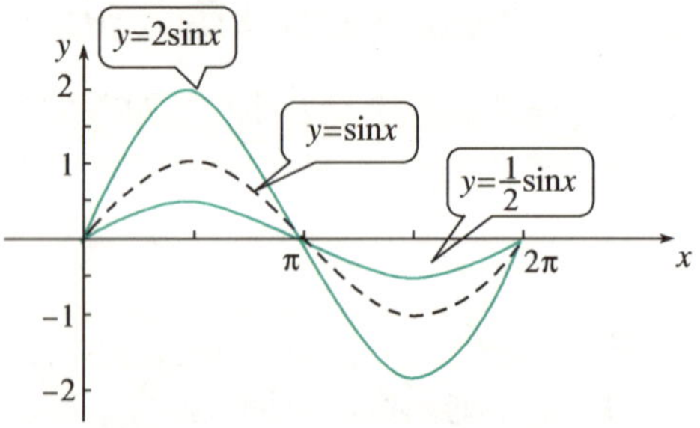

图 5.4.1

图像可看作把 $y=\sin x, x\in \mathbf{R}$ 上所有点的纵坐标缩短到原来的 $\frac{1}{2}$ 倍而得(横坐标不变).

结论:函数 $y=A\sin x$,($x\in \mathbf{R}, A>0, A\neq 1$)的图像,可以看作把正弦曲线上所有点的纵坐标伸长($A>1$)或缩短($0<A<1$)到原来的 A 倍(横坐标不变)而得到,它的值域 $[-A,A]$,最大值是 A,最小值是 $-A$.

A 叫作函数 $y=A\sin x$ 的振幅,故这种变换叫作**振幅变换**.

2. 周期变换

例 2 画出下列函数的简图.

$$y=\sin 2x, x\in \mathbf{R}$$

$$y=\sin \frac{1}{2}x, x\in \mathbf{R}$$

解:函数 $y=\sin 2x, x\in \mathbf{R}$ 的周期 $T=\frac{2\pi}{2}=\pi$.

函数 $y=\sin \frac{1}{2}x, x\in \mathbf{R}$ 的周期 $T=\frac{2\pi}{\frac{1}{2}}=4\pi$

先用"五点法"作出它们在长度为一个周期的闭区间上的简图,列表如下:

$2x$	0	$\frac{\pi}{2}$	π	$\frac{3\pi}{2}$	2π
x	0	$\frac{\pi}{4}$	$\frac{\pi}{2}$	$\frac{3\pi}{4}$	π
$y=\sin 2x$	0	1	0	-1	0

$\frac{x}{2}$	0	$\frac{\pi}{2}$	π	$\frac{3\pi}{2}$	2π
x	0	π	2π	3π	4π
$\sin \frac{x}{2}$	0	1	0	-1	0

描点作图(图 5.4.2)

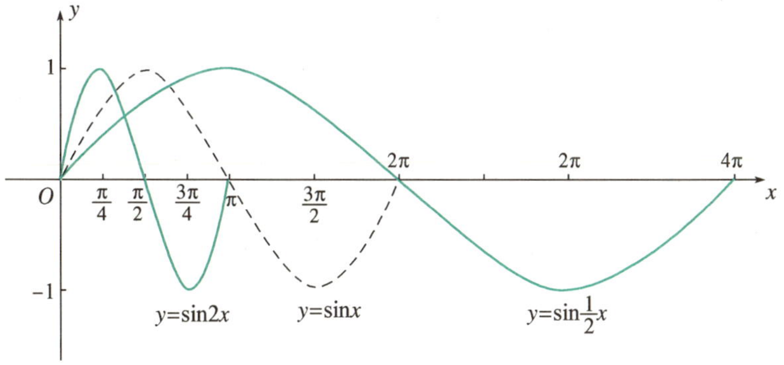

图 5.4.2

再利用函数的周期性,可得它们在定义域 $\mathbf{R}$ 上的简图(图略).

从图 5.4.2 可以看出:

(1) 函数 $y=\sin 2x, x\in\mathbf{R}$ 的图像,可看作把 $y=\sin x, x\in\mathbf{R}$ 上所有点的横坐标缩短到原来的$\frac{1}{2}$倍(纵坐标不变)而得到的.

(2) 函数 $y=\sin\frac{1}{2}x, x\in\mathbf{R}$ 的图像,可看作把 $y=\sin x, x\in\mathbf{R}$ 上所有点的横坐标伸长到原来的 2 倍(纵坐标不变)而得到.

结论:函数 $y=\sin\omega x$,($x\in\mathbf{R}, \omega>0, \omega\neq1$)的图像,可以看作把正弦曲线上所有点的横坐标缩短($\omega>1$)或伸长($0<\omega<1$)到原来的$\frac{1}{\omega}$倍(纵坐标不变)而得到.

ω 决定函数 $y=\sin\omega x$ 的周期,故这种变换叫作**周期变换**.

3. 相位变换

例 3 画出下列函数的简图.

$$y=\sin\left(x+\frac{\pi}{3}\right), x\in\mathbf{R}$$

$$y=\sin\left(x-\frac{\pi}{4}\right), x\in\mathbf{R}$$

解:先用"五点法"作出它们在长度为一个周期的闭区间上的简图,列表如下:

表 5.4.1 $y=\sin\left(x+\frac{\pi}{3}, x\in\mathbf{R}\right.$ 在一个周期闭区间上的取值表$\left.\right)$

x	$-\frac{\pi}{3}$	$\frac{\pi}{6}$	$\frac{2\pi}{3}$	$\frac{7\pi}{6}$	$\frac{5\pi}{3}$
$x+\frac{\pi}{3}$	0	$\frac{\pi}{2}$	π	$\frac{3\pi}{2}$	2π
$\sin\left(x+\frac{\pi}{3}\right)$	0	1	0	-1	0

表 5.4.2 $y=\sin\left(x-\frac{\pi}{4}\right), x\in\mathbf{R}$ 在一个周期闭区间上的取值表

x	$\frac{\pi}{4}$	$\frac{3\pi}{4}$	$\frac{5\pi}{4}$	$\frac{7\pi}{4}$	$\frac{9\pi}{4}$
$x-\frac{\pi}{4}$	0	$\frac{\pi}{2}$	π	$\frac{3\pi}{2}$	2π
$\sin\left(x-\frac{\pi}{4}\right)$	0	1	0	-1	0

描点作图(图 5.4.3)

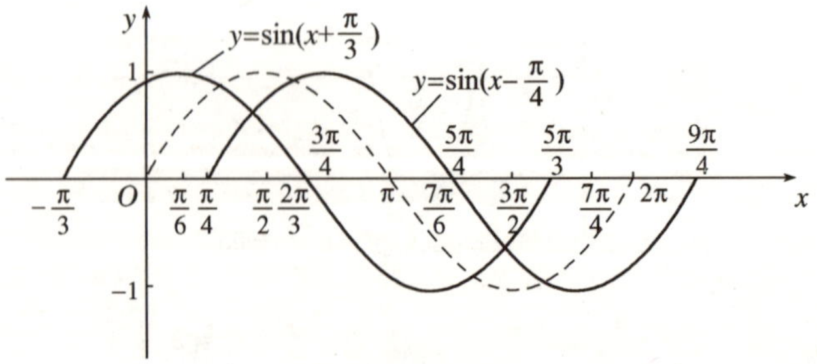

图 5.4.3

再利用函数的周期性,可得它们在定义域 $\mathbf{R}$ 上的简图(图略).

从图 5.4.3 可以看出:

(1) 函数 $y=\sin\left(x+\frac{\pi}{3}\right)$,

$x\in\mathbf{R}$ 的图像可看作把正弦曲线上所有的点向左平行移动$\frac{\pi}{3}$个单位长度而得到.

(2) 函数 $y=\sin\left(x-\frac{\pi}{4}\right)$，$x\in\mathbf{R}$ 的图像可看作把正弦曲线上所有点向右平行移动$\frac{\pi}{4}$个单位长度而得到.

结论：函数 $y=\sin(x+\varphi)$，($x\in\mathbf{R}$，$\varphi\neq0$)的图像，可以看作把正弦曲线上所有点的向左($\varphi>0$)或向右($\varphi<0$)平移$|\varphi|$个单位而得到.

φ 称为函数 $y=\sin(x+\varphi)$的初相，故这种变换叫作**相位变换**.

> **思考**：$y=A\sin(\omega x+\varphi)$，($A>0$，$\omega>0$)的图像可以用什么方法得到呢？

例 4　作出函数 $y=3\sin\left(2x+\frac{\pi}{3}\right)$，$x\in\mathbf{R}$ 的图像.

解：函数 $y=3\sin\left(2x+\frac{\pi}{3}\right)$，$x\in\mathbf{R}$ 的周期 $T=\frac{2\pi}{2}=\pi$.

先用“五点法”作出它们在长度为一个周期的闭区间上的简图，列表如下：

x	$-\frac{\pi}{6}$	$\frac{\pi}{12}$	$\frac{\pi}{3}$	$\frac{7\pi}{12}$	$\frac{5\pi}{6}$
$2x+\frac{\pi}{3}$	0	$\frac{\pi}{2}$	π	$\frac{3\pi}{2}$	2π
$3\sin\left(2x+\frac{\pi}{3}\right)$	0	3	0	-3	0

描点作图：

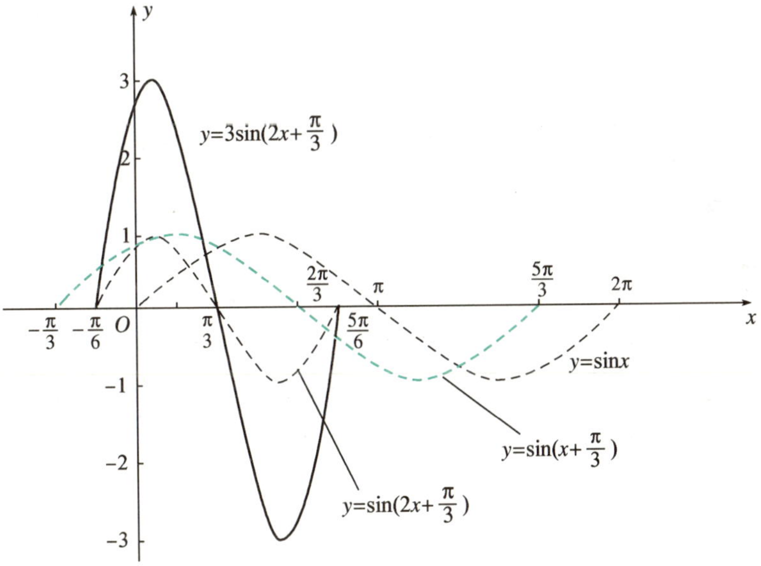

图 5.4.4

再利用函数的周期性，可得它们在定义域 **R** 上的简图（图略）.

由图 5.4.4 可以看出，函数 $y=3\sin\left(2x+\frac{\pi}{3}\right)$，$x\in\mathbf{R}$ 的图像可以通过下面的方法得到：

即：$y=\sin x\xrightarrow{\text{左移}\frac{\pi}{3}\text{个单位}}y=\sin\left(x+\frac{\pi}{3}\right)\xrightarrow[\text{横坐标变为原来的}\frac{1}{2}\text{倍}]{\text{纵坐标不变}}y=\sin\left(2x+\frac{\pi}{3}\right)$

$\xrightarrow[\text{横坐标不变}]{\text{纵坐标变为原来的 3 倍}}y=3\sin\left(2x+\frac{\pi}{3}\right)$

结论：函数 $y=A\sin(\omega x+\varphi)$，$x\in\mathbf{R}$（其中 $A>0$，$\omega>0$）的图像，可以通过下面的方法得到：

先把正弦曲线上所有的点向左（当 $\varphi>0$ 时）或向右（当 $\varphi<0$ 时）平行移动 $|\varphi|$ 个单位长度，再把所得各点的横坐标缩短（当 $\omega>1$ 时）或伸长（当 $0<\omega<1$ 时）到原来的 $\frac{1}{\omega}$ 倍（纵坐标不变），再把所得各点的纵坐标伸长（当 $A>1$ 时）或缩短（当 $0<A<1$ 时）到原来的 A 倍（横坐标不变）.

另外，需要注意一些物理量的概念：

A：称为振幅；$T=\frac{2\pi}{\omega}$：称为周期；$f=\frac{1}{T}$：称为频率；$\omega x+\varphi$：称为相位，$x=0$ 时的相位，φ 称为初相.

随堂练习

1. 填空题

(1) 要得到函数 $y=\frac{2}{3}\sin x$，$x\in\mathbf{R}$ 的图像，只需将正弦曲线上所有点的________坐标________到原来的________倍，________坐标不变.

(2) 要得到函数 $y=\sin\frac{3}{2}x$，$x\in\mathbf{R}$ 的图像，只需将正弦曲线上所有点的________坐标________到原来的________倍，________坐标不变.

(3) 要得到函数 $y=\sin\left(x+\frac{1}{2}\right)$，$x\in\mathbf{R}$ 的图像，只需将正弦曲线上所有的点向________平行移动________单位长度.

(4) 函数 $y=2\sin\left(3x-\frac{1}{6}\pi\right)$，$x\in[0,+\infty)$ 的值域是________，周期是________，振幅是________，频率为________，初相为________.

2. 指出函数 $y=4\sin\left(2x-\frac{1}{3}\pi\right)$，$x\in\mathbf{R}$ 的图像是由正弦曲线经过怎样的变换得到的.

3. 画出下列函数在长度为一个周期的闭区间上的简图.

(1) $y=\frac{2}{3}\sin x$，$x\in\mathbf{R}$；

(2) $y=\sin\left(x-\frac{1}{4}\pi\right)$，$x\in\mathbf{R}$；

(3) $y=3\sin\left(x-\frac{1}{3}\pi\right)$，$x\in\mathbf{R}$；

(4) $y=\sin\left(2x+\frac{1}{4}\pi\right)$，$x\in\mathbf{R}$.

习题 5.4

A组

1. 下列变换中,正确的是( ).

A. 将 $y=\sin 2x$ 图像上的横坐标变为原来的 2 倍(纵坐标不变)即可得到 $y=\sin x$ 的图像

B. 将 $y=\sin 2x$ 图像上的横坐标变为原来的$\frac{1}{2}$倍(纵坐标不变)即可得到 $y=\sin x$ 的图像

C. 将 $y=-\sin 2x$ 图像上的横坐标变为原来的$\frac{1}{2}$倍,纵坐标变为原来的相反数,即得到 $y=\sin x$ 的图像

D. 将 $y=-3\sin 2x$ 图像上的横坐标缩小 1 倍,纵坐标扩大到原来的$\frac{1}{3}$倍,且变为相反数,即得到 $y=\sin x$ 的图像

2. (1) $y=\sin\left(x+\frac{\pi}{4}\right)$是由 $y=\sin x$ 向________平移________个单位得到的.

(2) $y=\sin\left(x-\frac{\pi}{4}\right)$是由 $y=\sin x$ 向________平移________个单位得到的.

(3) $y=\sin\left(x-\frac{\pi}{4}\right)$是由 $y=\sin\left(x+\frac{\pi}{4}\right)$向________平移________个单位得到的.

3. 函数 $y=3\sin\left(2x-\frac{\pi}{3}\right)$的图像,可由 $y=\sin x$ 的图像经过下述哪种变换而得到( ).

A. 向右平移$\frac{\pi}{3}$个单位,横坐标缩小到原来的$\frac{1}{2}$倍,纵坐标扩大到原来的 3 倍

B. 向左平移$\frac{\pi}{3}$个单位,横坐标缩小到原来的$\frac{1}{2}$倍,纵坐标扩大到原来的 3 倍

C. 向右平移$\frac{\pi}{6}$个单位,横坐标扩大到原来的 2 倍,纵坐标缩小到原来的$\frac{1}{3}$倍

D. 向左平移$\frac{\pi}{6}$个单位,横坐标缩小到原来的$\frac{1}{2}$倍,纵坐标缩小到原来的$\frac{1}{3}$倍

4. 画出下列函数在长度为一个周期的闭区间上的简图.

(1) $y=4\sin x, x\in\mathbf{R}$;

(2) $y=\frac{3}{2}\cos\frac{1}{2}x, x\in\mathbf{R}$;

(3) $y=2\sin\left(\frac{1}{2}x+\frac{\pi}{4}\right), x\in\mathbf{R}$;

(4) $y=3\cos\left(2x-\frac{\pi}{6}\right), x\in\mathbf{R}$.

B组

1. 已知函数 $y=A\sin(\omega x+\varphi)$ 在一个周期内，当 $x=\frac{\pi}{12}$ 时，取得最大值 2，当 $x=\frac{7\pi}{12}$ 时，取得最小值 -2，那么（　　）.

A. $y=\frac{1}{2}\sin\left(x+\frac{\pi}{3}\right)$　　B. $y=2\sin\left(2x+\frac{\pi}{3}\right)$

C. $y=2\sin\left(2x+\frac{\pi}{6}\right)$　　D. $y=2\sin\left(\frac{x}{2}+\frac{\pi}{6}\right)$

2. 如图，已知函数 $y=A\sin(\omega x+\varphi)$ 的图像（的部分），则函数的表达式为（　　）.

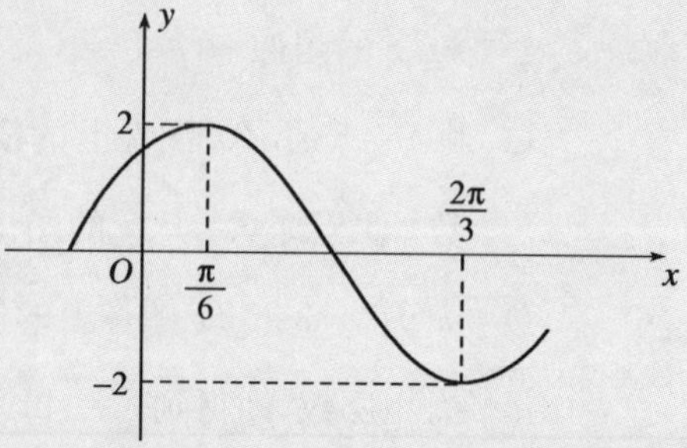

A. $y=2\sin\left(\frac{10}{11}x+\frac{\pi}{6}\right)$

B. $y=2\sin\left(\frac{10}{11}x-\frac{\pi}{6}\right)$

C. $y=2\sin\left(2x+\frac{\pi}{6}\right)$

D. $y=2\sin\left(2x-\frac{\pi}{6}\right)$

3. 函数 $y=2\sin\left(\frac{1}{2}x+\frac{\pi}{3}\right)$ 在一个周期内的三个“零点”横坐标是（　　）.

A. $-\frac{\pi}{3},\frac{5\pi}{3},\frac{11\pi}{3}$

B. $-\frac{2\pi}{3},\frac{4\pi}{3},\frac{10\pi}{3}$

C. $-\frac{\pi}{6},\frac{11\pi}{6},\frac{23\pi}{6}$

D. $-\frac{\pi}{3},\frac{2\pi}{3},\frac{5\pi}{3}$

4. 如图表示电流 I 与时间 t 的函数关系式：$I=A\sin(\omega t+\varphi)$ 在一个周期内的图像，

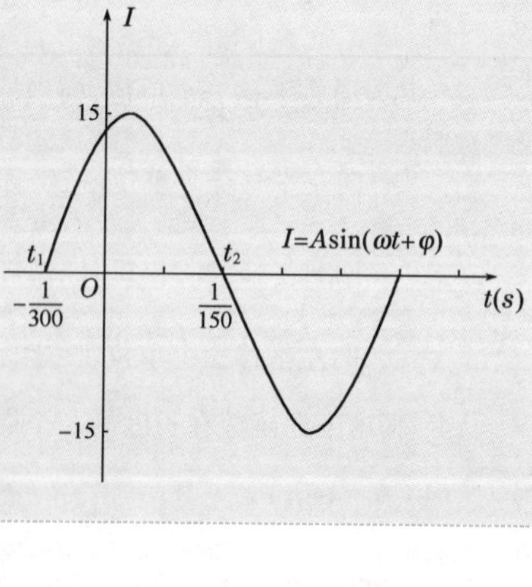

（1）根据图像写出 $I=A\sin(\omega t+\varphi)$ 的解析式.

（2）为使 $I=A\sin(\omega t+\varphi)$ 中 t 取任意一段 $\frac{1}{100}$ 的时间内电流 I 能同时取得最大和最小值，那么正整数 ω 的最小值是多少？

5.5　已知三角函数值求角

由常识可知，已知任意一个角，可以求出它的三角函数(当角属于该函数的定义域时)；反过来，已知一个三角函数的值，也可以求出与它对应的角.

例 1　已知 $\sin x=\frac{\sqrt{2}}{2}$ 且 $x\in\left[-\frac{\pi}{2},\frac{\pi}{2}\right]$，求角 x.

解：由于正弦函数 $y=\sin x$ 在 $\left[-\frac{\pi}{2},\frac{\pi}{2}\right]$ 上是单调递增的，所以在该区间上满足 $\sin x=\frac{\sqrt{2}}{2}$ 且符合条件的角有且只有一个，又 $\sin\frac{\pi}{4}=\frac{\sqrt{2}}{2}$，

因此

$$x=\frac{\pi}{4}.$$

一般地，由于正弦函数 $y=\sin x$ 在 $\left[-\frac{\pi}{2},\frac{\pi}{2}\right]$ 是单调增函数，因此对于任意一个给定的实数 $a\in[-1,1]$，在区间 $\left[-\frac{\pi}{2},\frac{\pi}{2}\right]$ 满足 $\sin x=a$ 的角 x 有且只有一个，我们把这个角 x 叫作实数 a 的反正弦，记作 $\arcsin a$，即

$$x=\arcsin a.$$

例如：例 1 的结果可以表示成 $x=\arcsin\frac{\sqrt{2}}{2}$，即 $x=\arcsin\frac{\sqrt{2}}{2}=\frac{\pi}{4}$.

由反正弦的定义可知，$\arcsin a\in\left[-\frac{\pi}{2},\frac{\pi}{2}\right]$，且 $\sin(\arcsin a)=a$，其中 $a\in[-1,1]$.

例 2　(1) 已知 $\sin x=\frac{1}{2}$，且 $x\in[0,2\pi]$，求角 x 的取值集合；

(2) 已知 $\sin x=\frac{1}{2}$，且 $x\in\mathbf{R}$，求角 x 的取值集合.

解：(1) 因为 $\sin x=\frac{1}{2}>0$，所以 x 是第一或第二象限角，根据正弦函数的单调性以及

$$\sin\frac{\pi}{6}=\frac{1}{2},\sin\left(\pi-\frac{\pi}{6}\right)=\sin\frac{\pi}{6}=\frac{1}{2},$$

可知符合条件的角有且只有两个，即第一象限角 $\frac{\pi}{6}$ 或第二象限角 $\pi-\frac{\pi}{6}=\frac{5\pi}{6}$，于是，所求的角 x 的集合是

$$\left\{\frac{\pi}{6},\frac{5\pi}{6}\right\}$$

也可以写成

$$\left\{\arcsin\frac{1}{2},\pi-\arcsin\frac{1}{2}\right\}$$

（2）由正弦函数的周期性可知，所求的角 x 的集合是

$$\left\{x \middle| x=\frac{\pi}{6}+2k\pi,\text{或 } x=\frac{5\pi}{6}+2k\pi,k\in\mathbf{Z}\right\}$$

例 3 已知 $\cos x=\frac{\sqrt{3}}{2}$，且 $x\in[0,\pi]$，求角 x.

解：因为余弦函数 $y=\cos x$ 在区间 $[0,\pi]$ 上是单调减函数，所以在区间 $[0,\pi]$ 上符合条件

$$\cos x=\frac{\sqrt{3}}{2}$$

的角有且只有一个，又

$$\cos\frac{\pi}{6}=\frac{\sqrt{3}}{2}$$

因此

$$x=\frac{\pi}{6}$$

一般地，由于余弦函数 $y=\cos x$ 在 $[0,\pi]$ 上是单调减函数，因此对于给定的实数 $a\in[-1,1]$，在区间 $[0,\pi]$ 上满足 $\cos x=a$ 的角 x 有且只有一个，我们把这个角 x 叫作实数 a 的反余弦，记作 $\arccos a$，即 $x=\arccos a$.

例如，例 3 的结果可以表示成 $x=\arccos\frac{\sqrt{3}}{2}$，即 $\arccos\frac{\sqrt{3}}{2}=\frac{\pi}{6}$.

由反余弦的定义可知，$\arccos a\in[0,\pi]$，且 $\cos(\arccos a)=a,a\in[-1,1]$.

例 4 已知 $\tan x=\sqrt{3}$ 且 $x\in\left(-\frac{\pi}{2},\frac{\pi}{2}\right)$，求角 x.

解：正切函数 $y=\tan x$ 在 $x\in\left(-\frac{\pi}{2},\frac{\pi}{2}\right)$ 上是增函数，所以在 $\left(-\frac{\pi}{2},\frac{\pi}{2}\right)$ 内满足 $\tan x=\sqrt{3}$ 的角有且只有一个，又 $\tan\frac{\pi}{3}=\sqrt{3}$，因此，$x=\frac{\pi}{3}$.

一般地，由于正切函数 $y=\tan x$ 在 $x\in\left(-\frac{\pi}{2},\frac{\pi}{2}\right)$ 上是单调增函数，因此对于给定的实数 $a\in\mathbf{R}$，在区间 $\left(-\frac{\pi}{2},\frac{\pi}{2}\right)$ 上满足 $\tan x=a$ 的角有且只有一个，我们把这个角 x 叫作实数 a 的反正切，记作 $\arctan a$，即 $x=\arctan a$.

例如，例 4 的结果可以表示成 $x=\arctan\sqrt{3}$，即 $\arctan\sqrt{3}=\frac{\pi}{3}$.

例 5 （1）已知 $\tan x=\frac{1}{3}$ 且 $x\in\left(-\frac{\pi}{2},\frac{\pi}{2}\right)$，求 x；

（2）已知 $\tan x=\frac{1}{3}$ 且 $x\in[0,2\pi]$，求 x 的取值集合；

（3）已知 $\tan x=\frac{1}{3}$ 且 $x\in\mathbf{R}$，求 x 的取值集合.

解：（1）在区间 $\left(-\frac{\pi}{2},\frac{\pi}{2}\right)$ 上 $y=\tan x$ 是增函数，符合条件的角是唯一的，即

$$x=\arctan\frac{1}{3}\approx\frac{\pi}{10}$$

这里 $\arctan\frac{1}{3}\approx\frac{\pi}{10}$ 可通过计算器求出. 同样,计算器也可具体求出反正弦、反余弦的值.

(2) 因为

$$\tan\left(\pi+\frac{\pi}{10}\right)=\tan\frac{\pi}{10}$$

所以

$$x=\pi+\frac{\pi}{10}\text{或 }x=\frac{\pi}{10}$$

因此所求的 x 的集合是

$$\left\{\frac{\pi}{10},\frac{11\pi}{10}\right\}\left(\text{即 }x=\arctan\frac{1}{3}\text{和 }x=\pi+\arctan\frac{1}{3}\right)$$

(3) 已知 $\tan x=\frac{1}{3}$且 $x\in\mathbf{R}$,求 x 的取值集合.

解:由正切函数的周期性可知,所求角 x 的取值集合是

$$\left\{x\,\middle|\,x=\frac{\pi}{10}+k\pi,k\in\mathbf{Z}\right\}.$$

类似地,还可以定义反余切.

一般地,由于余切函数 $y=\cot x$ 在$(0,\pi)$上是单调减函数,因此对于给定的实数 $a\in\mathbf{R}$,在区间$(0,\pi)$上满足 $\cot x=a$ 的角 x 有且只有一个,我们把这个角 x 叫作实数 a 的反余切,记作 $\operatorname{arccot} a$,即 $x=\operatorname{arccot} a$. 由反余切的定义可知,$\operatorname{arccot} a\in(0,\pi)$,且$\cot(\operatorname{arccot} a)=a$,$a\in(-\infty,+\infty)$.

反正弦、反余弦、反正切、反余切都叫作反三角函数.

随堂练习

1. 若 $\cos x=0$,则角 x 等于(　　).

   A. $k\pi,(k\in\mathbf{Z})$　　B. $\frac{\pi}{2}+k\pi,(k\in\mathbf{Z})$

   C. $\frac{\pi}{2}+2k\pi,(k\in\mathbf{Z})$　　D. $-\frac{\pi}{2}+2k\pi,(k\in\mathbf{Z})$

2. 若 $\tan x=0$,则角 x 等于(　　).

   A. $k\pi,(k\in\mathbf{Z})$　　B. $\frac{\pi}{2}+k\pi,(k\in\mathbf{Z})$

   C. $\frac{\pi}{2}+2k\pi,(k\in\mathbf{Z})$　　D. $-\frac{\pi}{2}+2k\pi,(k\in\mathbf{Z})$

习题 5.5

A组

1. 已知 $\cos x=-\frac{\sqrt{3}}{2}$，$\pi<x<2\pi$，则 x 等于(　　).

A. $\frac{7\pi}{6}$　　B. $\frac{4\pi}{3}$　　C. $\frac{11\pi}{6}$　　D. $\frac{5\pi}{3}$

2. 适合 $\cos x=-\frac{1}{3}$，$x\in\left(-\pi,-\frac{\pi}{2}\right)$的 x 值是(　　).

A. $\arccos\left(-\frac{1}{3}\right)$　　B. $\pi-\arccos\frac{1}{3}$

C. $-\arccos\left(-\frac{1}{3}\right)$　　D. $-\arccos\frac{1}{3}$

3. 若 $\tan\alpha=8$，且 $\alpha\in\left(\frac{\pi}{2},\frac{3\pi}{2}\right)$，则 α 等于(　　).

A. $\arctan 8$　　B. $\arctan 8-\pi$

C. $\pi-\arctan 8$　　D. $\pi+\arctan 8$

4. 若 $\tan(3\pi-x)=-\frac{\sqrt{3}}{2}$，则 $x=$________.

5. 若 $\sin\alpha=\sin\frac{\pi}{7}$，$\alpha\in\mathbf{R}$，则 $\alpha=$________.

B组

1. 方程 $\cos x=a(|a|<1)$，$x\in[0,2\pi)$的解的集合是(　　).

A. $\{\arccos a,-\arccos a\}$　　B. $\{\arccos a\}$

C. $\{\arccos a,\pi-\arccos a\}$　　D. $\{\arccos a,2\pi-\arccos a\}$

2. 满足 $\sin^2 x=\frac{1}{2}$的 x 的集合是(　　).

A. $\left\{x\middle|x=k\pi+(-1)^k\frac{\pi}{6},k\in\mathbf{Z}\right\}$　　B. $\left\{x\middle|x=2k\pi\pm\frac{\pi}{4},k\in\mathbf{Z}\right\}$

C. $\left\{x\middle|x=k\pi+\frac{\pi}{4},k\in\mathbf{Z}\right\}$　　D. $\left\{x\middle|x=\frac{k\pi}{2}+\frac{\pi}{4},k\in\mathbf{Z}\right\}$

本章小结

一、知识结构

角的概念的推广、弧度制 → 任意角的三角函数 → 三角函数的图像和性质 → 已知三角函数值求角

二、知识回顾与思考

1. 根据生产实际和进一步学习数学的需要，我们引入了**任意角**的概念.

2. 采用**弧度制**来度量角，是在角的集合与实数集 **R** 之间建立了这样的一一对应关系：每一个角都有唯一的一个实数(即这个角的弧度数)与它对应；反过来，每一个实数也都有唯一的一个角(角的弧度数等于这个实数)与它对应.

思考：弧度制的引入为三角函数的研究提供了许多方便，你能概括一下弧度制的好处吗?

3. 在角的概念推广后，我们定义了任意角的正弦、余弦、正切、余切、正割、余割这六个**三角函数**. 它们都是以角为自变量，以比值为函数值的函数. 由于角的集合与实数集之间可以建立一一对应关系，三角函数可以看成以实数为自变量的函数.

4. **同角三角函数的基本关系式**是进行三角恒等变换的重要基础，它们在化简三角函数式和证明三角恒等式等问题中要经常用到，必须熟记，并能熟练运用.

5. 掌握了六组**诱导公式**以后，就可以把任意角的三角函数化为 $0°$ 到 $90°$ 间角的三角函数. **诱导公式一至四**，可以概括为：$\alpha+2k\pi(k\in \mathbf{Z})$，$\pi\pm\alpha$，$2\pi-\alpha$ 的三角函数值等于 α 的同名函数值，前面加上一个把 α 看成锐角时原函数值的符号. **诱导公式五、六**，可以概括为：$\frac{\pi}{2}\pm\alpha$ 的正弦(余弦)函数值，分别等于 α 的余弦(正弦)函数值，前面加上一个把 α 看成锐角时原函数值的符号.

6. 利用描点法，首先作出长度为一个周期的闭区间的正弦函数图像，然后利用正弦函数的性质，将图像延展到整个定义域上，最后得到了**正弦曲线**. 进一步，利用诱导公式得到了**余弦曲线**. 观察它们的图像中可以看出，在长度为一个周期的闭区间上，有**五个关键点**：函数值最大和最小的点以及函数值为 0 的点. 在精确度要求不太高的情况下，可找出这五个点来画这类函数的简图.

7. 仿照正弦函数图像的研究方法，得到正切函数 $y=\tan x, x\in\left(-\frac{\pi}{2}+k\pi, \frac{\pi}{2}+k\pi\right)$ $(k\in \mathbf{Z})$ 的图像称为**正切曲线**，可以看出正切曲线是由相互平行的直线隔开的无穷多支曲线组成的.

8. 正弦、余弦、正切函数的**主要性质**列表如下：

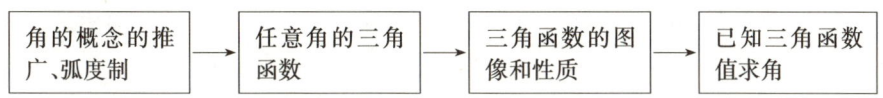

	$y=\sin x$	$y=\cos x$	$y=\tan x$
定义域	R	R	$\left\{x\mid x\neq\frac{\pi}{2}+k\pi,k\in\mathbf{Z}\right\}$
值域	$[-1,1]$	$[-1,1]$	R
周期性	2π	2π	π
奇偶性	奇函数	偶函数	奇函数
单调性	在$\left[-\frac{\pi}{2}+2k\pi,\frac{\pi}{2}+2k\pi\right]$为增函数,在$\left[\frac{\pi}{2}+2k\pi,\frac{3\pi}{2}+2k\pi\right]$为减函数($k\in\mathbf{Z}$)	在$[(2k-1)\pi,2k\pi]$为增函数,在$[2k\pi,(2k+1)\pi]$为减函数($k\in\mathbf{Z}$)	在每个开区间$\left(-\frac{\pi}{2}+k\pi,\frac{\pi}{2}+k\pi\right)$($k\in\mathbf{Z}$)内为增函数

9. 一般地,函数 $y=A\sin(\omega x+\varphi)$,$x\in\mathbf{R}$(其中 $A>0,\omega>0$)的图像,可以看作用下面的方法得到:

先把正弦曲线上所有的点向左(当 $\varphi>0$ 时)或向右(当 $\varphi<0$ 时)平行移动$|\varphi|$个单位长度,再把所得各点的横坐标缩短(当 $\omega>1$ 时)或伸长(当 $0<\omega<1$ 时)到原来的$\frac{1}{\omega}$倍(纵坐标不变),再把所得各点的纵坐标伸长(当 $A>1$ 时)或缩短(当 $0<A<1$ 时)到原来的 A 倍(横坐标不变).

思考:正如引言中谈到,现实生活中周期现象广泛存在,你能针对生活中的某种周期现象,搜集数据,并利用这些数据为这种现象建立数学模型吗?

本章复习题

A组

1. 选择题

(1) $-80°$是第(　　)象限的角.

A. 一　　B. 二　　C. 三　　D. 四

(2) 与 $830°$终边相同而又在 $0°\sim360°$之间的角为(　　).

A. $-110°$　　B. $110°$　　C. $70°$　　D. $-70°$

(3) 12π 的角度数为(　　).

A. $2160°$　　B. $2000°$　　C. $1890°$　　D. $2110°$

(4) 半径为 2,圆心角为$\frac{\pi}{3}$的扇形的弧长为(　　).

A. $\frac{4\pi}{3}$　　B. π　　C. $\frac{2\pi}{3}$　　D. $\frac{\pi}{3}$

(5) $y=\sin x+1$ 的最大值是(　　).

A. 1　　B. -1　　C. 2　　D. -2

(6) $y=\cos x$ 在(　　)区间上是增函数.

A. $\left[-\frac{\pi}{2},\frac{\pi}{2}\right]$　　B. $\left[\frac{\pi}{2},\frac{3\pi}{2}\right]$　　C. $[-\pi,0]$　　D. $[0,\pi]$

(7) 函数 $y=\tan 2x$ 的最小正周期是(　　).

A. $\frac{\pi}{4}$　　B. $\frac{\pi}{2}$　　C. π　　D. 2π

2. 已知角 α 的终边经过点 $P(-2,-3)$,求 α 的正弦、余弦、正切的值.

3. 若 $\sin\theta=-\frac{4}{5}$,$\tan\theta>0$,求 $\cos\theta$ 的值.

4. 已知 $\sin\alpha=2\cos\alpha$,求 $\sin\alpha$,$\cos\alpha$ 的值.

5. 用 $\cos\alpha$ 表示 $\sin^4\alpha-\sin^2\alpha+\cos^2\alpha$.

6. 证明:

(1) $\sin^4 x+\cos^4 x=1-2\sin^2 x\cos^2 x$;

(2) $(\cos\alpha-1)^2+\sin^2\alpha=2-2\cos\alpha$.

7. 求下列三角函数值.

(1) $\sin 135°$;　　(2) $\cos\frac{25\pi}{4}$;　　(3) $\tan(-1125°)$.

8. 计算 $\sin(-1200°)\cos 1290°+\cos(-1020°)\sin(-1050°)+\tan 945°$ =________.

9. 化简:$\frac{\cos(\alpha-\pi)}{\sin(\pi-\alpha)}\cdot\sin(\alpha-2\pi)\cdot\cos(2\pi-\alpha)$

10. 若$\frac{1-3\cos(\pi-\theta)}{\cos(2\pi-\theta)}=\frac{2}{9}$,则 $\cos(3\pi-\theta)=$________.

11. 若 $\sin(180°+\alpha)+\cos(90°+\alpha)=-a$,则 $\cos(270°-\alpha)+2\sin(360°-\alpha)$的值为________.

12. $\sin 1$,$\sin 2$,$\sin 3$,$\sin 4$ 的大小顺序是________________.

13. 设 $a=\sin 33°$,$b=\cos 55°$,$c=\tan 35°$,则 a,b,c 大小顺序是________________.

14. 已知 $\sin x=\frac{1}{2}$,求 x 的集合.

15. 画出下列函数在长度为一个周期的闭区间上的简图.

(1) $y=4\sin 2x,x\in\mathbf{R}$;　　(2) $y=\frac{3}{2}\cos\frac{1}{2}x,x\in\mathbf{R}$;

(3) $y=2\sin\left(\frac{1}{2}x+\frac{\pi}{4}\right),x\in\mathbf{R}$;　　(4) $y=3\cos\left(2x-\frac{\pi}{6}\right),x\in\mathbf{R}$.

16. 求是下列函数取得最大值、最小值的自变量 x 的集合,并分别写出最大值、最小值.

(1) $y=3-2\cos x,x\in\mathbf{R}$;　　(2) $y=\sqrt{2}\sin\left(2x+\frac{\pi}{4}\right),x\in\mathbf{R}$.

17. 单摆从某一点开始来回摆动，离开平衡位置的距离 s(cm)和时间 t(s)的函数关系为

$$s=6\sin\left(2\pi t+\frac{\pi}{6}\right)$$

(1) 单摆开始摆动($t=0$)时，离开平衡位置多少厘米？

(2) 单摆摆动到最右边时，离开平衡位置多少厘米？

(3) 单摆来回摆动一次需要多少时间？

B 组

1. 已知角 θ 在第四象限，且 $\left|\sin\frac{\theta}{2}\right|=-\sin\frac{\theta}{2}$，则 $\frac{\theta}{2}$ 是(　　).

A. 第一象限或第三象限　　B. 第二象限或第四象限

C. 第三象限　　D. 第四象限

2. 已知 2 弧度的圆心角所对的弦长为 2，那么这个圆心角所对弧长为(　　).

A. 2　　B. $\sin 2$　　C. $\frac{2}{\sin 1}$　　D. $2\sin 1$

3. 在$\triangle ABC$ 中，下列各表达式为常数的是(　　).

A. $\sin(A+B)+\sin C$　　B. $\cos(B+C)-\cos A$

C. $\tan\frac{A+B}{2}\tan\frac{C}{2}$　　D. $\cos\frac{B+C}{3}\sec\frac{A}{2}$

4. $\frac{\sqrt{1-2\sin 1085^\circ\sin(-2075^\circ)}}{\cos 5^\circ-\sqrt{1-\sin^2 95^\circ}}=$________.

5. $y=2\sin\left(\frac{\pi}{3}-2x\right)$单调增区间是什么？

6. 已知 $\tan\theta+\sin\theta=a$，$\tan\theta-\sin\theta=b$，求证$(a^2-b^2)^2=16ab$.

7. 已知$\frac{\sin\alpha-2\cos\alpha}{3\sin\alpha+5\cos\alpha}=-5$，求 $\sin^2 x+3\sin x\cos x-1$ 的值.

8. 已知 $\sin\alpha-\cos\alpha=\frac{1}{2}$，求下列各式的值：

(1) $\sin^3\alpha-\cos^3\alpha$；　　(2) $\tan\alpha+\frac{1}{\tan\alpha}$.

第六章 数 列

微信扫一扫
获取本章资源

数列，特别是等差数列与等比数列，有着较为广泛的实际应用. 如各种产品尺寸常要分成若干等级，当其中的最大尺寸与最小尺寸相差不大时，常按等差数列进行分级，比如，鞋的尺码；当其中的最大尺寸与最小尺寸相差较大时(这种情况是多数)，常按等比数列进行分级，比如，汽车的载重量、包装箱的重量等.

在本章，我们将学习数列的概念与分类，简单的表示法，等差数列与等比数列的定义、通项公式、前 n 项求和公式，数学归纳法等. 在学习过程中，体会数学思想方法的魅力，如类比思想，方程思想，数形结合，函数思想，由特殊到一般的归纳推理方法等，更重要的是要认识到数学的应用价值，激发对数学学习的兴趣.

本章学习目标

通过本章学习，将实现以下学习目标：

- 了解数列的定义和分类，掌握数列的通项公式等
- 理解等差数列的定义，通项公式，前 n 项和公式
- 理解等比数列的定义，通项公式，前 n 项和公式
- 体验类比思想、归纳推理等数学思想方法
- 学会用数列知识解决生活中的问题，提高分析问题和解决问题的能力
- 了解数学归纳法的原理，能用数学归纳法证明一些简单的数学命题

6.1 数 列

6.1.1 数列的概念与分类

1. 数列的概念

我们看下面的例子：

17 级学前教育专业 2 班学生的学号从小到大依此排成一列数：

$$1,2,3,4,5,6,8,9,10,\cdots,44 \quad ①$$

我国(1984—2008 年)奥运会获得的金牌数排成一列数：

$$15,5,16,16,28,32,51 \quad ②$$

把正奇数 1,3,5,7,…的倒数依此排成一列数：

$$1,\frac{1}{3},\frac{1}{5},\frac{1}{7},\cdots \quad ③$$

把 2 的 1 次幂,2 次幂,3 次幂,4 次幂,…依此排成一列数：

$$2,4,8,16,\cdots \quad ④$$

把无穷多个 1 排成一列数：

$$1,1,1,1,1,1,\cdots \quad ⑤$$

像上面的例子中,按照一定次序排成的一列数叫作**数列**,数列中的每一个数叫作这个数列的**项**.

2. 数列的分类

> **思考:**你认为上述的数列可以怎么分类?

根据数列的不同特点,我们可以将它们分为以下几种不同的类别：

(1) 有穷数列和无穷数列

项数有限的数列叫作**有穷数列**,项数无限的数列叫作**无穷数列**. 例如:上面的数列①②是有穷数列,③④⑤是无穷数列.

(2) 递增数列、递减数列、常数列、摆动数列

从第 2 项起,每一项都大于它的前一项的数列叫作**递增数列**;从第 2 项起,每一项都小于它的前一项的数列叫作**递减数列**;各项相等的数列叫作**常数列**;从第 2 项起,有的项大于它的前一项,有的项小于它的前一项的数列叫作**摆动数列**.

> **思考:**上述例子哪些是递增数列? 哪些是递减数列? 哪些是常数列? 哪些是摆动数列?

(3) 有界数列和无界数列

如果存在一个常数 $M(M>0)$，使得数列中的每一项的绝对值不大于 M，即

$$|a_n|\leqslant M(M>0),$$

则称该数列为有界数列；反之，如果没有这样的正数存在，我们称该数列为无界数列. 例如：上面的数列①②③⑤是有界数列，④是无界数列.

随堂练习

1. 下列数列中，有穷数列、无穷数列、递增数列、递减数列、常数列、摆动数列、有界数列、无界数列分别有哪些？

(1) 全体自然数构成的数列

$$0,1,2,3,4,5,6,\cdots$$

(2) 1996—2002 年某区人数构成的数列

$$82,93,105,119,129,130,132.$$

(3) 无穷多个 3 构成的数列

$$3,3,3,3,3,3,\cdots$$

(4) 目前常用的人民币面额从大到小构成的数列

$$100,50,20,10,5,1,0.5,0.1.$$

(5) -1 的 1 次幂，2 次幂，3 次幂，4 次幂……构成的数列

$$-1,1,-1,1,\cdots$$

(6) 小于 20 的质数构成的数列

$$2,3,5,7,11,13,17,19.$$

6.1.2 数列的简单表示法

1. 数列的一般表示法

数列中的每一项都和它的序号有关，排在第 1 位的数称为这个数列的第 1 项(通常也叫作首项)，排在第 2 位的数称为这个数列的第 2 项，…，排在第 n 位的数称为这个数列的第 n 项. 所以数列的一般形式可以表示为：

$$a_1,a_2,a_3,\cdots,a_n,\cdots$$

其中 a_n 是数列的第 n 项.

有时我们把一些数列简记为 $\{a_n\}$，如数列③简记作 $\left\{\frac{1}{2n-1}\right\}$.

2. 数列的通项公式

数列的每一项与它的序号之间有下面的对应关系：

序 号	1	2	3	4	…	n	…
	↓	↓	↓	↓		↓	
项	a_1,	a_2,	a_3,	a_4,	…,	a_n,	…

因此,数列可以看成是以正整数集 $\mathbf{N}^*$(或它的有限子集$\{1,2,3,\cdots,n\}$)为定义域的函数,当自变量从小到大依次取值时对应的一列函数值.

如果数列$\{a_n\}$的第 n 项 a_n 与 n 之间的关系可以用一个公式来表示,那么这个公式就叫作这个数列的**通项公式**. 例如,数列④的一个通项公式为 $a_n=2^n$.

注意:不是所有数列都能写出通项公式,例如数列②写不出通项公式.

> **思考:**数列的通项公式可以看成数列的函数解析式,利用数列的通项公式,你能得到数列的哪些方面的性质?

例 1 根据数列$\{a_n\}$的通项公式,写出它的前 5 项.

(1) $a_n=\dfrac{n}{n+1}$;　　(2) $a_n=(-1)^n n$.

解:(1) 在通项公式中依次取 $n=1,2,3,4,5$,得到数列$\{a_n\}$的前 5 项为

$$\frac{1}{2},\frac{2}{3},\frac{3}{4},\frac{4}{5},\frac{5}{6}$$

(2) 在通项公式中依次取 $n=1,2,3,4,5$,得到数列$\{a_n\}$的前 5 项为

$$-1,2,-3,4,-5$$

注意:与函数一样,数列也可以用图像、列表等方法来表示. 数列的图像是一系列孤立的点. 例如本例中数列(2)还可以用列表和图像表示,如表 6.1.1 和图 6.1.1.

表 6.1.1

n	1	2	3	4	$\cdots$	n	$\cdots$
a_n	-1	2	-3	4	$\cdots$	$(-1)^n n$	$\cdots$

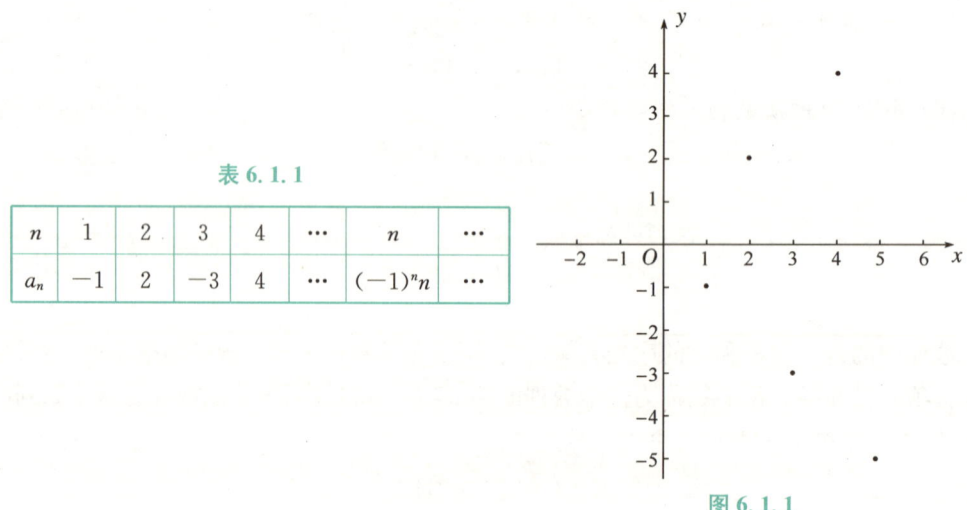

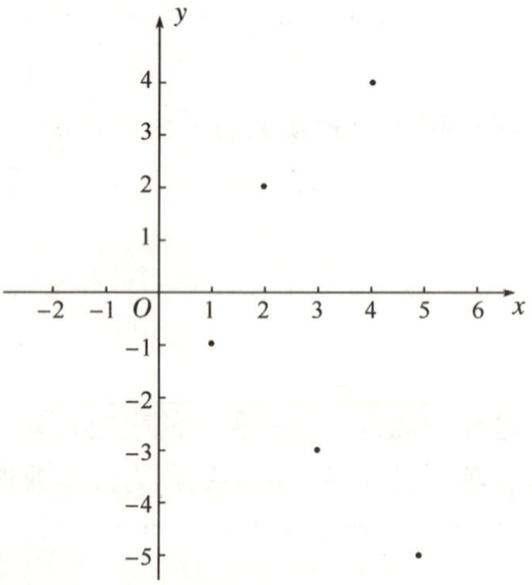

图 6.1.1

例 2 写出下面数列的一个通项公式,使它的前 4 项分别是下列各数.

(1) 1,3,5,7;　　(2) $-\dfrac{1}{1\times2},\dfrac{1}{2\times3},-\dfrac{1}{3\times4},\dfrac{1}{4\times5}$.

解:(1) 这个数列的前 4 项 1,3,5,7 都是序号的 2 倍减去 1,所以它的一个通项公式是 $a_n=2n-1$,

(2) 这个数列的前 4 项$-\dfrac{1}{1\times2},\dfrac{1}{2\times3},-\dfrac{1}{3\times4},\dfrac{1}{4\times5}$的绝对值都等于序号与序号加 1 的积的倒数,且奇数项为负,偶数项为正,所以它的一个通项公式是

$$a_n=\frac{(-1)^n}{n(n+1)}$$

3. 数列的递推公式

我们发现，例 2(1)中的数列从第 2 项起的每一项等于它前一项加 2，即

$$a_n=a_{n-1}+2(n>1)$$

又比如数列{1,3,7,15,…}，从第 2 项起的每一项等于它前一项的 2 倍加 1，即

$$a_n=2a_{n-1}+1(n>1)$$

像这样给出数列的方法叫作**递推法**，其中 $a_n=a_{n-1}+2$ 及 $a_n=2a_{n-1}+1(n>1)$ 是数列的**递推公式**，递推公式也是数列的一种表示方法.

例 3 已知数列$\{a_n\}$的第 1 项是 1，以后的各项由公式 $a_n=1+\frac{1}{a_{n-1}}$ 给出，写出这个数列的前 5 项.

分析：题中已给出$\{a_n\}$的第 1 项即 $a_1=1$，递推公式：$a_n=1+\frac{1}{a_{n-1}}$

解：据题意可知：$a_1=1,a_2=1+\frac{1}{a_1}=2,a_3=1+\frac{1}{a_2}=\frac{3}{2}$

$$a_4=1+\frac{1}{a_3}=\frac{5}{3},a_5=\frac{8}{5}.$$

随堂练习

1. 写出下列数列的通项公式：

数列	通项公式
$-2,2,-2,2,\cdots$	$a_n=$
$4,5,6,7,\cdots$	$a_n=$
$1,4,9,16,\cdots$	$a_n=$
$1,\frac{1}{2},\frac{1}{3},\frac{1}{4},\cdots$	$a_n=$
$1-\frac{1}{2},\frac{1}{2}-\frac{1}{3},\frac{1}{3}-\frac{1}{4},\frac{1}{4}-\frac{1}{5},\cdots$	$a_n=$

2. 根据下面数列$\{a_n\}$的通项公式，写出前 4 项.

(1) $a_n=2^n+1$；　　(2) $a_n=\frac{-1+(-1)^n}{2}$.

3. 已知数列$\{a_n\}$的通项公式为 $a_n=n(n+2)$

(1) 写出这个数列的第 8 项和第 20 项；

(2) 323 是不是这个数列中的项？如果是，是第几项？

4. 已知数列$\{a_n\}$满足 $a_1=1,a_n=a_{n-1}^2-1(n>1)$，写出它的前 5 项.

习题 6.1

A组

1. 下列叙述正确的是（　　）.

A. 数列 1,3,5,7 与 7,5,3,1 是相同的数列

B. 数列 $\left\{\frac{n}{n+1}\right\}$ 是递增数列

C. 数列 0,1,2,3,…可以表示为 $\{n\}$

D. 数列 0,1,0,1,…是常数列

2. 观察下列数列的特点，用适当的一个数填空.

(1) $-1,2,(\quad),6,-8,(\quad),-12,\cdots$

(2) $(\quad),4,9,(\quad),25,(\quad),(\quad),\cdots$

(3) $1,\sqrt{2},(\quad),2,(\quad),(\quad),\sqrt{7},\cdots$

(4) $1,\sqrt{3},\sqrt{5},\sqrt{7},(\quad),\sqrt{11},\cdots$

3. 根据数列的通项公式，分别写出数列的前 5 项与第 2017 项.

(1) $a_n=\cos\frac{n\pi}{2}$；　　(2) $a_n=\frac{1}{1\times2}+\frac{1}{2\times3}+\frac{1}{3\times4}+\cdots+\frac{1}{n(n+1)}$.

4. 根据数列的前几项，写出下列各数列的一个通项公式

(1) $-3,5,-7,9,\cdots$　　(2) $\frac{1}{2},2,\frac{9}{2},8,\frac{25}{2},\cdots$

(3) $0.9,0.99,0.999,0.9999,\cdots$　　(4) $0,1,0,1,\cdots$

(5) $2\frac{1}{2},4\frac{1}{4},6\frac{1}{8},8\frac{1}{16},\cdots$　　(6) $-\frac{1}{2},\frac{1}{6},-\frac{1}{12},\frac{1}{20},\cdots$

5. 根据下面数列 $\{a_n\}$ 的递推公式，写出它的前 5 项.

(1) $a_1=\frac{1}{2},a_n=4a_{n-1}+1(n>1)$；

(2) $a_1=-\frac{1}{4},a_n=1-\frac{1}{a_{n-1}}(n>1)$.

B组

1. 根据各个数列的首项和递推公式，写出它的前五项，并归纳出通项公式.

(1) $a_1=0,a_{n+1}=a_n+(2n-1)(n\in\mathbf{N}^*)$；

(2) $a_1=1,a_{n+1}=\frac{2a_n}{a_{n+2}}(n\in\mathbf{N}^*)$；

(3) $a_1=3,a_{n+1}=3a_n-2(n\in\mathbf{N}^*)$.

2. 已知数列 $\{a_n\}$ 中，$a_1=1,a_2=2,a_n=3a_{n-1}+a_{n-2}(n\geqslant3)$，试写出数列的前 4 项.

3. 已知数列$\{a_n\}$的通项公式为 $a_n=\dfrac{1}{n(n+2)}(n\in \mathbf{N}^*)$，那么$\dfrac{1}{120}$是这个数列的第________项.

4. 在数列$\{a_n\}$中，$a_1=2$，$a_{17}=66$，通项公式 a_n 是关于 n 的一次函数.

(1) 求$\{a_n\}$的通项公式；

(2) 88 是否是数列$\{a_n\}$中的项？如果是，是第几项？

6.2 等差数列

6.2.1 等差数列

1. 等差数列的定义

观察：下列三个数列有什么共同特点？

成年女鞋的各种尺码(表示鞋底长，单位是 cm)由大到小可排列为：

$$25,24\frac{1}{2},24,23\frac{1}{2},23,22\frac{1}{2},22,21\frac{1}{2}. \quad ①$$

某合唱队每一排的人数依次为：

$$19,20,21,22,23. \quad ②$$

某电影院 A 厅设置了 20 排座位，从第一排起各排的座位数组成数列：

$$36,38,40,42,44,\cdots \quad ③$$

我们发现：

对于数列①，从第 2 项起，每一项与前一项的差都等于________；

对于数列②，从第 2 项起，每一项与前一项的差都等于________；

对于数列③，从第 2 项起，每一项与前一项的差都等于________.

也就是说，这些数列的共同特点是：

从第 2 项起，每一项与前一项的差都等于同一个常数.

一般地，如果一个数列从第 2 项起，每一项与前一项的差都等于同一个常数，那么这个数列就叫作**等差数列**，这个常数叫作等差数列的**公差**，公差通常用字母 d 表示.

思考：(1) 公差 $d=0$ 的等差数列是什么数列？

(2) 取出一个无穷等差数列$\{a_n\}$中的所有偶数项，组成一个新的数列，这个数列是等差数列吗？

2. 等差中项

如果 a,A,b 构成等差数列,则 A 叫作 a 与 b 的**等差中项**,

$$A=\frac{a+b}{2}$$

例如:2,4,6 构成等差数列,则 4 叫作 2 与 6 的等差中项.

容易看出,在一个等差数列中,从第 2 项起,每一项(有穷等差数列的末项除外)都是它的前一项与后一项的等差中项.

3. 等差数列的通项公式

> **思考:**本节的数列①②③都是等差数列,你能写出它们的通项公式吗?

一般地,如果一个数列

$$a_1,a_2,a_3,\cdots,a_n,\cdots$$

是等差数列,它的公差是 d,那么根据等差数列的定义得到

$$a_2-a_1=d,\quad a_3-a_2=d,\quad a_4-a_3=d,\cdots$$

所以

$$a_2=a_1+d$$
$$a_3=a_2+d=a_1+2d$$
$$a_4=a_3+d=a_1+3d$$
$$\cdots\cdots$$

由此得到

$$\boxed{a_n=a_1+(n-1)d}$$

例 1 (1) 求等差数列 8,5,2,…的第 12 项.

(2) -119 是不是等差数列 $-3,-7,-11\cdots$的项?如果是,是第几项?

解:(1) 由 $a_1=8,d=5-8=-3,n=12$,得

$$a_{12}=8+(12-1)\times(-3)=-25$$

(2) 由 $a_1=-3,d=-7-(-3)=-4$,得到这个数列的一个通项公式为

$$a_n=-3-4(n-1)$$

设 $a_n=-119$,由上面的通项公式,得到

$$-119=-3-4(n-1)$$

解这个方程,得 $n=30$. 即 -119 是这个数列的第 30 项.

例 2 在等差数列中,已知 $a_2=6,a_{10}=22$,求首项和公差.

解:法一,由题意可设该等差数列的首项为 a_1,公差为 d.

$$\begin{cases}a_1+d=6\\a_1+9d=22\end{cases}$$

解这个方程组,得到

$$\begin{cases} a_1=4 \\ d=2 \end{cases}$$

即这个等差数列的首项是 4，公差是 2.

法二，∵根据等差数列的定义有 $a_{10}=a_2+8d$

∴$22=6+8d \Rightarrow d=2$

∴$a_1=a_2-d=4$

注：根据等差数列的定义，有 $a_n=a_m+(n-m)d$.

例 3 梯子最高一级宽 33 cm，最低一级宽为 110 cm，中间还有 10 级，各级的宽度成等差数列，计算中间各级的宽度.

解：设$\{a_n\}$表示梯子自上而下各级宽度所成的等差数列，

由已知条件，可知：$a_1=33, a_{12}=110$，又 $a_{12}=a_1+11d$，所以 $d=\dfrac{a_{12}-a_1}{11}=\dfrac{110-33}{11}=7$.

因此，$a_2=33+7=40, a_3=40+7=47, a_4=54, a_5=61, a_6=68, a_7=75, a_8=82, a_9=89, a_{10}=96, a_{11}=103$，

答：梯子中间各级的宽度从上到下依次是 40 cm，47 cm，54 cm，61 cm，68 cm，75 cm，82 cm，89 cm，96 cm，103 cm.

例 4 已知数列$\{a_n\}$的通项公式 $a_n=pn+q$，其中 p、q 是常数，那么这个数列是否一定是等差数列？若是，首项与公差分别是什么？

分析：由等差数列的定义，要判定$\{a_n\}$是不是等差数列，只要看 $a_n-a_{n-1}(n\geqslant 2)$是不是一个与 n 无关的常数.

解：当 $n\geqslant 2$ 时，

$$\begin{aligned} a_n-a_{n-1}&=(pn+q)-[p(n-1)+q] \\ &=pn+q-(pn-p+q)=p \end{aligned}$$

是一个与 n 无关的常数，因此$\{a_n\}$是等差数列，首项 $a_1=p+q$，公差为 p.

随堂练习

1. 指出下面的数列中哪些是等差数列？如果是等差数列，请说出它的公差.

(1) 0，1，0，1，0，…　　(2) 3，7，11，15，…

(3) $-1, 2, -3, 4, -5, \cdots$　　(4) $\sqrt{2}, \sqrt{3}, 2, \sqrt{5}, \sqrt{6}, \cdots$

2. 求下列各组数的等差中项.

(1) 50，230；　　(2) $1+\sqrt{3}, 1-\sqrt{3}$.

3. (1) 求等差数列 2，8，14，…的第 3 项和第 8 项.

(2) 求等差数列 11，7，3，…的第 20 项.

(3) -100 是不是等差数列 $-2, -9, -16, \cdots$的项？如果是，是第几项？

4. 在等差数列中

(1) 已知 $a_1=9, a_6=24$，求 d；

(2) 已知 $a_1=5, a_n=23, d=2$，求 n；

(3) 已知 $a_4=16$，$a_7=28$，求 a_1 和 d.

5. 判断下面数列是否为等差数列？如果是，若是，首项与公差分别是什么？

(1) $a_n=2n-1$；　　(2) $a_n=(-1)^n$.

6. 已知$\{a_n\}$是等差数列

(1) $a_2+a_4=a_1+a_5$，$a_4+a_6=a_3+a_7$ 是否成立？为什么？

(2) 通过(1)你发现了什么？能得到等差数列的一个性质吗？

6.2.2　等差数列的前 n 项和

大家是否听过小高斯的故事？在高斯还是 10 岁的时候，有一天上数学课，老师问了这样一个问题：$1+2+3+\cdots+100=?$

其他同学都忙着用笔在纸上逐项相加时，小高斯却很快求出了结果. 你知道他是怎样计算的吗？

他的算法是：

首项与末项的和：$1+100=101$，

第 2 项与倒数第 2 项的和：$2+99=101$，

第 3 项与倒数第 3 项的和：$3+98=101$，

……

第 50 项与倒数第 50 项的和：$50+51=101$，

于是，所求的和是 $101\times\frac{100}{2}=5050$.

事实上，上面的问题，可以看成是在求等差数列

$$1,2,3,\cdots,n,\cdots$$

的前 100 项的和. 人们从这个算法中受到启发，用下面的方法计算

$$1,2,3,\cdots,n,\cdots$$

的前 n 项的和.

由

$$\begin{array}{ccccccccc} 1 & + & 2 & + & 3 & + & \cdots & + & n \\ n & + & n-1 & + & n-2 & + & \cdots & + & 1 \\ \hline (n+1) & + & (n+1) & + & (n+1) & + & \cdots & + & (n+1) \end{array}$$

得

$$1+2+3+\cdots+n=\frac{(n+1)\times n}{2}.$$

探究：类似这样的方法，你能求出一般等差数列的前 n 项和吗？

设等差数列$\{a_n\}$的前 n 项和为 S_n，即

$$S_n=a_1+a_2+\cdots+a_n$$

根据等差数列$\{a_n\}$的通项公式，上式可以写成

$$S_n=a_1+(a_1+d)+\cdots+[a_1+(n-1)d] \quad ①$$

再把项的次序反过来，S_n 又可以写成

$$S_n=a_n+(a_n-d)+\cdots+[a_n-(n-1)d] \quad ②$$

把①、②两边分别相加，得

$$2S_n=(a_1+a_n)+(a_1+a_n)+\cdots+(a_1+a_n)=n(a_1+a_n)$$

由此得到等差数列$\{a_n\}$的前 n 项和的公式

$$\boxed{S_n=\frac{n(a_1+a_n)}{2}}$$

这就是说，等差数列的前 n 项和等于首末项的和与项数乘积的一半.

又因为

$$a_n=a_1+(n-1)d$$

所以上面的公式又可以写成

$$\boxed{S_n=na_1+\frac{n(n-1)}{2}d}$$

思考：等差数列前 n 项和的公式中共涉及哪几个基本量？这几个基本量中知道其中几个就可以求出另外几个？

例 5 下列各数是某大学生 10 天里每天英语单词记忆量 （单位：个）

25	30	35	40	45	50	55	60	65	70

这位大学生 10 天共记忆英语单词多少个？

解：这位大学生 10 天里每天英语单词记忆量成等差数列，记为$\{a_n\}$，其中 $a_1=25$，$a_{10}=70$，$n=10$，根据等差数列前 n 项和公式，得

$$S_{10}=\frac{10\times(25+70)}{2}=475$$

答：这位大学生 10 天共记忆英语单词 475 个.

例 6 等差数列$-20,-14,-8,-2,4,\cdots$前多少项的和是 36？

解：设题中的等差数列为$\{a_n\}$，前 n 项和是 S_n，则 $a_1=-20$，$d=-14-(-20)=6$. 设 $S_n=36$，根据等差数列前 n 项和公式，得

$$S_n=-20n+\frac{n(n-1)}{2}\times6$$

整理，得

$$3n^2-23n-36=0$$

解得

$$n_1=9,n_2=-\frac{4}{3}(\text{舍去})$$

因此等差数列$-20,-14,-8,-2,4,\cdots$前 9 项的和是 70.

例 7 已知一个等差数列的前 10 项的和是 310,前 20 项的和是 1220,求其前 n 项和的公式.

解:由题设:

$$S_{10}=310 \quad S_{20}=1220$$

得:

$$\begin{cases}10a_1+45d=310\\20a_1+190d=1220\end{cases}\Rightarrow\begin{cases}a_1=4\\d=6\end{cases}$$

所以

$$S_n=4n+\frac{n(n-1)}{2}\times 6=3n^2+n$$

例 8 已知数列$\{a_n\}$前 n 项和的公式为 $S_n=2n^2-30n$,

(1) 求出它的通项公式.

(2) 这个数列是等差数列吗?

(3) 求使得 S_n 最小的 n 值.

解:(1) 根据

$$S_n=a_1+a_2+\cdots+a_{n-1}+a_n$$

与

$$S_{n-1}=a_1+a_2+\cdots+a_{n-1}(n>1),$$

可知,当 $n>1$ 时,

$$\begin{aligned}a_n&=S_n-S_{n-1}\\&=2n^2-30n-[2(n-1)^2-30(n-1)]\\&=4n-32\end{aligned}$$

当 $n=1$ 时,$a_1=S_1=-28$,也符合上式,所以数列的通项公式为 $a_n=4n-32$.

(2) 当 $n\geqslant 2$ 时,$a_n-a_{n-1}=4$ 是一个常数.因此该数列为等差数列.

(3) $S_n=2n^2-30n=2\left(n-\frac{15}{2}\right)^2-\frac{225}{2}$.

因为 n 是正整数,所以 $n=7$ 或 8 时,S_n 最小,最小值是-112.

随堂练习

1. 根据下列各题中的条件,求相应的等差数列$\{a_n\}$的 S_n.

(1) $a_1=-4, n=10, a_n=-22$;

(2) $a_1=3, d=7, n=9$;

(3) $a_1=14.5, d=0.7, a_n=32$.

2. 等差数列 6,4,2,0,…前多少项的和是-60?

3. 一个剧场设置了 20 排座位,第一排有 38 个座位,往后每一排都比前一排多 2 个座位.这个剧场一共设置了多少个座位?

4. 已知数列$\{a_n\}$前 n 项的和为 $S_n=n^2+\frac{1}{2}n$,求这个数列的通项公式.这个数列是等差数列吗？如果是，它的首项和公差分别是什么？

5. 在等差数列$\{a_n\}$中，$a_4=-15$，公差$d=3$，求数列$\{a_n\}$的前n项和S_n的最小值.

习题 6.2

A组

1. (1) 求等差数列8，5，2…的第20项.

(2) -401是不是等差数列-5，-9，-13…的项？如果是，是第几项？

2. 等差数列-10，-6，-2，2，…前多少项的和是54？

3. (1) 求正整数列前n个偶数的和.

(2) 求小于100的正整数中是3的倍数的和.

4. 在等差数列$\{a_n\}$中，

(1) 若$a_1+a_6=9$，$a_4=7$，则$a_3=$________；

(2) 若$a_3+a_4+a_5+a_6=450$，则$a_1+a_8=$______.

5. 一个堆放铅笔的V型的最下面一层放一支铅笔，往上每一层都比它下面一层多放一支，最上面一层放120支，这个V形架上共放着多少支铅笔？

6. 在12与60之间插入3个数，使这5个数成等差数列，求插入的3个数.

7. 若数列的通项公式为$a_n=3n+5$，这个数列是否为等差数列？如果是，求出首项和公差.

8. 已知数列$\{a_n\}$前n项的和为$S_n=\frac{1}{4}n^2+\frac{2}{3}n+3$，求这个数列的通项公式.

9. 已知等差数列5，$4\frac{2}{7}$，$3\frac{4}{7}$，…的前n项的和为S_n，求使得S_n最大的序号n的值.

B组

1. 一支车队有15辆车，某天依次出发执行运输任务，第一辆车于下午2时出发，第二辆车于下午2时10分出发，第三辆车于下午2时20分出发，依此类推. 假设所有的司机都连续开车，并都在下午6时停下来休息.

(1) 到下午6时最后一辆车行驶了多长时间？

(2) 如果每辆车的行驶速度都是60 km/h，这个车队当天一共行驶了多少千米？

2. 已知数列$\{a_n\}$，是等差数列，S_n是其前n项和，

求证：(1) S_6，$S_{12}-S_6$，$S_{18}-S_{12}$成等差数列；

(2) S_k，$S_{2k}-S_k$，$S_{3k}-S_{2k}$ ($k\in\mathbf{N}^+$)成等差数列.

3. 数列$\left\{\frac{1}{n(n+1)}\right\}$的前 n 项和 $S_n=\frac{1}{1\times2}+\frac{1}{2\times3}+\frac{1}{3\times4}+\cdots+\frac{1}{n\times(n+1)}$，研究一下，能否找到求 S_n 的一个公式. 你能对这个问题做一些推广吗？

6.3 等比数列

6.3.1 等比数列

1. 等比数列的定义

观察：下面的数列有什么共同特点？

$$1,2,4,8,\cdots \quad ①$$

$$1,3,9,27,\cdots \quad ②$$

$$0.9,0.09,0.009,0.0009,\cdots \quad ③$$

$$1,\frac{1}{5},\frac{1}{25},\frac{1}{125},\cdots \quad ④$$

我们发现：

对于数列①，从第 2 项起，每一项与前一项的比都等于________

对于数列②，从第 2 项起，每一项与前一项的比都等于________

对于数列③，从第 2 项起，每一项与前一项的比都等于________

对于数列④，从第 2 项起，每一项与前一项的比都等于________

也就是说：

这些数列的共同特点是：从第 2 项起，每一项与前一项的比都等于同一个常数.

一般地，如果一个数列从第 2 项起，每一项与它前一项的比都等于同一个常数，那么这个数列叫作**等比数列**，这个常数叫作等比数列的**公比**，公比通常用字母 q 表示.

思考：(1) 等比数列的公比可能为 0 吗？为什么？
(2) 等比数列的公比为 1，则等比数列是什么数列？

2. 等比中项

类似于等差中项的概念，如果 a,G,b 构成等比数列，则 G 叫作 a 与 b 的等比中项. 那么根据等比数列的定义，由$\frac{G}{a}=\frac{b}{G}$，$G^2=ab$ 得：

$$G=\pm\sqrt{ab}$$

容易看出，在一个等比数列中，从第 2 项起，每一项（有穷等比数列的末项除外）都是它的前一项与后一项的等比中项.

> **思考:** -2 与 8 有等比中项吗? 为什么?

3. 等比数列的通项公式

> **探究:** 我们是否可以类似等差数列,得到等比数列的一般通项公式呢?

如果一个数列

$$a_1, a_2, a_3, \cdots, a_n, \cdots$$

是等比数列,它的公比是 q,那么根据等比数列的定义得到

$$a_1 = a_1 q^0$$

$$a_2 = a_1 q^1$$

$$a_3 = a_2 q = a_1 q^2$$

$$a_4 = a_3 q = a_1 q^3$$

$$\cdots\cdots$$

由此可知,等比数列$\{a_n\}$的通项公式是

$$\boxed{a_n = a_1 q^{n-1}}$$

其中 a_1 与 q 均不为 0.

例 1　一个等比数列的第 1 项与第 2 项分别是 3 与 6,求它的第 10 项与它的通项公式.

解:设这个等比数列为$\{a_n\}$,由题意知

$$a_1 = 3, a_2 = 6,$$

则

$$q = 2$$

所以

$$a_{10} = a_1 q^{10-1} = 3 \times 2^9 = 1536$$

且

$$a_n = 3 \times 2^{n-1}$$

答:这个数列的第 10 项是 1536,它的通项公式是:$a_n = 3 \times 2^{n-1}$.

例 2　某种细菌在培养过程中,每半小时分裂一次(一个分裂为两个),经过 4 小时,这种细菌由一个可繁殖成多少个?

解:由于细菌分裂后的细菌数是它分裂前的 2 倍,所以每次分裂后的细菌数构成等比数列,记为$\{a_n\}$,其中 $a_1 = 1, q = 2$,4 小时分裂 8 次,$n = 8 + 1 = 9$,因此

$$a_9 = a_1 \times q^8 = 1 \times 2^8 = 256(\text{个})$$

答:这种细菌经过 4 小时由一个可繁殖成 256 个.

例 3 (1) 已知两个等比数列的通项公式分别为 $a_n=3\times\left(\frac{2}{3}\right)^n$、$b_n=-5\times2^{n-1}$，判断 $\{a_n\cdot b_n\}$ 是否为等比数列.

(2) 已知 $\{a_n\}$，$\{b_n\}$ 是项数相同的等比数列，求证 $\{a_n\cdot b_n\}$ 是等比数列.

分析：要证明一个数列 $\{a_n\}$ 是等比数列，只需要证明对于任意大于 1 的正整数 n，$\frac{a_n}{a_{n-1}}$ 是同一个与 n 无关的不为零的常数即可.

解：(1) 是.

(2) 证明：设数列 $\{a_n\}$ 的首项是 a_1，公比为 q_1；$\{b_n\}$ 的首项为 b_1，公比为 q_2，那么数列 $\{a_n\cdot b_n\}$ 的第 n 项与第 $n+1$ 项分别为：

$$a_1\cdot q_1^{n-1}\cdot b_1\cdot q_2^{n-1} \text{ 与 } a_1\cdot q_1^n\cdot b_1\cdot q_2^n \text{ 即为 } a_1b_1(q_1q_2)^{n-1} \text{ 与 } a_1b_1(q_1q_2)^n$$

因为 $\frac{a_{n+1}\cdot b_{n+1}}{a_n\cdot b_n}=\frac{a_1b_1(q_1q_2)^n}{a_1b_1(q_1q_2)^{n-1}}=q_1q_2$，它是一个与 n 无关的常数，所以 $\{a_n\cdot b_n\}$ 是一个以 q_1q_2 为公比的等比数列.

随堂练习

1. 求下面等比数列的第 5 项：

(1) $-2,10,-50,\cdots$　　(2) $12,24,48,\cdots$

(3) $\frac{2}{3},-\frac{1}{2},\frac{3}{8},\cdots$　　(4) $\sqrt{2},1,\frac{\sqrt{2}}{2},\cdots$

2. 由下列等比数列的通项公式，求首项与公比：

(1) $a_n=\frac{1}{2}\times5^n$；　　(2) $a_n=6^n$.

3. 已知数列 $\{a_n\}$ 是等比数列：

(1) $a_1=2,a_n=1024,q=2$，求 n.　　(2) $a_2=2,a_5=54$，求 q.

(3) $a_8=\frac{4}{9},q=-\frac{1}{3}$，求 a_1.

4. 求下列各组数的等比中项：

(1) 4 和 16；　　(2) $9+3\sqrt{5}$ 和 $9-3\sqrt{5}$.

5. 已知 $\{a_n\}$ 是等比数列

(1) $a_5^2=a_3\cdot a_7$ 是否成立？$a_4\cdot a_6=a_3\cdot a_7$ 成立吗？为什么？

(2) 通过(1)你发现了什么？能得到等比数列的一个性质吗？

6. 已知 $\{a_n\}$，$\{b_n\}$ 是项数相同的等比数列，$\left\{\frac{a_n}{b_n}\right\}$ 是等比数列吗？

7. 既是等差数列又是等比数列的数列存在吗？如果存在，你能举出例子吗？

6.3.2　等比数列的前 n 项和

国际象棋起源于古代印度. 相传国王要奖励国际象棋的发明者，问他想要什么. 发明者说："请在棋盘的第 1 个格子里放 1 颗麦粒，第 2 个格子里放 2 颗麦粒，第 3 个格子里放 4 颗麦粒，依此类推，每个格子里放的麦粒都是前一个格子里放的麦粒数的 2 倍，直到第 64 个格子. 请给我足够的麦粒以实现上述要求."国王觉得这个要求不高，就欣然同意了. 假定一千粒麦子的质量为 40 g，据查，目前世界年度小麦产量约 6 亿吨，根据以上数据，你觉得国王能实现他的诺言吗？

让我们一起来分析一下：如果把格子里所放的麦粒数看成一个数列，我们就可以得到一个等比数列，它的首项是 1，公比是 2，求第 1 个格子到第 64 个格子所放麦粒的总和就是求这个等比数列前 64 项的和.

麦粒的总和

$$S=1+2+2^2+2^3+\cdots+2^{63} \quad ①$$

如果用公比 2 乘上面的等式两边，得到

$$2S=2+2^2+2^3+\cdots+2^{63}+2^{64} \quad ②$$

我们发现，如果用②－①，可以消去相同的项，从而得到

$$S=2^{64}-1$$

> **思考：**上面方法的妙处在哪里？这种方法能够推广到求一般等比数列的前 n 项的和吗？

设等比数列$\{a_n\}$的前 n 项和为 S_n，即

$$S_n=a_1+a_2+\cdots+a_n$$

根据等比数列的通项公式，上式可写成

$$S_n=a_1+a_1q+a_1q^2+\cdots+a_1q^{n-2}+a_1q^{n-1} \quad ③$$

③的两边乘 q 得，

$$qS_n=a_1q+a_1q^2+\cdots+a_1q^{n-2}+a_1q^{n-1}+a_1q^n \quad ④$$

③的两边分别减去④的两边，得

$$(1-q)S_n=a_1-a_1q^n$$

由此得到 $q\neq1$ 时，等比数列$\{a_n\}$的前 n 项和的公式

$$\boxed{S_n=\frac{a_1(1-q^n)}{1-q}(q\neq1)}$$

因为

$$a_1q^n=a_1(q^{n-1}\cdot q)=(a_1q^{n-1})q=a_nq$$

所以上面的公式还可以写成

$$\boxed{S_n=\frac{a_1-a_nq}{1-q}(q\neq1)}$$

很明显，当 $q=1$ 时等比数列为常数列，$S_n=na_1$.

思考：等比数列前 n 项和的公式中共涉及哪几个基本量？这几个基本量中知道其中几个可以求出另外几个？

例 4　求等比数列 $1,\frac{1}{2},\frac{1}{4},\frac{1}{8},\cdots$ 前 8 项的和.

解：因为 $a_1=1,q=\frac{1}{2},n=8$，所以

$$S_8=\frac{a_1(1-q^8)}{1-q}=\frac{1\times\left[1-\left(\frac{1}{2}\right)^8\right]}{1-\frac{1}{2}}=\frac{255}{128}$$

例 5　已知等比数列 $\{a_n\}$ 的 $a_1=-1.5,a_4=96$，求 S_4.

解：因为 $a_4=a_1q^3$，即 $96=-1.5\times q^3$，所以

$$q=-4$$

所以

$$S_4=\frac{(-1.5)-96\times(-4)}{1-(-4)}=\frac{153}{2}$$

例 6　五洲电扇厂去年实现利税 300 万元，计划在以后 5 年中每年比上一年利税增长 10%，问从今年起第五年的利税是多少？这五年总利税是多少？（结果精确到万元）

解：根据题意，每年利税比上一年增加的百分率相同，所以每年利税组成一个等比数列 $\{a_n\}$，其中 $a_1=300,q=1+10\%=1.1$.

从今年起第五年的利税为

$$a_6=a_1q^5=300\times(1+10\%)^5=300\times1.1^5\approx483（万元）$$

这五年总利税是

$$S=\frac{a_2\times(1-q^5)}{1-q}=\frac{300\times1.1\times(1-1.1^5)}{1-1.1}\approx2015（万元）$$

答：从今年起第五年的利税是 483 万元；这五年总利税是 2015 万元.

随堂练习

1. 根据下列各题中的条件，求相应的等比数列 $\{a_n\}$ 的 S_n.

(1) $a_1=1,q=3,n=10$；　　　　(2) $a_1=8,q=-\frac{1}{2},a_n=\frac{1}{2}$.

2. 求等比数列 1,2,4,… 前 10 项的和.

3. 求等比数列 $\frac{3}{2},\frac{3}{4},\frac{3}{8},\cdots$ 从第 3 项到第 7 项的和.

4. 某企业去年的产值是 138 万元，计划在今后 5 年内每年比上一年产值增长 10%，这 5 年的总产值是多少？（精确到万元）

习题 6.3

A 组

1. 求下列各等比数列的通项公式：

(1) $a_1=-2, a_3=-8$；

(2) $a_1=5, 2a_{n+1}=-3a_n$.

2. 一个等比数列的第 2 项是 10，第 3 项是 20，求它的第 1 项与第 4 项.

3. 在等比数列$\{a_n\}$中，前 n 项和为 S_n，若 $a_3=\frac{3}{2}$，$S_3=\frac{9}{2}$，求公比 q.

4. (1) 在 9 和 243 中间插入两个数，使它们同这两个数成等比数列.

(2) 在 160 与 5 中间插入 4 个数，使它们同这四个数成等比数列.

5. 求和：

(1) $(a-1)+(a^2-2)+\cdots+(a^n-n)$；

(2) $(2-3\times5^{-1})+(4-3\times5^{-2})+\cdots+(2n-3\times5^{-n})$.

6. 某地为了保护水土资源，实行退耕还林，如果 2000 年退耕 8 万公顷，以后每年比上一年增加 10%，那么 2005 年需退耕多少公顷？(结果保留到个位)

7. 已知$\{a_n\}$是各项均为正数的等比数列，求证$\{\sqrt{a_n}\}$是等比数列.

B 组

1. 在等比数列$\{a_n\}$中，前 n 项和为 S_n，若 $S_{10}=5$，$S_{20}=15$，求 S_{30}.

2. 已知数列$\{a_n\}$，$a_1=5$，且$\frac{a_{n+1}}{a_n}=\frac{n}{n+1}$，求$\{a_n\}$的通项公式.

3. 求和：$1+2x+3x^2+\cdots+nx^{n-1}$.

4. 如果能将一张厚度为 0.05 mm 的报纸对拆，再对拆……对拆 50 次后，报纸的厚度是多少？你相信这时报纸的厚度可以在地球和月球之间建一座桥吗？

6.4　数列实际应用举例

数列知识在现实生活中有广泛的应用，例如存款，贷款，购房，购车，投资等. 现在我们举两个例子说明.

例 1　某家长为了养成孩子节俭的生活习惯，培养积少成多的意识，每月固定给孩子 100 元的零用钱，并要求他每月从中拿出 50 元以零存整取的方式存入银行，以备用于孩子的额外支出. 如果该孩子从 1 月起，每月存入 50 元，月利率为 0.165%，到 12 月最后一天取出全部本金及其利息，那么实际取出多少钱？

解：设每期存款的利息之和为 S_{12}，则

$$\begin{aligned}S_{12}&=50\times 0.165\%\times 12+50\times 0.165\%\times 11+\\&\quad 50\times 0.165\%\times 10+\cdots+50\times 0.165\%\times 1\\&=50\times 0.165\%\times(12+11+10+9+\cdots+2+1)\\&=6.435\end{aligned}$$

则本金及其利息之和为：

$$50\times 12+6.435=606.435(\text{元})$$

答：实际取出 606.435 元.

> 单利是指一笔资金无论存期多长，只有本金计取利息，而以前各期利息在下一个利息周期内不计算利息的计息方法.零存整取按单利计算.

例 2 银行有一种储蓄业务为定期存款自动转存.如，储户某日存入一笔 1 年期定期存款，1 年后，如果储户不取出本利和，则银行自动办理转存业务第 2 年的本金就是第 1 年的本利和.如果储户存入定期为 1 年的 10 万元存款，若年利率为 3%保持不变，且每年到期时存款(含利息)自动转为新的一年定期，试求出储户连存 5 年后所得本利和.(暂不考虑利息税，精确到元)

> 复利是把上期末的本利和作为下一期的本金，在计算时每一期本金的数额是不同的.定期自动转存模型是按复利计算.

解：根据分析容易得，储户 5 年后所得本利和为

$$S=100000(1+3\%)^5\approx 115927(\text{元}).$$

答：储户 5 年后所得本利和为 115927 元.

例 3 某人准备购买家电需 10000 元，采用分期付款的方式，并计划在 2 年内还清.若月利率为 0.4575%，求每期(月)付的金额是多少？

> 分期付款有关规定：
>
> 1. 分期付款分若干次付款，每次付款额相同，各次付款的时间间隔相同.
>
> 2. 分期付款中双方的每月(年)利息均按复利计算，即上月(年)的利息要计入本金.
>
> 3. 各期所付的款额连同到最后一次付款时所产生的利息和，等于商品售价及从购买到最后一次付款的利息和，这在市场经济中是相对公平的.

解：(1) 2 年后，10000 元贷款的本金与它的利息之和为：

$$10000\times 1.004575^{24}\text{元}$$

(2) 设每月还 x 元，则：

1 个月后还 x 元在 23 个月后的值为 $1.004575^{23}x$ 元

2 个月后还 x 元在 22 个月后的值为 $1.004575^{22}x$ 元

……

23 个月后还 x 元在 1 个月后的值为 $1.004575x$ 元

24 个月后还 x 元

(3) 各月还款本息和=10000 元贷款 2 年后本息之和

$$x+x(1+0.004575)+\cdots+x(1+0.004575)^{23}=10000x(1+0.004575)^{24}$$

左边为一个等比数列的和，从而有：

$$x\cdot\frac{1-1.004575^{24}}{1-1.004575}=10000\times 1.004575^{24}$$

利用计算器可得：

$$x=440.9\text{元}$$

答：每月还贷 440.9 元.

习题 6.4

A组

1. 某一大学生毕业参加工作每月工资为1500元，从1月份开始，她每月从中拿出300元以零存整取的方式存入银行，若月利率为0.165%，到12月最后一天取出全部本金及其利息，那么她实际能取到多少钱？

2. 某一年轻夫妇计划采用按揭30年方式购买一套80平方米的房子，首付10万，贷款38万，若贷款年利率为5.49%，问30年后该年轻夫妇所购买的房子实际需要支付本息是多少元？每月需等额还贷多少元？（利息按年以复利计算）

B组

1. 在一次人才招聘会上，有A、B两家公司分别开出了它们的工资标准：A公司许诺第一年的月工资数为1500元，以后每年月工资比上一年月工资增加230元；B公司许诺第一年月工资数2000元，以后每年月工资在上一年工资基础上递增5%. 若某人年初同时被A、B两家公司录取，问：

(1) 若该人分别在A公司或B公司连续工作n年，则他在第n年的工资收入分别是多少？

(2) 该人打算连续在一家公司工作10年，仅从工资收入总量较多为应聘的标准，该人应选择哪家公司？为什么？

(3) 在A公司工作比B公司工作的月工资收入最多可以多多少？（精确到1元）

6.5 数学归纳法

思考：已知数列$\{a_n\}$的第1项$a_1=1$，且$a_{n+1}=\dfrac{a_n}{1+a_n}(n=1,2,3,\cdots)$的通项公式是什么？

易得数列$\{a_n\}$的前5项是$1,\dfrac{1}{2},\dfrac{1}{3},\dfrac{1}{4},\dfrac{1}{5}$，通过归纳我们猜想其通项公式为$a_n=\dfrac{1}{n}$. 但是，这个猜想是否正确有待证明. 自然地，我们想到从$n=6$开始一个个往下验证. 一般来说，当n比较小时可以逐个验证，但当n较大时，验证起来就会很麻烦. 特别是证明n取所有正整数都成立的命题时，逐一验证是不可能完成的. 因此，我们需要另辟蹊径，寻求一种办法：通过有限个步骤的推理，证明n取所有正整数成立.

多米诺骨牌游戏为我们寻求方法提供了思路. 例如：一列直立着的骨牌，码放时要保证任意相邻的两块骨牌，若前一块骨牌倒下时，则一定导致后一块骨牌也倒下. 只要推倒第一块骨牌，接着第二块骨牌会倒下，接着第三块骨牌会倒下……最后，不论有多少块骨牌都能全部倒下.

所有多米诺骨牌全部倒下的条件，需要满足两个条件：

(1) 第一块骨牌倒下.

(2) 任意相邻的两块骨牌，若前一块骨牌倒下时，则一定导致后一块骨牌也倒下. 即当第 k 块骨牌倒下时，相邻的第 $k+1$ 块骨牌也倒下.

> **思考：**如何类比多米诺骨牌游戏，证明通项公式为 $a_n=\frac{1}{n}$ 这个猜想？

当 $n=1$ 时显然猜想成立，这就相当于游戏的条件(1)类比条件(2)，可以考虑证明一个递推关系：

如果 $n=k$ 时猜想成立时，即 $a_k=\frac{1}{k}$，那么当 $n=k+1$ 时猜想也成立，即 $a_{k+1}=\frac{1}{k+1}$.

事实上，如果 $a_k=\frac{1}{k}$，那么

$$a_{k+1}=\frac{a_k}{1+a_k}=\frac{\frac{1}{k}}{1+\frac{1}{k}}=\frac{1}{k+1}$$

即当 $n=k+1$ 时猜想也成立.

这样，对于猜想，由已知 $n=1$ 成立，就有 $n=2$ 成立；$n=2$ 成立，就有 $n=3$ 成立；$n=3$ 成立，就有 $n=4$ 成立……所以，对于任意的正整数 n，猜想都成立，即数列的通项公式是 $a_n=\frac{1}{n}$.

一般地，证明对于某些与正整数 n 有关的命题，可按下面的步骤进行：

(1) **(归纳奠基)**证明当 n 取第一个值 n_0 时命题成立；

(2) **(归纳递推)**假设当 $n=k(k\in\mathbf{N}^*, k\geqslant n_0)$ 时命题成立，证明当 $n=k+1$ 时命题也成立.

当我们完成了上述两步证明，就可以断定命题对从初始值 n_0 开始的所有正整数正确. 这种证明方法就叫作**数学归纳法**.

下面，我们来看两个用数学归纳法证明的例子.

例 1 用数学归纳法证明：$1+3+5+\cdots+(2n-1)=n^2$.

证明：(1) 当 $n=1$ 时，左边 $=1$，右边 $=1$，等式成立.

(2) 假设当 $n=k$ 时，等式成立，即 $1+3+5+\cdots+(2k-1)=k^2$，

那么当 $n=k+1$ 时，有 $1+3+5+\cdots+(2k-1)+[2(k+1)-1]=k^2+[2(k+1)-1]$

$=k^2+2k+1=(k+1)^2$.

即 $n=k+1$ 时也成立.

由①和②,可知等式对任何 $n\in\mathbf{N}^*$ 都成立.

例 2　设 $n\in\mathbf{N}^*$,$f(n)=5^n+2\times3^{n-1}+1$.

(1) 当 $n=1,2,3,4$ 时,计算 $f(n)$的值;

(2) 你对 $f(n)$的值有何感想?用数学归纳法证明你的猜想.

解:(1) 当 $n=1$ 时,$f(1)=5^1+2\times3^{1-1}+1=8=8\times1$;

当 $n=2$ 时,$f(2)=5^2+2\times3^{2-1}+1=32=8\times4$;

当 $n=3$ 时,$f(3)=5^3+2\times3^{3-1}+1=144=8\times18$;

当 $n=4$ 时,$f(4)=5^4+2\times3^{4-1}+1=680=8\times85$.

(2) 猜想:当 $n\in\mathbf{N}^*$ 时,$f(n)=5^n+2\times3^{n-1}+1$ 能被 8 整除.

① 当 $n=1$ 时,有 $f(1)=5^1+2\times3^{1-1}+1=8$ 能被 8 整除,命题成立.

② 假设当 $n=k$ 时,命题成立,即 $f(k)$能被 8 整除,

那么当 $n=k+1$ 时,有 $f(k+1)=5^{k+1}+2\times3^{(k+1)-1}+1=5\times5^k+6\times3^{k-1}+1$

$=(5^k+2\times3^{k-1}+1)+4(5^k+3^{k-1})=f(k)+4(5^k+3^{k-1})$.

这里,5^k 和 3^{k-1} 均为奇数,它们的和(5^k+3^{k-1})必为偶数,从而 $4(5^k+3^{k-1})$能被 8 整除.又依归纳假设,$f(k)$能被 8 整除,所以 $f(k+1)$能被 8 整除.这就是说,当 $n=k+1$ 时,命题也成立.

根据(1)和(2),可知命题对任何 $n\in\mathbf{N}^*$ 都成立.

随堂练习

1. 用数学归纳法证明 $-1+3-5\cdots+(-1)^n(2n-1)=(-1)^n n$,当 $n=1$ 时,左边应为________.

2. 判断下列推证是否正确,若是不对,如何改正.

求证:$\frac{1}{2}+\frac{1}{2^2}+\frac{1}{2^3}+\cdots+\frac{1}{2^n}=1-\left(\frac{1}{2}\right)^n$

证明:① 当 $n=1$ 时,左边$=\frac{1}{2}$,右边$=1-\left(\frac{1}{2}\right)^1=\frac{1}{2}$,等式成立.

② 设 $n=k$ 时,有$\frac{1}{2}+\frac{1}{2^2}+\frac{1}{2^3}+\cdots+\frac{1}{2^k}=1-\left(\frac{1}{2}\right)^k$

那么,当 $n=k+1$ 时,有

$$\frac{1}{2}+\frac{1}{2^2}+\frac{1}{2^3}+\cdots+\frac{1}{2^k}+\frac{1}{2^{k+1}}=\frac{\frac{1}{2}\left[1-\left(\frac{1}{2}\right)^{k+1}\right]}{1-\frac{1}{2}}=1-\left(\frac{1}{2}\right)^{k+1}$$

即 $n=k+1$ 时,命题成立,

根据①②问可知,对 $n\in\mathbf{N}^*$,等式成立.

3. 用数学归纳法证明:首项是 a_1,公差是 d 的等差数列的通项公式是 $a_n=a_1+(n-1)d$,

前 n 项和的公式是 $S_n=na_1+\frac{n(n-1)}{2}d$.

习题 6.5

A 组

1. 用数学归纳法证明

(1) $1^2+2^2+3^2+\cdots+n^2=\frac{n(n+1)(2n+1)}{6}$;

(2) $1\times4+2\times7+3\times10+\cdots+n(3n+1)=n(n+1)^2$.

2. 判断下列推证是否正确,并指出原因.

用数学归纳法证明:$2+4+6+\cdots+2n=n^2+n+1$

证明:假设 $n=k$ 时,等式成立即 $2+4+6+\cdots+2k=k^2+k+1$ 成立,

那么 $2+4+6+\cdots+2k+2(k+1)=k^2+k+1+2(k+1)=(k+1)^2+(k+1)+1$

这就是说当 $n=k+1$ 时等式成立,所以 $n\in\mathbf{N}^*$ 时等式成立.

B 组

1. 用数学归纳法证明:n 为奇数时 x^n+y^n 能被 $x+y$ 整除.

2. 平面内有 $n(n\geqslant2)$ 条直线,其中任何两条不平行,任何三条不过同一点,证明交点的个数为 $f(n)=\frac{n(n-1)}{2}$.

本章小结

一、知识结构

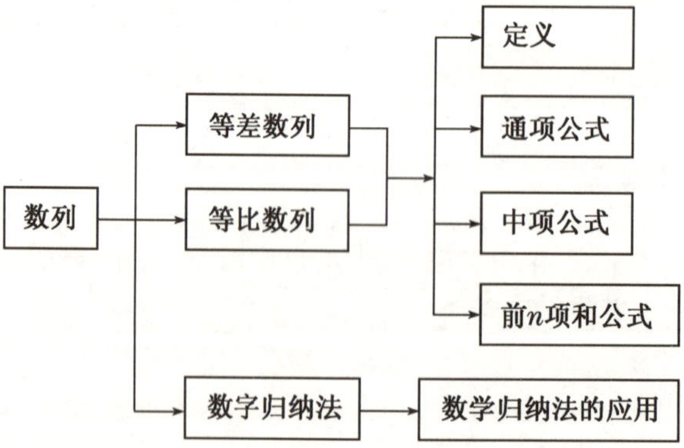

二. 知识回顾与思考

1. 按照一定的次序排列的一列数叫作数列. 实际上,数列可以看成是以正整数集 $\mathbf{N}^*$(或它的有限子集$\{1,2,3,\cdots,n\}$)为定义域的函数,当自变量从小到大依次取值时对应的一列函数值.

2. 一个数列$\{a_n\}$的第 n 项 a_n 与 n 之间的关系,如果可以用一个公式来表示,这个公式就叫作这个数列的通项公式. 递推公式也是数列的一种表示方法.

3. 等差数列与等比数列的比较:

	等差数列	等比数列
定义	从第 2 项起,每项与它的前一项的差都等于同一个常数的数列	从第 2 项起,每项与它的前一项的比都等于同一个常数的数列
通项公式	$a_n=a_1+(n-1)d$	$a_n=a_1q^{n-1}$
中项	a 与 b 的等差中项 $A=\frac{a+b}{2}$	a 与 b 的等比中项 $G=\pm\sqrt{ab}$
前 n 项和公式	$S_n=\frac{n(a_1+a_n)}{2}$ $S_n=na_1+\frac{n(n-1)}{2}d$	$S_n=\frac{a_1(1-q^n)}{1-q}(q\neq1)$ $S_n=\frac{a_1-a_nq}{1-q}(q\neq1)$

思考:数列的通项公式可以看成数列的函数解析式,数列的图像是一系列孤立的点组成的. 等差数列和等比数列的通项公式反映了什么函数关系? 它们的图像各有什么特点?

4. 数学归纳法

一般地,证明对于某些与正整数 n 有关的命题,可按下面的步骤进行:

(1) (归纳奠基)证明当 n 取第一个值 n_0 时命题成立;

(2) (归纳递推)假设当 $n=k(k\in\mathbf{N}^*,k\geqslant n_0)$时命题成立,证明当 $n=k+1$ 时命题也成立.

当我们完成了上述两步证明,就可以断定命题对从初始值 n_0 开始的所有正整数正确. 这种证明方法就叫作数学归纳法.

思考:数学归纳法中的两个步骤是缺一不可吗? 为什么?

本章复习题

A组

一、单选题

1. 数列$0,\frac{2}{3},\frac{4}{5},\frac{6}{7}\cdots$的一个通项公式是(　　).

A. $a_n=\frac{n-1}{n+1}$　　B. $a_n=\frac{n-1}{2n+1}$

C. $a_n=\frac{2(n-1)}{2n-1}$　　D. $a_n=\frac{2n}{2n+1}$

2. 数列$-1,3,-5,7,-9,\cdots$,的一个通项公式为(　　).

A. $a_n=2n-1$　　B. $a_n=(-1)^n(2n-1)$

C. $a_n=(-1)^n(1-2n)$　　D. $a_n=(-1)^{n+1}(2n-1)$

3. 已知数列$\{a_n\}$中,$a_1=1,a_n=1+\frac{1}{a_{n-1}}(n>1)$,则$a_2=$(　　).

A. 1　　B. 2　　C. 3　　D. 4

4. 已知等差数列$\{a_n\}$中,$a_3=9,a_9=3$,则公差d的值为(　　).

A. $\frac{1}{2}$　　B. 1　　C. $-\frac{1}{2}$　　D. -1

5. 已知$\{a_n\}$为等差数列,S_n为其前n项和,若$a_1=2,S_3=15$,则$a_6=$(　　).

A. 17　　B. 14　　C. 13　　D. 3

6. 数列$\{a_n\}$为等比数列,且$a_2=1$,公比$q=2$,则$a_4=$(　　).

A. 2　　B. 4　　C. 8　　D. 16

7. 已知$3,a,12$成等比数列,则$a=$(　　).

A. 6　　B. ±6　　C. -6　　D. 7.5

8. 在等比数列$\{a_n\}$中,若$a_1=2,a_4=16$,则数列$\{a_n\}$的前5项和S_5等于(　　).

A. 30　　B. 31　　C. 62　　D. 64

9. 现存入银行8万元,年利率为2.50%,若采用1年期自动转存业务,则5年末的本利和共有(　　).

A. 8×1.025^3万元　　B. 8×1.025^4万元

C. 8×1.025^5万元　　D. 8×1.025^6万元

10. 已知$f(n)=1^2+2^2+3^2+\cdots+(2n)^2$,则$f(k+1)$与$f(k)$的关系是(　　).

A. $f(k+1)=f(k)+(2k+1)^2+(2k+2)^2$

B. $f(k+1)=f(k)+(k+1)^2$

C. $f(k+1)=f(k)+(2k+2)^2$

D. $f(k+1)=f(k)+(2k+1)^2$

二、填空题

11. 已知数列$\{a_n\}$的前n项和$S_n=n^2-n-1$，则$\{a_n\}$的通项公式$a_n=$________.

12. 在等比数列$\{a_n\}$中，$a_4=4$，则$a_2 \cdot a_6=$________.

13. 在数列$\{a_n\}$中，$a_1=1$，$a_{n+1}=2a_n$，则数列$\{a_n\}$的通项公式$a_n=$________.

14. 用黑白两种颜色的正方形地砖依照如图所示的规律拼成若干个图形，则按此规律，第10个图形中有白色地砖________块.

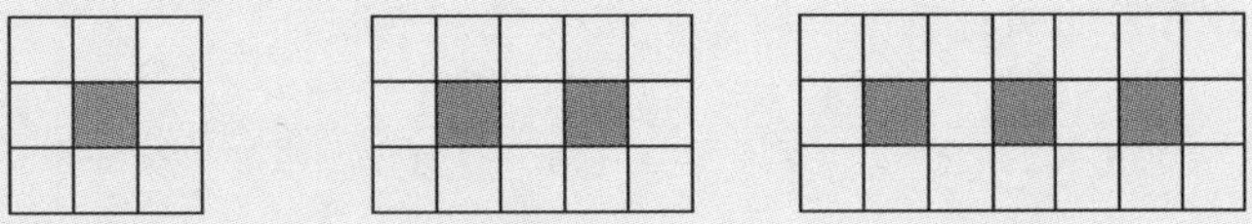

第1个　　第2个　　第3个

三、解答题

15. 求等差数列数列6，9，12，…，300的项数.

16. 已知等比数列$\{a_n\}$满足$a_3=12$，$a_8=\frac{3}{8}$，记其前n项和为S_n.

(1) 求数列$\{a_n\}$的通项公式a_n；

(2) 若$S_n=93$，求n.

17. 设有数列1，2，2，3，3，3，4，4，4，4，…

(1) 问10是该数列的第几项到第几项？

(2) 求第100项；

(3) 求前100项的和.

18. 家用电器一件，现价2000元，实行分期付款，每期付款数相同，每期为一月，购买后一个月付款一次，共付12次，即购买后一年付清，如果按月利率8‰，每月复利一次计算，那么每期应付款多少？

19. 某企业去年的纯利润为500万元，因设备老化等原因，企业的生产能力将逐年下降. 若不进行技术改造，预测从今年起每年比上一年纯利润减少20万元. 今年初该企业一次性投入资金600万元进行技术改造，预测在未扣除技术改造资金的情况下，第n年(今年为第一年)的利润为$500\left(1+\frac{1}{2^n}\right)$万元($n$为正数). 设从今年起的$n$年，若该企业不进行技术改造的累计纯利润为$A_n$万元，进行技术改造后的累计纯利润为$B_n$万元(需扣除技术改造资金)，求$A_n$，$B_n$的表达式.

20. 用数学归纳法证明：$1+2+3+\cdots+n=\frac{1}{2}n(n+1)$.

B组

1. 三个数成等比数列，它们的和等14，它们的积等于64，求这三个数.

2. 若a，b，c成等比数列，试证：a^2+b^2，$ab+bc$，b^2+c^2也成等比数列.

3. 在数列$\{a_n\}$中,$a_1=2$,$a_{n+1}=4a_n-3n+1$,$n\in\mathbf{N}^*$.

(1) 证明数列$\{a_n-n\}$是等比数列.

(2) 求数列$\{a_n\}$的通项公式.

4. 已知等比数列$\{a_n\}$中,$a_1=64$,公比$q\neq1$,a_2,a_3,a_4又分别是某等差数列的第7项,第3项,第1项.

(1) 求$\{a_n\}$的通项公式.

(2) 设$b_n=\log_2 a_n$,S_n为数列$\{b_n\}$的前n项和,问:从第几项起$S_n<0$?

5. 用数学归纳法证明:

$$\frac{1}{1\times3}+\frac{1}{3\times5}+\frac{1}{5\times7}+\cdots+\frac{1}{(2n-1)(2n+1)}=\frac{n}{2n+1}$$

第七章　空间几何体

微信扫一扫
获取本章资源

几何学是研究现实世界中物体的形状、大小与位置关系及其在运动下的不变性的数学学科．空间几何体是几何学的重要组成部分．空间几何体的概念产生于人们对客观世界中各种物体的数学抽象，幼儿园、小学教学中，很多玩具、手工作品的形状都与空间几何体有关．现通过学习本章内容，掌握空间几何体的基本知识，培养空间想象力，同时为今后从事数学、科学、美劳等课程的教学奠定良好的基础．

本章我们从对空间几何体的整体观察入手，研究空间几何体的结构特征、三视图和直观图，掌握一些简单几何体的表面积与体积的计算方法．

本章学习目标

通过本章学习，将实现以下学习目标：

- 通过空间实物直观感知，掌握柱、锥、球、台等空间几何体的结构特征
- 掌握斜二测画法画水平放置的平面图形、立体图形的直观图
- 掌握柱、锥、台、球等空间几何体的表面积、体积的计算方法
- 建立正确的空间观念，实现平面图形与立体图形的相互转化
- 培养空间想象能力和抽象概括能力

7.1 空间几何体的结构特征

幼儿园小朋友的玩具，小学生的手工作品，以及日常生活中各种各样的物体等，它们都占据着空间的一部分. 如果我们不考虑其他因素，而只考虑这些物体的形状和大小，那么由这些物体抽象出来的空间图形就叫作空间几何体. 下面我们从结构特征角度来认识几种最基本的空间几何体.

观察：图 7.1.1 中的物体分别是什么形状？分析它们的结构特征. 你能把它们分类吗？你的分类依据是什么？

(1)

(2)

(3)

(4)

(5)

(6)

(7)

(8)

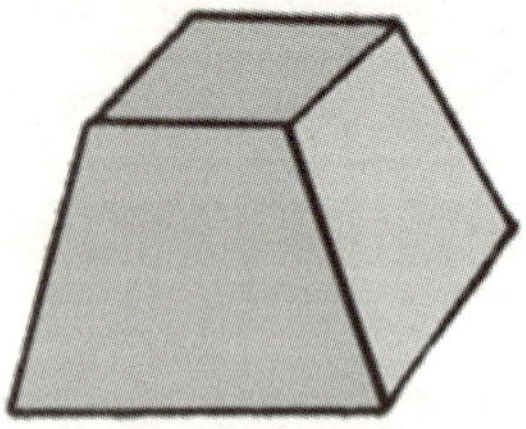
(9)

图 7.1.1

通过观察，可以发现，(1)、(2)、(3)、(4)、(9)具有同样的特点：组成几何体的每个面都是平面图形，并且都是平面多边形；(5)、(6)、(7)、(8)具有同样的特点：组成它们的面不全是平面图形.

一般说来，我们把由若干个平面多边形围成的几何体叫作多面体（如图 7.1.2 所示）.

围成多面体的各个多边形叫作**多面体的面**，相邻两个面的公共边叫作**多面体的棱**，棱与棱的公共点叫作多面体的**顶点**. 图 7.1.1 的(1)、(2)、(3)、(4)、(9)表示的就是多面体.

由一个平面图形绕它所在的平面内的一条定直线旋转所形成的封闭几何体，叫作**旋转体**(如图 7.1.3 所示)，这条定直线叫作**旋转体的轴**. 图 7.1.1 的(5)、(6)、(7)、(8)表示的就是旋转体.

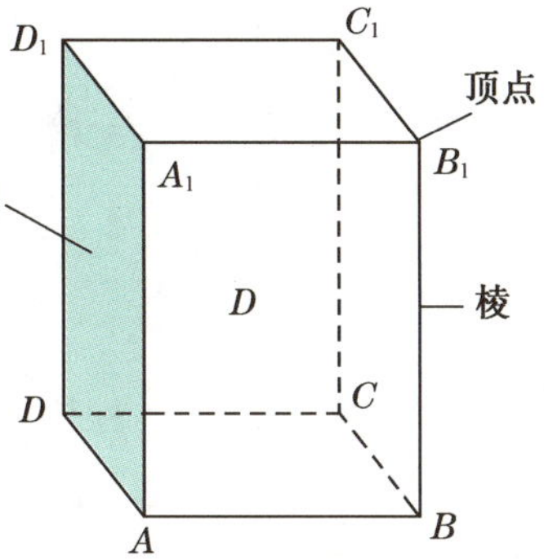

图 7.1.2

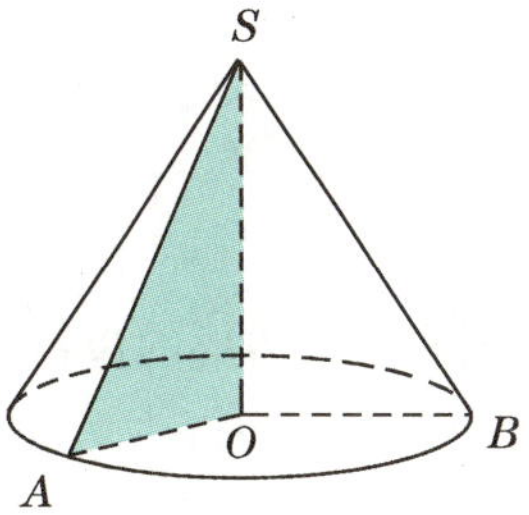

图 7.1.3

7.1.1　柱、锥、台、球的结构特征

1. 棱柱的结构特征

> **思考：**与其他多面体相比，图 7.1.1 中的多面体(1)和(2)具有什么样的共同特征?

一般来说，有两个面互相平行，其余各面都是四边形，并且每相邻两个四边形的公共边都互相平行的几何体叫作**棱柱**(如图 7.1.4). 棱柱中，两个互相平行的面叫**棱柱的底面**，简称**底**；其余各面叫**棱柱的侧面**；相邻侧面的公共边叫**侧棱**；侧面与底面的公共顶点叫**棱柱的顶点**；不在同一个面上的两个顶点的连线叫作**棱柱的对角线**；如图 7.1.4 所示.

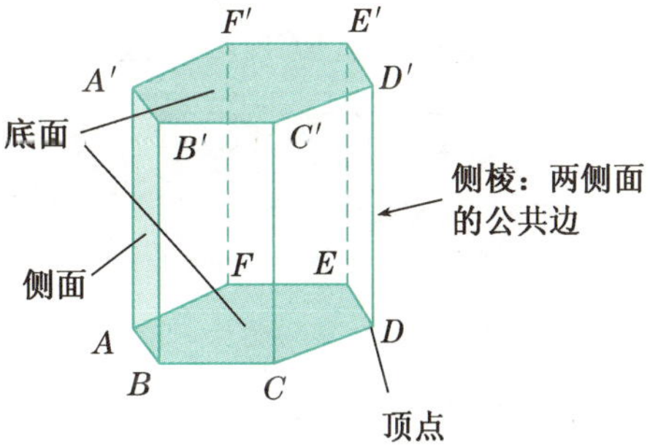

图 7.1.4

棱柱一般用底面各顶点的字母表示棱柱，图 7.1.4 所示的六棱柱表示为："棱柱 $ABCDEF-A'B'C'D'E'F'$". 我们根据棱柱底边多边形的边数对棱柱进行分类，如底面是三角形、四边形、五边形……的棱柱，就分别被叫作**三棱柱**、**四棱柱**、**五棱柱**……

2. 棱锥的结构特征

通过观察容易得到，图 7.1.1 中的多面体(3)和(4)，有这样的共同特征：其中有一个面是多边形，其余各面都是三角形，并且这些三角形有一个公共顶点.

一般来说，有一个面是多边形，其余各面都是有一个公共顶点的三角形的几何体叫作**棱**

锥（如图 7.1.5 所示）. 棱锥中，多边形面叫作棱锥的**底面**或**底**，有公共顶点的各个三角形面叫作棱锥的**侧面**，各侧面的公共顶点叫作棱锥的**顶点**，相邻侧面的公共边叫作棱锥的**侧棱**.

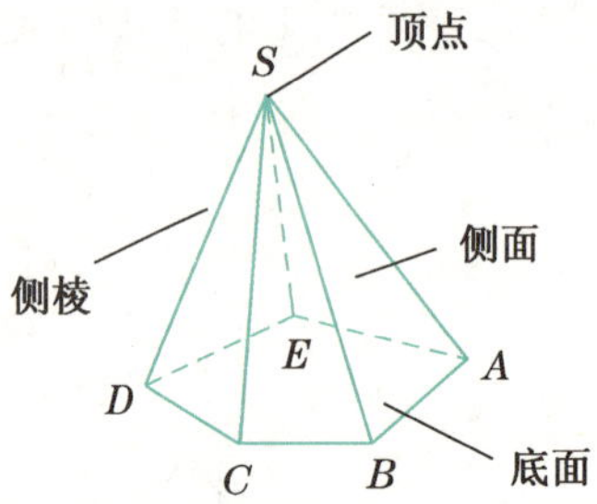

图 7.1.5

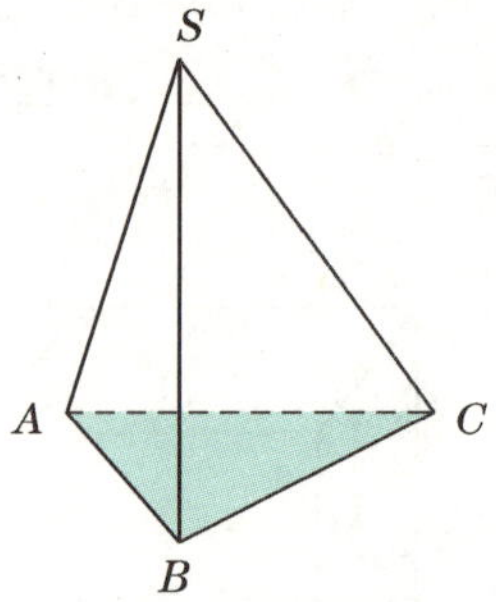

图 7.1.6

我们根据底面多边形的边数，可以把棱柱分为**三棱锥**、**四棱锥**、**五棱锥**……，其中三棱锥又叫**四面体**（如图 7.1.6 所示），它的每个面都可看作底面. 棱锥也是用顶点和底面各顶点的字母来表示的，图 7.1.5 的五棱锥表示为棱锥 $S-ABCDE$，图 7.1.6 的三棱锥表示为棱锥 $S-ABC$.

3. 棱台的结构特征

我们已经学习了棱柱和棱锥，但图 7.1.1 中的(9)这个多面体既不是棱柱也不是棱锥，它是什么几何体呢？

一般来说，如图 7.1.7 所示，用一个平行于棱锥底面的平面去截棱锥，底面与截面之间的部分所成的几何体叫作**棱台**. 原棱锥的底面和截面分别叫作棱台的**下底面**和**上底面**，棱台也有**侧面**、**侧棱**、**顶点**.

由三棱锥、四棱锥、五棱锥……截得的棱台分别叫作**三棱台**、**四棱台**、**五棱台**……. 与棱柱的表示一样，图 7.1.7 中的棱台表示为棱台 $ABCD-A'B'C'D'$.

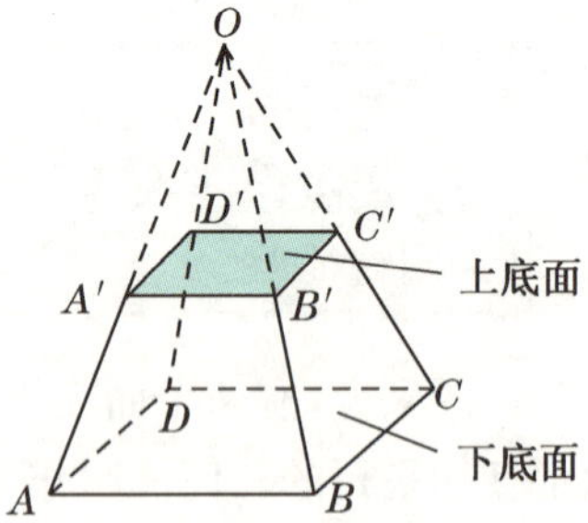

图 7.1.7

> **思考：**你能仿照棱柱、棱锥的相关定义，在图 7.1.7 中标出棱台的侧面、侧棱、顶点吗？

4. 圆柱的结构特征

图 7.1.1 中的(5)是圆柱，它是旋转体.

一般来说，以矩形的一边所在直线为旋转轴，其余三边旋转一周所围成的旋转体叫作**圆柱**. 如图 7.1.8，矩形 $OO'A'A$ 绕边 OO' 旋转一周形成了这个圆柱，直线 OO' 被叫作圆柱的**轴**，线段 OO' 的长度叫作圆柱的**高**，与轴垂直的边 AO、$A'O'$ 旋转所成的圆 O，圆 O' 叫作圆柱的**底面**，边 AA' 旋转所形成的曲面叫作圆柱的**侧面**. 边 AA' 旋转时所在的每一个位置叫作圆柱的**母**

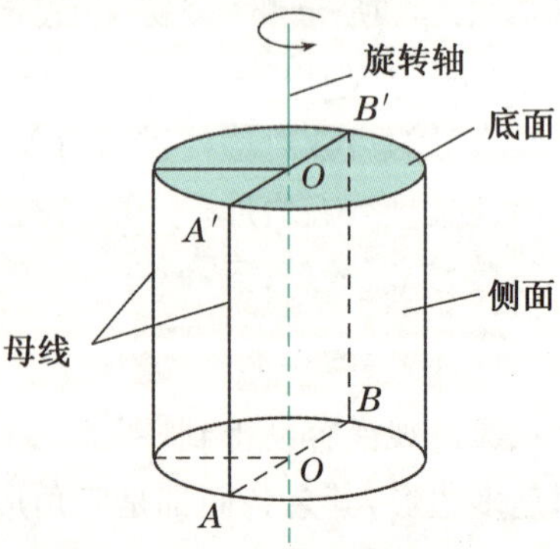

图 7.1.8

线. 经过圆柱的轴所作的平面，截圆柱所得的截面叫作圆柱的**轴截面**.

圆柱一般用表示它的轴的字母来表示，图 7.1.8 中的圆柱可记作圆柱 OO'. 棱柱和圆柱统称为**柱体**.

5. 圆锥的结构特征

图 7.1.1(7)是圆锥，它是旋转体.

一般来说，以直角三角形的一条直角边所在直线为旋转轴，其余两边旋转形成的曲面所围成的几何体叫作**圆锥**. 如图 7.1.9，直角三角形 SOA 绕直角边 SO 旋转一周形成了这个圆锥，直线 SO 被叫作圆锥的**轴**，线段 SO 的长度叫作圆锥的**高**，与轴垂直的 AO 旋转所成的圆面叫作圆锥的**底面**，斜边 SA 旋转所形成的曲面叫作圆锥的**侧面**. 斜边 SA 旋转时所在的每一个位置叫作圆锥的**母线**. 经过圆锥的轴所作的平面，截圆锥所得的截面叫作圆锥的**轴截面**.

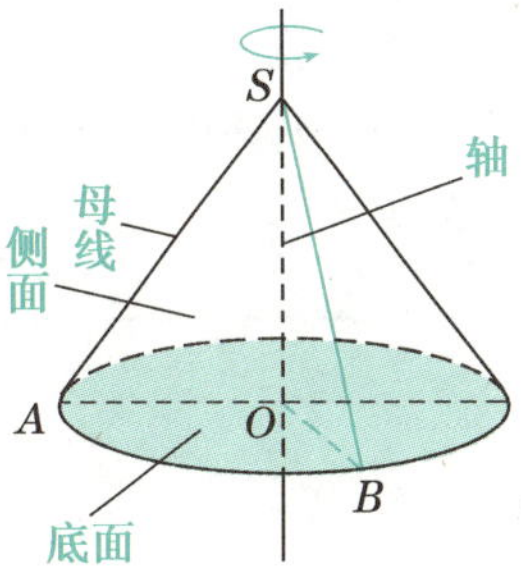

图 7.1.9

圆锥一般用表示它的轴的字母来表示，如图 7.1.9 中的圆锥可记作圆锥 SO. 棱锥和圆锥统称为**锥体**.

> **思考：**你能说出圆柱、圆锥的轴截面的形状吗？

6. 圆台的结构特征

类似于棱台，图 7.1.1 中的(6)几何体可以看作是由一个平行于底面的截面截圆锥得来的.

一般来说，如图 7.1.10，用一个平行于圆锥底面的平面去截圆锥，底面与截面之间的部分所成的几何体叫作**圆台**. 原圆锥的底面和截面分别叫作圆台的**下底面**和**上底面**，圆台也有**轴**、**侧面**、**母线**. 请你在图中将它们标出来. 与圆柱的表示方法一样，图 7.1.10 中的圆台表示为圆台 OO'.

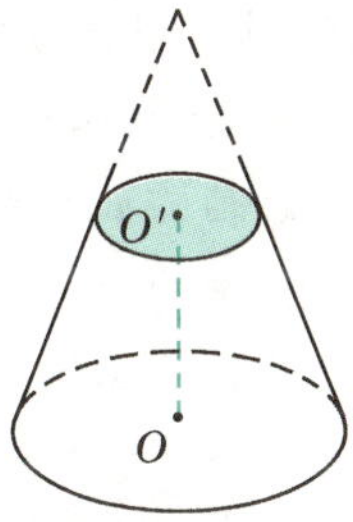

图 7.1.10

我们把棱台和圆台统称为**台体**.

> **思考：**本节前面部分我们说过图 7.1.1(6)中圆台结构是旋转体，你知道圆台由什么平面图形旋转得到？

7. 球的结构特征

图 7.1.1 中的(8)是球，它是旋转体.

一般来说，一个半圆以直径所在直线为旋转轴，半圆旋转一周形成的曲面叫作**球面**，球面所围成的几何体叫作**球体**，简称**球**. 半圆的圆心叫作**球心**. 连接球心和球面上任意一点的线段叫作**半径**. 连接球面上两点并且经过球心的线段叫作球的**直**

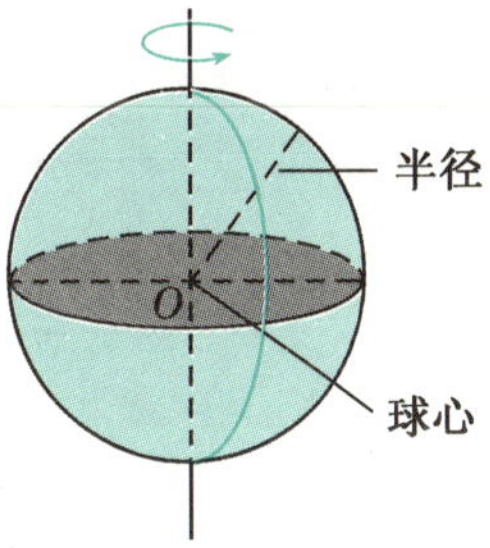

图 7.1.11

径. 如图 7.1.11 所示的球中,点 O 是球心,球用表示它的球心的字母表示. 该图可记为球 O.

注意:球面指的是球的表面,球体是球的表面以及球面所包围的空间.

> **思考:**(1) 用任意一个平面去截球,得到的截面是什么形状?
>
> (1) 观察图 7.1.12,球心与截面中心的连线与截面是什么关系?

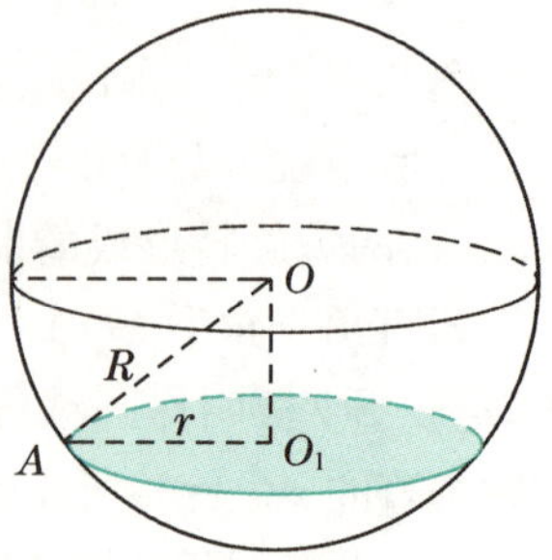

图 7.1.12

随堂练习

1. 通过对棱柱结构特征的学习,请你用一张纸制作一个长方体,回答在这个长方体中可以作为棱柱底面的有几对平行平面?

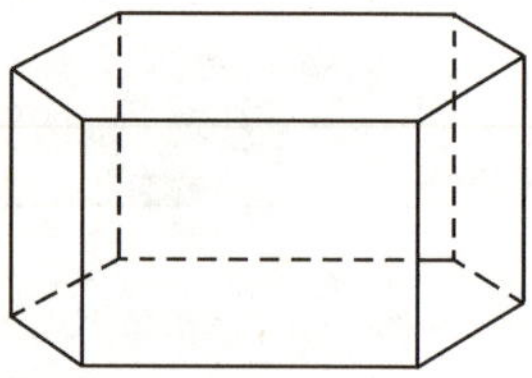

2. 观察下面的棱柱,有多少对平行的平面,能作为棱柱底面的有几对?

3. 判断题

有一个面是多边形,其余各面都是三角形,由这些面所围成的几何体叫作棱锥.

4. 观察圆锥,填空

① 过轴的截面都是以底面直径为底、母线为腰的________(哪种图形).

② 圆锥的高是________与底面圆心的连线.

③ 圆锥的母线与高相交于________,母线都相等.

5. 一个圆柱的底面半径是 4 cm,高是 6 cm,求它的轴截面的对角线的长.

6. 已知球的半径为 20 cm,球内有一截面其面积为 100 π^2 cm^2,求这截面和球心间的距离.

7. 请同学们判断下列几何体是不是棱台并说明理由.

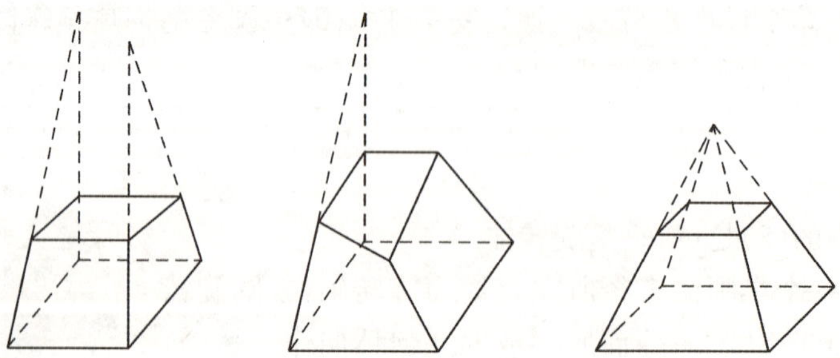

7.1.2　简单组合体的结构特征

柱体、锥体、台体和球体等简单几何体是我们现实世界中常见几何体的基本组成单位. 此外,实际中还存在着大量的几何体,它们是由简单几何体组合而成的,它们叫作**简单组合体**,如图 7.1.13.

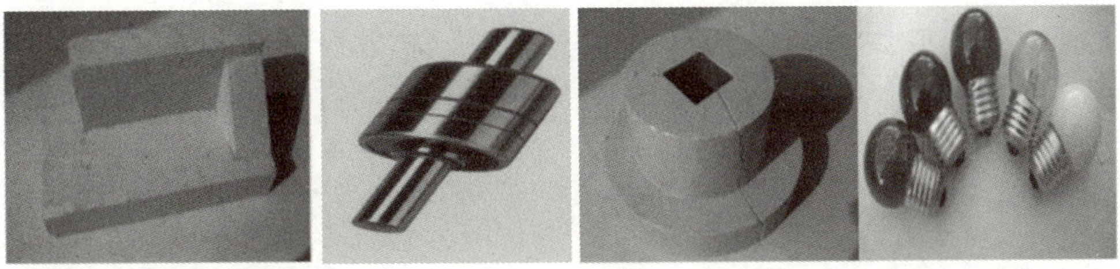

(1)　(2)　(3)　(4)

图 7.1.13

简单组合体的构成有两种基本形式:一种是由简单几何体组合拼接构成,如图 7.1.13 的(1)(2)(4);一种是简单几何体截去或挖去一部分构成,如 7.1.13 的(3).

图 7.1.13 中(1)物体所示的几何体由三个棱柱组合而成,图 7.1.13 中(3)物体所示的几何体由两个圆柱截去一个棱柱后组合而成.

例 1　如图 7.1.14,一个圆环绕着同一个平面过圆心的直线 l 旋转 180°,想象并说出它形成的几何体的结构特征.

解:一个大球内部挖去一个同球心且半径较小的球.

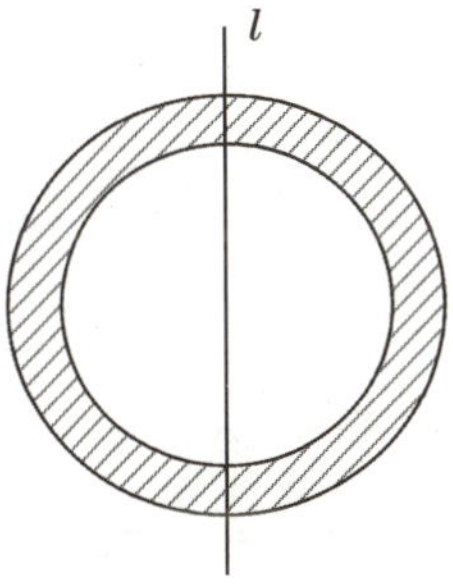

图 7.1.14

随堂练习

1. 将直角梯形 $ABCD$ 绕 AB 边所在的直线旋转一周,由此形成的几何体是由哪些简单几何体构成的?

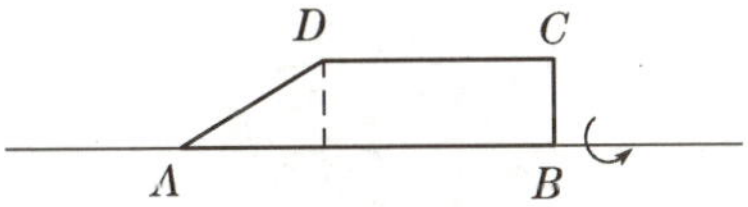

2. 说出下列物体的主要几何结构特征.

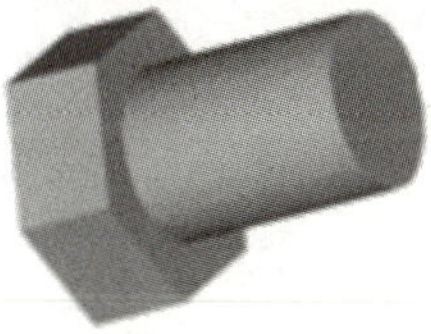

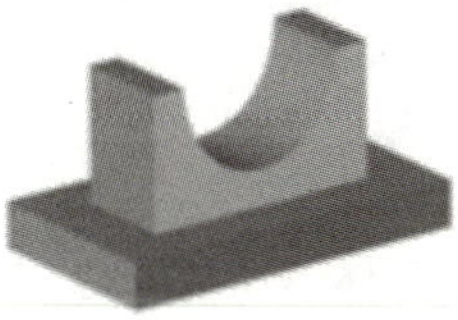

习题 7.1

A组

1. 举出生活中柱、椎、台、球的实例.

2. 请说出下图中几何体的主要结构特征.

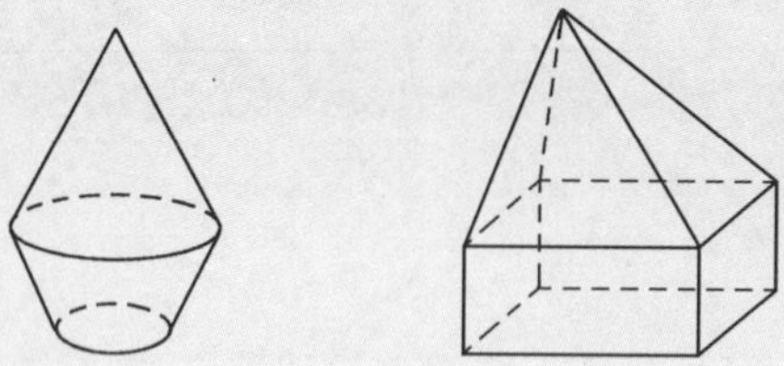

第 2 题图

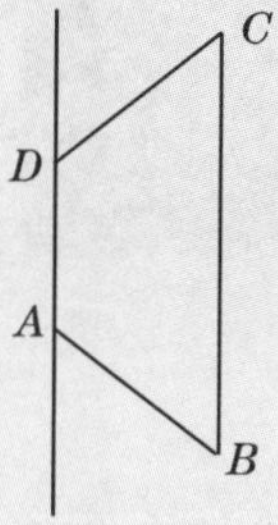

第 3 题图

3. 如图,梯形 $ABCD$ 绕 AD 旋转一周,其他边旋转围成一个几何体,试描述这个几何体的结构特征.

4. 证明:长方体任意一条对角线的平方是长方体的长、宽、高的平方和.

5. 参考下图,你能设计一些具有几何特征的幼儿玩具或手工作品吗?

第 5 题图

B组

1. 如图所示长方体 $ABCD-A'B'C'D'$

(1) 这个长方体是棱柱吗? 如果是,是几棱柱? 为什么?

(2) 过 BC 的截面截去长方体的一角,截去的几何体是不是棱柱,余下的几何体是不是棱柱? 如果是,是几棱柱,并用符号表示. 如果不是,说明理由.

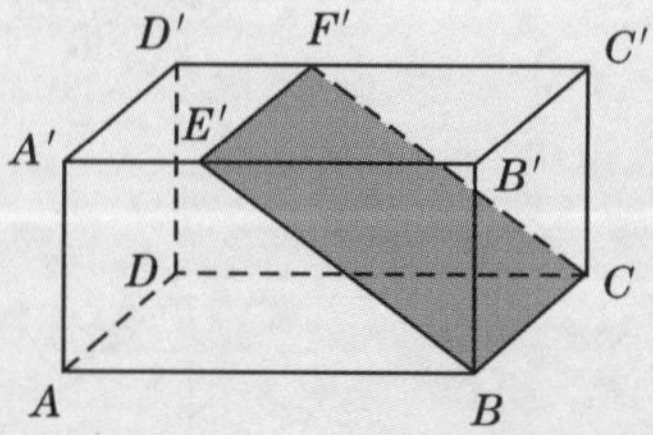

7.2 空间几何体的三视图和直观图

上一节我们学习了柱体、锥体、台体、球体以及简单组合体的结构特征，对于这些几何体有了更深入的认识. 在实际的教学过程中，经常需要将空间几何体画在纸上，这就需要用平面图形表示立体图形，这就需要我们学习视图的有关知识.

7.2.1 空间几何体的三视图

不透明物体在光的照射下会在后面的屏幕上留下物体的影子，这种现象叫作**投影**，其中，光线叫作**投影线**，留下影子的屏幕叫作**投影面**. 我们把一束平行光线照射下形成的投影，叫作**平行投影**. 而投影线正对着投影面的平行投影叫作**正投影**.

把一个空间几何体投影到一个平面上，可以获得一个平面图形. 从多个角度进行投影就能较好地把握空间几何体的形状和大小. 通常选择三种正投影，即光线从空间几何体的前面向后面、左面向右面、上面向下面正投影所得的投影图，分别称为空间几何体的**正视图**、**侧视图**、**俯视图**. 这三种投影图合称为空间几何体的**三视图**.

1. 柱体、锥体、台体、球体的三视图

如图 7.2.1，分别是圆柱、圆锥、球、圆台的三视图. 其中上左为正视图，上右为侧视图，下左为俯视图.

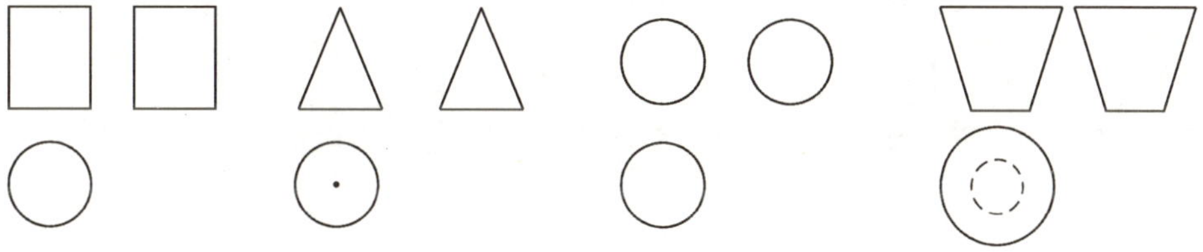

图 7.2.1

> **思考**：图 7.2.2 是一个几何体的三视图，你能说出它对应的几何体的名称吗？

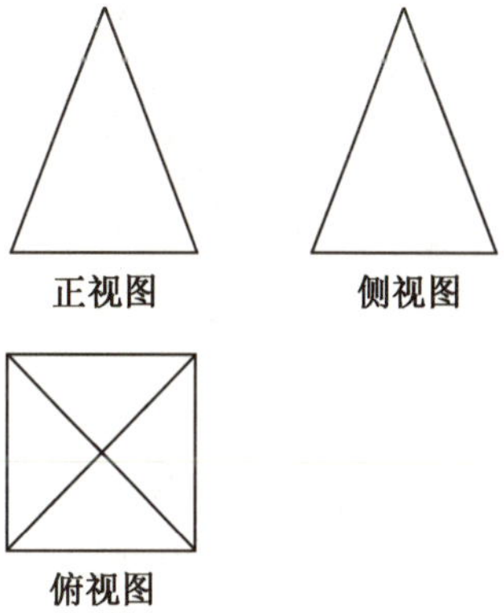

图 7.2.2

2. 简单组合体的三视图

如图 7.2.3 中物体表示的是简单的空间几何体的组合体,你能画出它们的三视图吗?在画简单组合体的三视图时,要先认清组成它的几何体有哪些,然后再逐个画出其三视图.

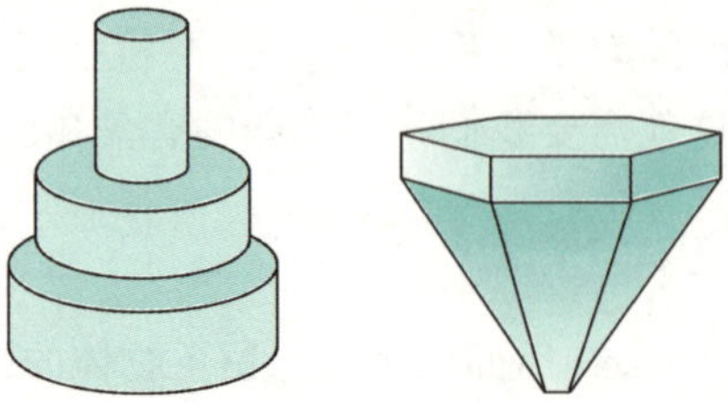

图 7.2.3

随堂练习

1. 试画出下列空间几何体的三视图.

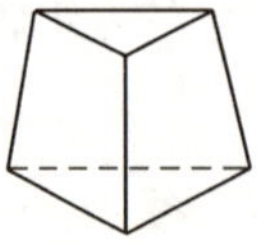

(1)

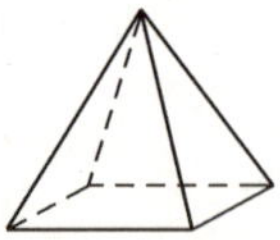

(2)

(3)

2. 下图是一个几何体的三视图,想象该几何体的几何结构特征,并画出该几何体的形状.

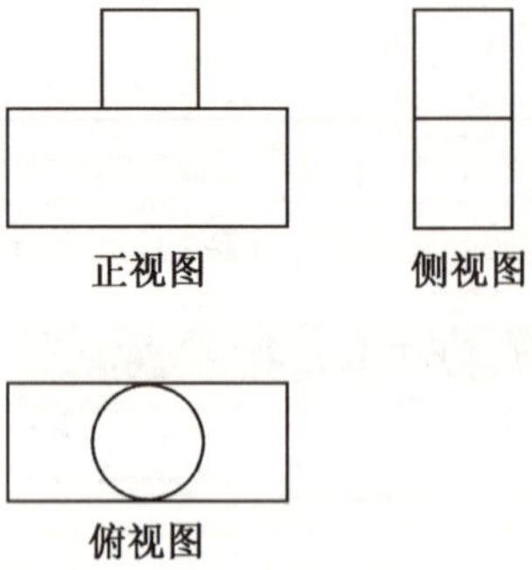

3. 右图是长和宽分别相等的两个矩形. 给定下列三个命题:① 存在三棱柱,其正视图、俯视图如右图;② 存在四棱柱,其正视图、俯视图如右图;③ 存在圆柱,其正视图、俯视图如右图. 其中真命题的个数是(　　).

A. 3　　B. 2　　C. 1　　D. 0

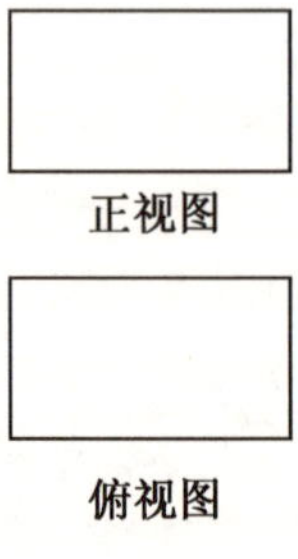

7.2.2 空间几何体的直观图

图形的直观图，其实我们并不陌生，本章第一节的 7.1.2～7.1.10 都是空间几何体的直观图. 实际上是把空间几何体用平面图形来表示，使我们能够根据平面图形想象出空间几何体的形状和结构. 例如：画正方体时每个面都画成平行四边形，使得看上去更有立体感.

在这里，我们将学习用**斜二测画法**画出几何体的直观图. 空间几何体的直观图画法的基础是水平放置的平面图形的画法. 下面我们以正六边形为例，说明水平放置的平面图形的画法.

例 1 用斜二测画法画水平放置的正六边形的直观图.

画法：步骤(1) 如图 7.2.4，在正六边 $ABCDEF$ 中，取 AD 所在直线为 x 轴，对称轴 PQ 所在直线为 y 轴，两轴相交于点 O. 画直观图时，把它们画成 x'轴和 y'轴，两轴相交于 O'，且使$\angle x'O'y'=45°$，它们确定的平面表示水平面；

(2) 以 O'为中点，在 x'轴上取 $A'D'=AD$，在 y'轴上取 $P'Q'=\frac{1}{2}PQ$. 以 Q'为中点，画 $B'C'$平行于 x'轴且 $B'C'=BC$；再以 P'为中点，画 $E'F'$平行于 y'轴且 $E'F'=EF$.

(3) 连接 $A'B'$、$C'D'$、$D'E'$、$F'A'$，所得的六边形 $A'B'C'D'E'F'$ 就是正六边形 $ABCDEF$ 水平放置的直观图. 最后整理图形，擦除辅助线.

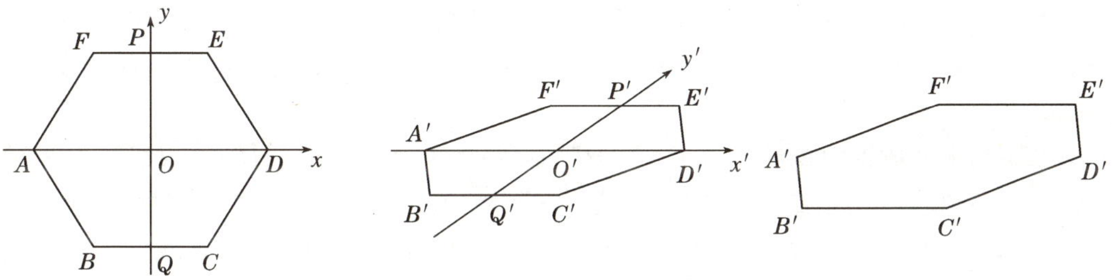

图 7.2.4

以上画直观图的方法叫作**斜二测画法**，其规则是：

(1) 在已知的图形取互相垂直的 x 轴与 y 轴，两轴相交于点 O. 画直观图时，把它们画成对应的 x'轴和 y'轴，两轴相交于 O'，且使$\angle x'O'y'=45°$(或 135°)，它们确定的平面表示水平面.

(2) 在已知图形中平行于 x 轴或 y 轴的线段，在直观图中分别画成平行于 x'轴或 y'轴的线段.

(3) 已知图形中平行于 x 轴的线段，在直观图中保持原长度不变；平行于 y 轴的线段，长度为原来的一半.

生活经验告诉我们，水平放置的圆看起来非常像椭圆. 因此在画水平放置的圆的直观图时，可以借助椭圆模板，如图 7.2.5.

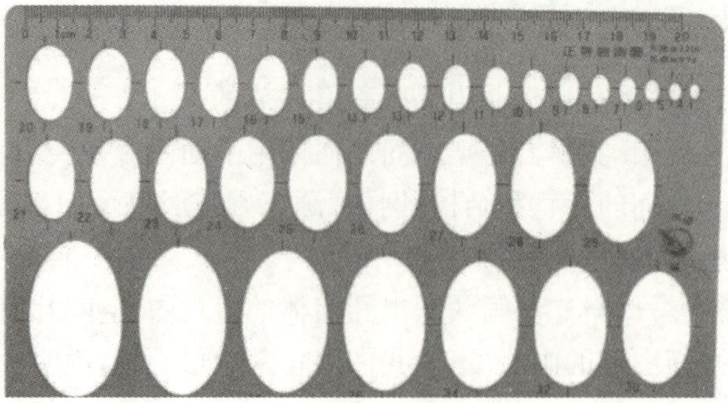

图 7.2.5

思考：我们学习了水平放置的平面图形的直观图的画法. 想一想，柱体等空间几何体的直观图如何画？

空间几何体的直观图的画法规则，与平面图形的画法相比，只是多画一个与 x 轴和 y 轴都垂直的 Z 轴，并且**平行 Z 轴的线段的平行性和长度都不变**，在直观图上，平面 $x'O'y'$ 表示水平面，平面 $y'O'z'$ 和 $z'O'x'$ 表示直立平面.

例 2 用斜二测画法画长、宽、高分别为 4 cm、2 cm、2 cm 的长方体 $ABCD-A_1B_1C_1D_1$.

画法：(1) 画轴. 如图 7.2.6，在空间图形中取两两垂直的 x' 轴、y' 轴、z' 轴，它们相交于点 O' 并使 $\angle x'O'y'=45°$（或 135°），$\angle x'O'z'=90°$，x' 轴与 y' 轴所确定的平面表示水平平面.

(2) 画水平放置的矩形 $ABCD$ 的直观图. 以点 O' 为中点，在 x' 轴上取线段 PQ，使 $PQ=4$ cm；以点 O' 为中点，在 y' 轴上取线段 $EF=1$ cm. 分别过 P、Q 作 x' 轴的平行线，过 E、F 作 y' 轴的平行线，设它们的交点分别是 A、B、C、D，四边形 $ABCD$ 就是长方体的底面.

(3) 画侧棱. 过 A、B、C、D 各点分别作 z' 轴的平行线，并在平行线上分别截取 2 cm 长的线段 AA_1、BB_1、CC_1、DD_1.

(4) 连接整理成图. 顺次连接 A_1、B_1、C_1、D_1，将坐标系去掉，被遮挡的部分用虚线连接，得到的图形就是所作的长方体 $ABCD-A_1B_1C_1D_1$ 的直观图.

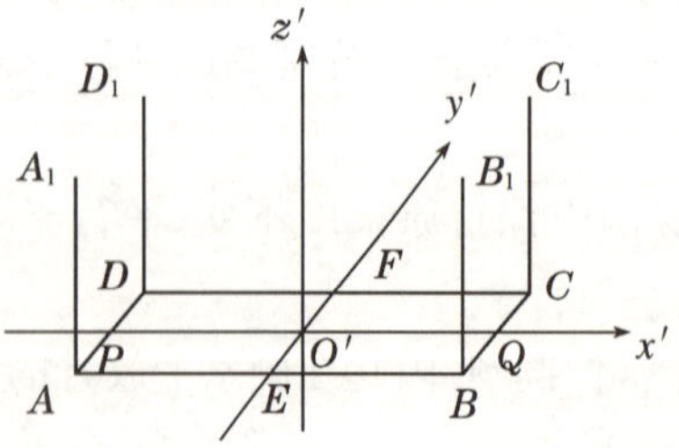

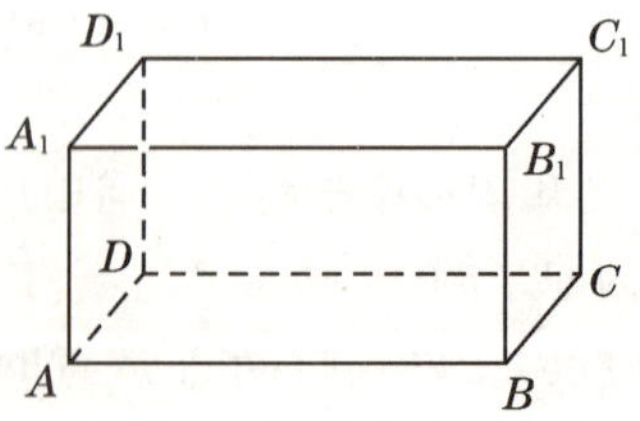

图 7.2.6

例 3　如图 7.2.7,已知几何体的三视图,用斜二测画法画出它的直观图.

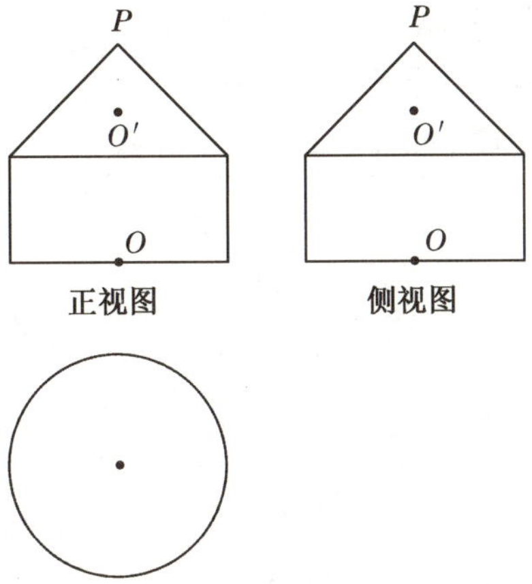

图 7.2.7

分析:由几何体的三视图知道,这个几何体是一个简单组合体,它的下部是一个圆柱,上部是一个圆锥,并且圆锥的底面与圆柱的上底面重合. 我们可以先画出下部的圆柱,再画出上部的圆锥.

解:画法:

(1) 画轴. 如图 7.2.8(1),画 x 轴、y 轴、z 轴,使$\angle xOy=45°$,$\angle xOz=90°$.

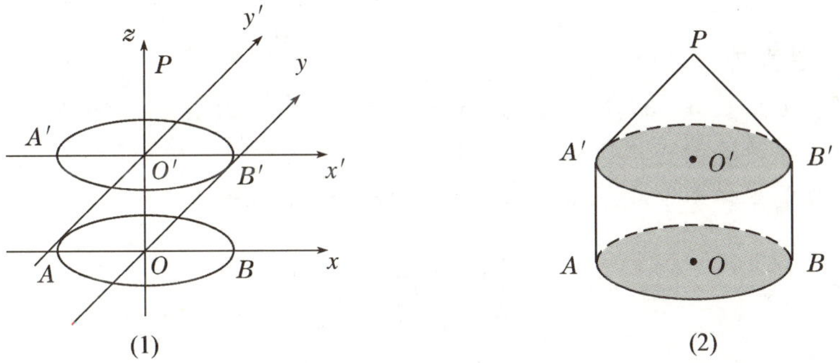

图 7.2.8

(2) 画圆柱的两底面. 如图 7.2.8(1),在 x 轴上取 A、B 两点,使得 AB 的长度等于俯视图中圆的直径,且 $OA=OB$. 利用椭圆模板,选取适当的椭圆经过 AB 两点,使得它为圆柱的下底面. 在 z 轴上截取 O',使 OO' 等于三视图中相应高度,过 O' 作 Ox 的平行线 $O'x'$,Oy 的平行线 $O'y'$,利用 $O'x'$ 与 $O'y'$ 画出底面$\odot O'$(与画$\odot O$一样).

(3) 画圆锥的顶点. 在 Oz 上截取点 P,使 PO' 等于三视图中相应的高度.

(4) 成图. 连接 PA',PB',$A'A$,$B'B$,整理得到三视图表示的几何体的直观图 7.2.8 中的(2).

空间几何体的三视图与直观图有着密切的联系,我们能够由空间几何体的三视图得到它的直观图. 同时,也能够由空间几何体的直观图得到它的三视图.

思考：(1) 图 7.2.9 是一个几何体的三视图，你能说出它对应的几何体的名称吗？并用斜二测画法画出它的直观图.

(2) 空间几何体的三视图和直观图能够帮助我们从不同角度认识几何体的结构，它们各自有哪些特点？二者有何关系？

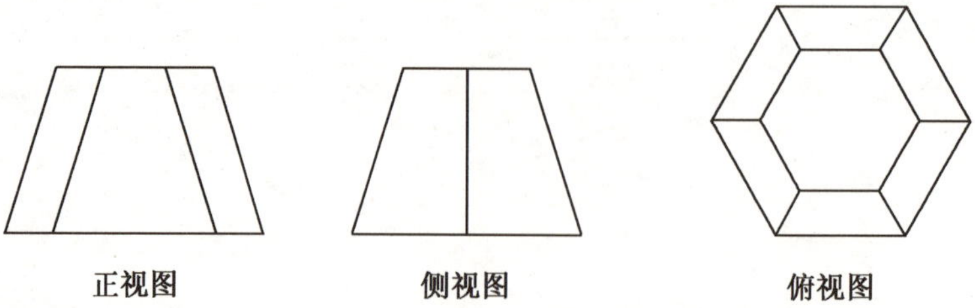

图 7.2.9

随堂练习

1. 如图是水平放置的三角形的直观图，$AB /\!/ y$ 轴，则$\triangle ABC$ 是________.

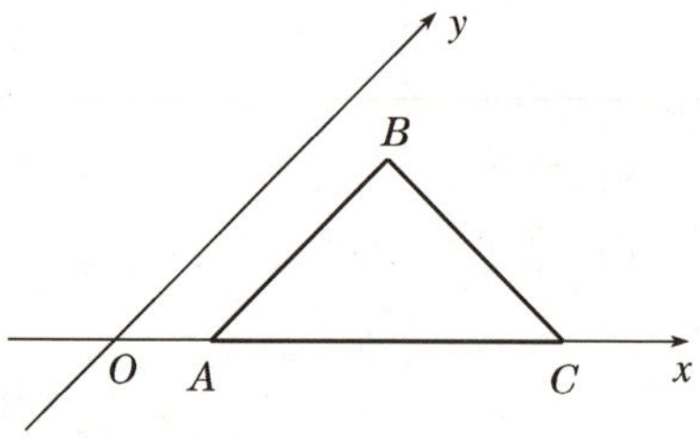

A. 等边三角形

B. 等腰三角形

C. 直角三角形

D. 等腰直角三角形

2. 一个长方形长 5 cm，宽 3 cm，画出这个长方形水平放置的直观图.
3. 画出水平放置的正五边形的直观图.
4. 画出底面半径为 2 cm，高为 4 cm 的圆锥的直观图.

习题 7.2

A 组

1. 画出如图所示的几何体的三视图.

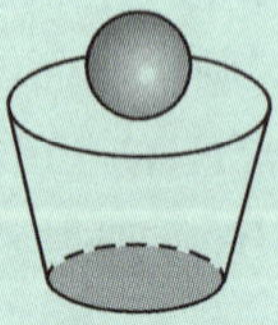

第 1 题图

2. 请同学们说出图中的两个三视图分别表示什么样的几何体？

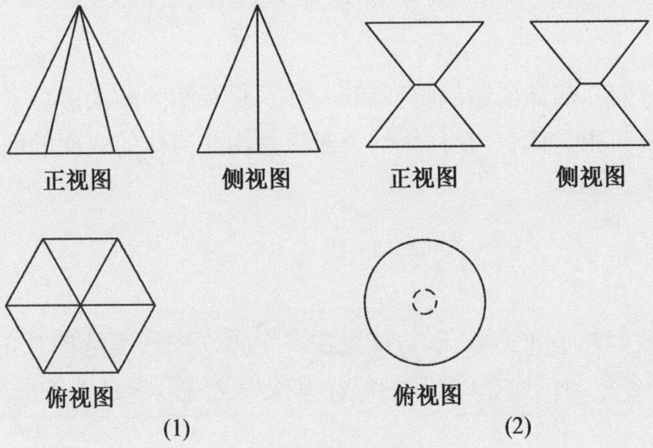

第 2 题图

3. 用斜二测画法画水平放置的等边三角形的直观图.

4. 利用斜二测画法画直观图时：

① 三角形的直观图是三角形；② 平行四边形的直观图是平行四边形；③ 正方形的直观图是正方形；④ 菱形的直观图是菱形. 以上结论中，正确的是________.

B 组

1. 如下图所示是一个奖杯的三视图，你能想象出它的几何结构，并画出它的直观图吗？

2. 将正三棱柱截去三个角(如图所示，A，B，C 分别是$\triangle GHI$ 三边的中点)得到几何体如图 2，则该几何体按图 2 所示方向的侧视图为(　　).

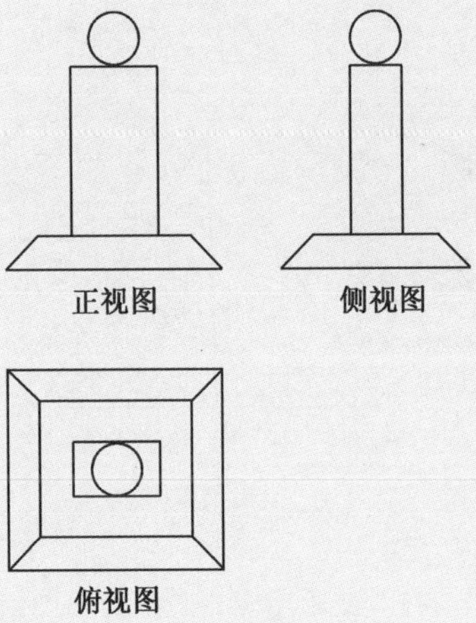

B 组第 1 题图

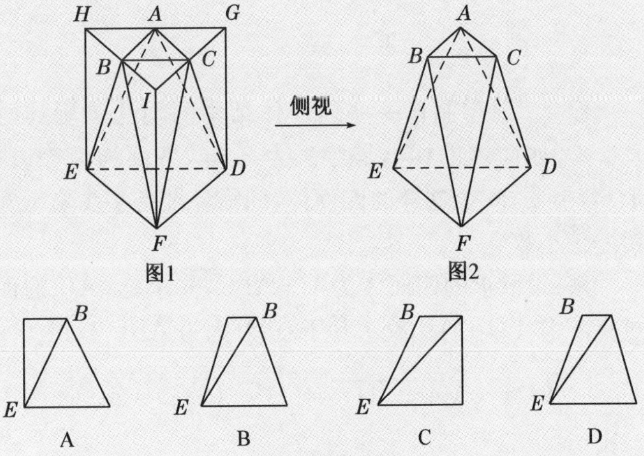

B 组第 2 题图

7.3 空间几何体的表面积与体积

前面我们对空间几何体的结构特征和三视图、直观图的画法进行了研究，下面我们学习空间几何体的表面积与体积. 几何体的**表面积**是指几何体的表面的面积，**体积**是指几何体所占空间的大小.

7.3.1 柱体、锥体、台体的表面积

思考: 我们知道正方体、长方体是由多个平面图形围成的几何体，它们的表面积就是各个面的面积的和. 如何计算棱柱、棱锥、棱台的表面积?

棱柱、棱锥、棱台都是多面体，可以通过计算各个面的面积的和，来计算它们的表面积. 下面我们举计算棱柱、棱锥表面积例子.

例 1 已知底面边长为 a，侧棱长为 b 的正三棱柱 $ABC-A_1B_1C_1$，求它的表面积，如图 7.3.1.

解：
$$S_{表}=S_{侧}+S_{底}=3ab+2\times\frac{1}{2}\times a\times\frac{\sqrt{3}}{2}a=3ab+\frac{\sqrt{3}}{2}a^2.$$

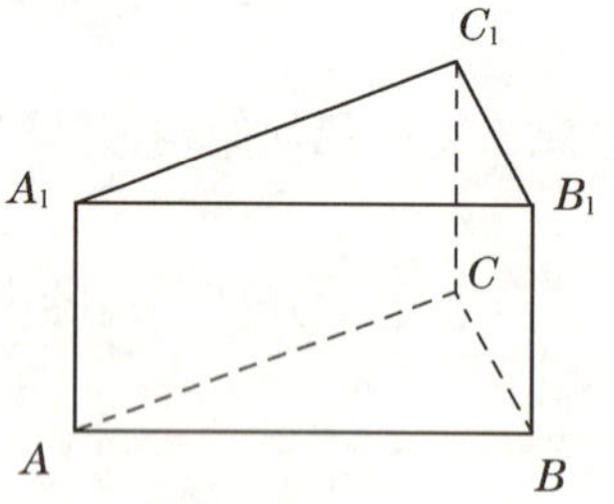

图 7.3.1

直棱柱是侧棱垂直于底面的棱柱. 正棱柱是底面是正多边形的直棱柱. 例 1 中的正三棱柱，底面是等边三角形，各侧面均为矩形.

例 2 现需制作一些四面体结构的幼儿园玩具(如图 7.3.2). 四面体的标准是棱长为 3 cm，各面均为等边三角形. 若需要 20 个这样的四面体，问需要准备多少彩纸?(保留一位小数)

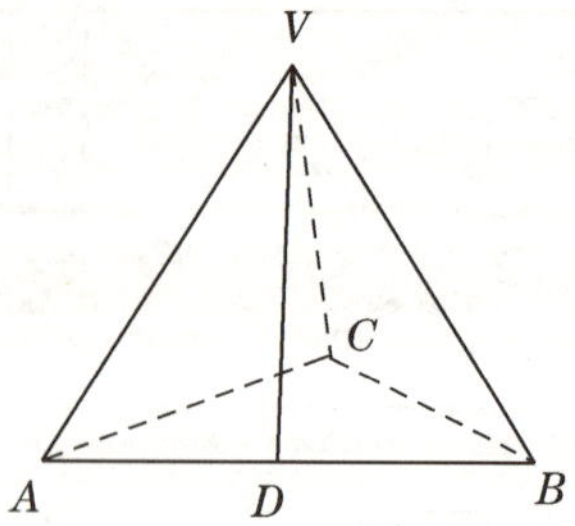

图 7.3.2

解：设欲求的四面体为 $V-ABC$，先求 $\triangle VAB$ 的面积，过点 V 作 $VD\perp AB$，交 AB 于点 D. 因为 $AB=3$ cm，求

$$VD=\sqrt{VA^2-AD^2}=\sqrt{3^2-\left(\frac{3}{2}\right)^2}=\frac{3\sqrt{3}}{2}\text{cm}$$

所以

$$S_{\triangle VAB}=\frac{1}{2}VD\cdot AB=\frac{1}{2}\times\frac{3\sqrt{3}}{2}\times 3=\frac{9\sqrt{3}}{4}\text{cm}^2$$

因此，四面体 $V-ABC$ 的表面积

$$S_{V\text{-}ABC}=4\times\frac{9\sqrt{3}}{4}=9\sqrt{3}\ \text{cm}^2$$

故而，所需彩纸面积为 $S=20\times9\sqrt{3}\approx311.8\ \text{cm}^2$.

思考：圆柱、圆锥和圆台的表面积如何计算？

圆柱、圆锥和圆台不是多面体，它们的侧面都是曲面，利用求各个面的面积的和来求表面积的方法已经不能适用. 因此我们将用侧面展开图来计算它们的面积.

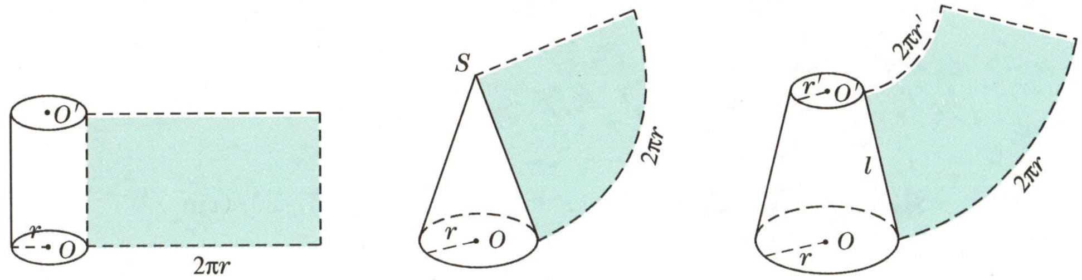

图 7.3.3

如图 7.3.4，圆柱的侧面展开图是一个矩形，矩形的长是圆柱的底面圆的周长、宽为圆柱的高. 圆柱侧面积即圆柱的侧面展开图面积，圆柱的表面积为侧面积与底面积之和. 如果圆柱的底面半径为 r，高为 l，那么圆柱的表面积为

$$S_{圆柱表}=S_{底}+S_{圆柱侧}=2\pi r(r+l)$$

请用纸板制作圆台模型，沿母线剪开，观察它的侧面展开图的形状.

同理，圆锥的侧面展开图是一个扇形，如果圆锥的底面半径为 r，母线长为 l，那么圆锥的表面积为

$$S_{圆锥表}=S_{底}+S_{圆锥侧}=\pi r(r+l).$$

圆台的侧面展开图是一个扇环，如果圆台的上底面圆半径为 r'，下底面圆半径为 r，母线长为 l，那么它的表面积等于上、下两个底面的面积和加上侧面的面积，即

$$S_{圆台表}=S_{圆台上底}+S_{圆台下底}+S_{圆台侧}=\pi(r'^2+r^2+r'l+rl)$$

请自己写出圆台表面积公式推导过程.

思考：圆柱是否可以看作圆台上底扩大变来的，圆锥是否可以看作圆台上底缩小变来的？你能说出它们的表面积公式之间的关系吗？

例 3　教师准备制作一些圆锥形的教具，选用了一块 8 cm 的正方形美术纸为材料. 求这个圆锥形的教具的表面积.

解：如图 7.3.4，扇形 OAB 是圆锥的侧面展开图，由题意知圆锥的母线长就是正方形纸的边长 l 为 8 cm，设此圆锥的底面半径和高分别是 r，h，则 $l=8$ cm，圆锥底面周长是

$$\frac{1}{2}\times\pi\times8=2\pi r$$

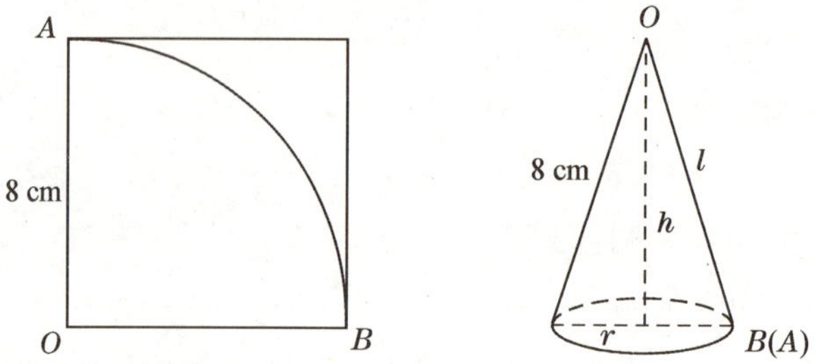

图 7.3.4

所以

$$r=2\text{ cm}$$

$$h=\sqrt{l^2-r^2}=\sqrt{8^2-2^2}=2\sqrt{15}\text{ cm}$$

故而

$$S_{\text{圆锥表}}=S_{\text{圆锥侧}}+S_{\text{底}}=\pi rl+\pi r^2=\pi\times2\times8+\pi\times2^2=20\pi(\text{cm}^2)$$

例 4 如图 7.3.5，一个圆台形花盆盆口直径为 20 cm，盆底直径为 15 cm，底部渗水圆孔直径为 1.5 cm，盆壁长 15 cm. 为了美化花盆的外观，需要涂油漆. 已知每平方米用 100 毫升油漆，涂 100 个这样的花盆需要多少油漆？(精确到 1 毫升，可用计算器)

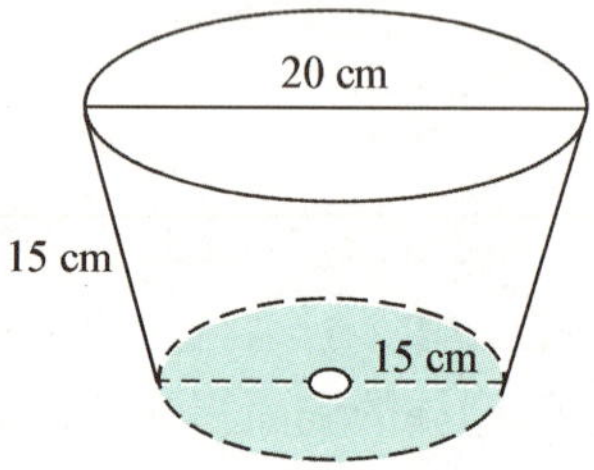

图 7.3.5

分析：求油漆的用量，即关系到如何求花盆外壁表面积？只要求出每个花盆外壁的表面积，就可求出油漆的用量. 而花盆外壁的表面积等于花盆的侧面面积加上底面面积，再减去底面圆孔的面积.

解：由圆台的表面积公式得一个花盆外壁的表面积

$$S=\pi\left[\left(\frac{15}{2}\right)^2+\frac{15}{2}\times15+\frac{20}{2}\times15\right]-\pi\times\left(\frac{1.5}{2}\right)^2$$

$$\approx1000(\text{cm})^2=0.1(\text{m}^2)$$

所以涂 100 个花盆需油漆：$0.1\times100\times100=1000$(毫升)

答：涂 100 个这样的花盆约需 1000 毫升油漆.

随堂练习

1. 已知圆柱的底面半径是 2 cm，高是 3 cm，求它的侧面积.

2. 正方体的对角线长是 $3\sqrt{3}$ cm，求它的表面积和体积.

3. 已知圆锥的底面半径为 2 cm，高为 $2\sqrt{3}$ cm，求该圆锥的表面积.

4. 将半径为 4 cm 的圆形薄铁板沿三条半径截成全等的三个扇形，做成三个圆锥筒(无底)，求圆锥筒的高(不计接头).

5. 若一个正三棱柱的三视图如图所示，则这个正三棱柱的表面积为(　　).

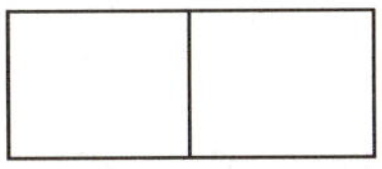

正视图

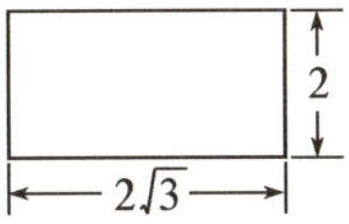

侧视图

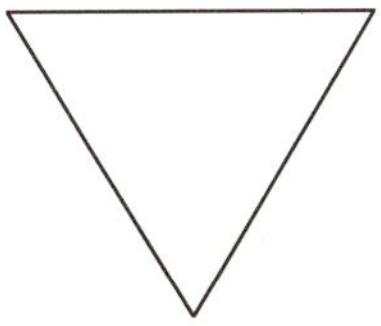

俯视图

A. $18\sqrt{3}$　　B. $15\sqrt{3}$　　C. $24+8\sqrt{3}$　　D. $24+16\sqrt{3}$

6. 已知棱长为 a，各面均为等边三角形的四面体 $S-ABC$，求它的表面积.

7. 一个圆台的上、下底面面积分别是 1 cm^2 和 49 cm^2，一个平行于底面的截面面积为 25 cm^2，则这个截面与上、下底面的距离之比是（　　）.

A. $2:1$　　B. $3:1$　　C. $\sqrt{2}:1$　　D. $\sqrt{3}:1$

7.3.2　柱体、锥体、台体的体积

1. 圆柱、棱柱的体积公式

我们在之前就对长方体、正方体以及圆柱的体积公式进行了相关学习. 它们的体积公式为

$$V=Sh（S 是底面面积，h 是高）$$

一般来说，棱柱的体积也是

$$V_{棱柱}=Sh$$

其中 S 是底面面积，h 是棱柱的高.

> 柱体的高是指两底面之间的距离，即从一个底面上任意一点向另一个面作垂线，这点与垂足（垂线与底面的交点）之间的距离.

2. 圆锥、棱锥的体积公式

圆锥的体积是同底等高的圆柱体积的$\frac{1}{3}$，即

$$V=\frac{1}{3}Sh（S 是底面面积 h 是高）$$

一般来说，棱锥的体积也是

$$V_{棱锥}=\frac{1}{3}Sh$$

其中 S 是底面面积，h 是棱锥的高，它是同底等高的棱柱体积的$\frac{1}{3}$.

> 锥体的高是指从顶点向底面作垂线，顶点与垂足（垂线与底面的交点）之间的距离.

3. 圆台、棱台的体积公式

我们知道，棱台和圆台分别是棱锥和圆锥截得的. 因此，可以利用两个锥体的体积差，得到棱台、圆台的体积公式均为

$$V_{台}=\frac{1}{3}(S'+\sqrt{S'S}+S)h$$

> 这个公式可以证明，棱台的高是指两底面之间的距离.

其中 S' 与 S 分别为上、下底面面积，h 表示圆台(棱台)的高.

思考：(1) 请同学们总结柱体、锥体和台体的体积公式.
(2) 从它们的结构特征出发，你能发现它们三者之间有什么关系?

例 5 已知圆柱侧面展开图是一个长为 6 cm，宽为 4 cm 的矩形，求此圆柱的体积.

解：设圆柱底面半径为 r，则底面周长 $2\pi r=6$，

所以

$$r=\frac{3}{\pi}$$

又

$$V_{圆柱}=S_{底}\ h=\pi\times\left(\frac{3}{\pi}\right)^2\times4=\frac{36}{\pi}\ \text{cm}^3$$

例 6 一块长方体木料，长、宽、高分别为 4 cm、2 cm、3 cm. 把它切削成一个体积最大的圆柱体，这个圆柱体的体积是多少?

解：根据此题提供的条件，削成圆柱体有三种情况，就要按条件比较以下哪一种削法削成的圆柱体最大.

(1) 以长 4 cm 宽 2 cm 的面为底，3 cm 为高，圆柱体积为

$$V_{圆柱}=\pi r^2h=\pi\times1^2\times3=3\pi\ \text{cm}^3$$

(2) 以长 4 cm 宽 3 cm 的面为底，2 cm 为高，圆柱体积为

$$V_{圆柱}=\pi r^2h=\pi\times\left(\frac{3}{2}\right)^2\times2=\frac{9}{2}\pi\ \text{cm}^3$$

(3) 以长 6 cm 宽 2 cm 的面为底，4 cm 为高，圆柱体积为

$$V_{圆柱}=\pi r^2h=\pi\times1^2\times4=4\pi\ \text{cm}^3$$

以长 4 cm，宽 3 cm 的面为底，以 2 cm 为高，削出的圆柱体体积最大.

随堂练习

1. 已知圆锥的底面周长是 c，高是 h，求证：它的体积是 $v=\frac{c^2h}{12\pi}$.

2. 棱台的两个底面面积分别是 245 cm^2 和 80 cm^2，截得棱台的棱锥的高为 35 cm，求这个棱台的体积.

3. 两个平行于圆锥底面的平面将圆锥的高分成相等的三段，那么圆锥被分成的三部分的体积的比是(　　).

A. 1∶2∶3　　B. 1∶7∶19　　C. 3∶4∶5　　D. 1∶9∶27

4. 有一堆规格相同的铁制(铁的密度是 7.8 g/cm^3)六角螺帽，共重 5.8 kg，已知底面是正六边形，边长为 12 mm，内孔直径为 10 mm，高为 10 mm，问这堆螺帽大约有多少个?(π 取 3.14)

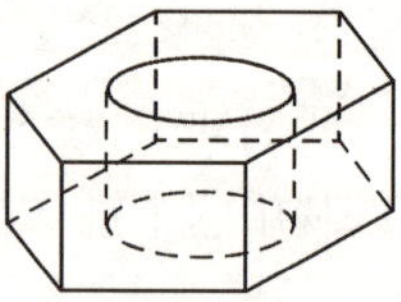

7.3.3　球的体积与表面积

我们知道，如图 7.3.6 所示球是由球面所围成的几何体；球面是一个半圆以它的直径所在直线为旋转轴，旋转一周后所形成的曲面. 球的结构特征与柱体、锥体有着本质的区别，下面我们分别研究球的表面积和体积.

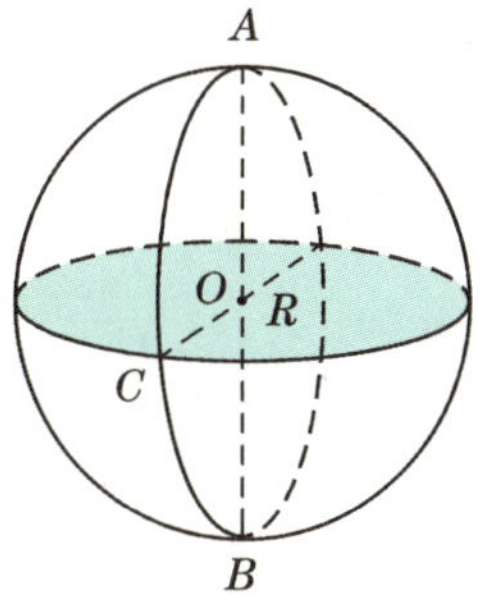

图 7.3.6

1. 球的体积

如图 7.3.7，半球的半径与圆锥、圆柱的高相等，圆锥、半球、圆柱的底面半径相等，即它们的底面积相等. 它们的体积关系是否可以推测出来呢？

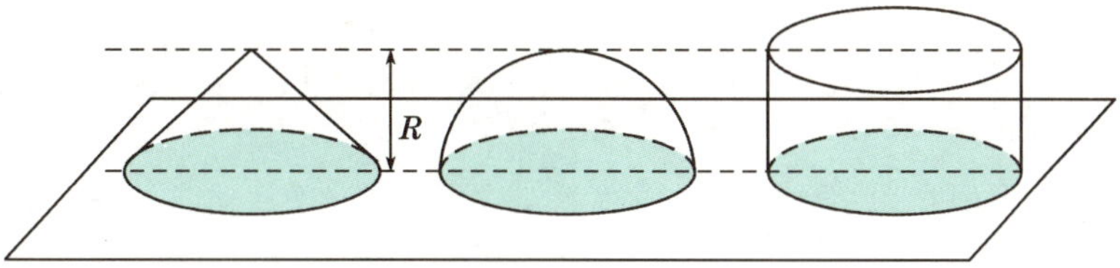

图 7.3.7

易知 $V_{圆锥}=\frac{1}{3}\pi R^3$，$V_{圆柱}=\pi R^3$，推测 $V_{半球}=\frac{2}{3}\pi R^3$，从而以 R 为半径的球体积是

$$V_{球}=\frac{4}{3}\pi R^3$$

关于这个公式的证明可参考本章阅读材料祖暅原理.

2. 球的表面积

球面不能展开成平面图形，求球的表面积无法用展开图求出. 如何求球的表面积公式呢？我们这里借助**极限思想**来推导.

如图 7.3.8，球面被分割成 n 个网格，设它们的表面积分别是 $\triangle S_1$，$\triangle S_2$，$\triangle S_3$，…，$\triangle S_n$. 将球心 O 和每个小网格的顶点连接起来，整个球体就被分割成 n 个"小锥体"，它们的体积分别记为 $\triangle V_1$，$\triangle V_2$，$\triangle V_3$，…，$\triangle V_n$.

图 7.3.8

随着分割的不断细密，每个小网格愈加细小，“小锥体”底面就近似于“平”的，“小锥体”就接近于小棱锥. 第 i 个小棱锥的高 h_i 就无限趋近于球半径 R，底 $\triangle S'_i$ 就无限趋近于 $\triangle S_i$.

因此，第 i 个“小锥体”的体积可近似为 $\triangle V_i \approx \frac{1}{3}\triangle S_i R$，$i=1,2,\cdots,n$. 球的体积

$$\begin{aligned}V_{球} &= \triangle V_1 + \triangle V_2 + \triangle V_3 + \cdots + \triangle V_n \\ &\approx \frac{1}{3}\triangle S_1 R + \frac{1}{3}\triangle S_2 R + \cdots + \frac{1}{3}\triangle S_n R \\ &= \frac{1}{3}(\triangle S_1 + \triangle S_2 + \cdots + \triangle S_n)R \\ &= \frac{1}{3}S_{球} R\end{aligned}$$

又

$$V_{球} = \frac{4}{3}\pi R^3$$

可得球的表面积

$$S_{球} = 4\pi R^2$$

它等于它的大圆面积的 4 倍.

在球的表面积推导过程中，运用了“分割、求近似和，化为标准和”的极限思想. 运用这一方法可以解决很多生活实际问题，同学们自己可以去发现挖掘.

例 7 已知一个球的表面积是 $324\pi\,\text{cm}^2$，求它的体积.

分析：球的表面积与体积公式均是由球的半径所表示的，因此只要能求出半径，就可以直接求出体积.

解：设这个球的半径为 R，则

由球的面积公式知，$4\pi R^2 = 324\pi$，所以 $R = 9$ cm

$$V_{球} = \frac{4}{3}\pi R^3 = \frac{4}{3}\pi \times 9^3 = 972\pi\,\text{cm}^3$$

例 8 如图 7.3.9，圆柱的底面直径与高都等于球的直径. 求证：

(1) 球的表面积等于圆柱的侧面积；

(2) 球的表面积等于圆柱表面积的 2/3.

证明：(1) 设球的半径为 R，则圆柱的底面半径为 R，高为 $2R$，得

$$S_{球} = 4\pi R^2$$

$$S_{圆柱侧} = 2\pi R \times 2R = 4\pi R^2$$

(2) 因为

$$S_{圆柱表} = 4\pi R^2 + 2\pi R^2 = 6\pi R^2$$

所以

$$S_{球} = S_{圆柱侧} = \frac{2}{3}S_{圆柱表}$$

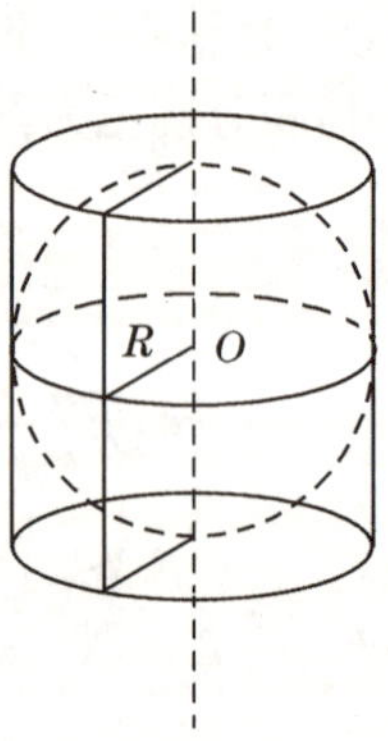

图 7.3.9

随堂练习

1. 一个球的半径为 3 cm,求它的表面积和体积.

2. 填空

(1) 若球的表面积变为原来的 2 倍,则半径变为原来的________倍.

(2) 若球的半径变为原来的 2 倍,则表面积变为原来的________倍.

(3) 若两球表面积之比为 1∶2,则其体积之比是________.

(4) 若两球体积之比是 1∶2,则其表面积之比是________.

(5) 若两球表面积之差为 48,它们大圆周长之和为 12,则两球的直径之差为________.

3. 可以将一个直径为 8 cm 的彩泥球重新捏制成几个直径是 4 cm 的小球?

习题 7.3

A 组

1. 已知直角三角形的两直角边长为 a,b,分别以这两条直角边所在直线为轴,旋转所形成的几何体的体积之比为(　　).

A. $a∶b$　　B. $b∶a$　　C. $a^2∶b^2$　　D. $b^2∶a^2$

2. 将一钢球放入底面半径为 3 cm 的圆柱形玻璃容器中,水面升高 4 cm,则钢球的半径是________cm.

3. 在半径是 13 cm 的球面上有 A,B,C 三点,$AB=6$ cm,$BC=8$ cm,$AC=10$ cm,求球心到平面 ABC 的距离.

4. 五棱台的上、下底面均是正五边形,边长分别是 8 cm 和 18 cm,侧面是全等的等腰梯形,侧棱长是 13 cm,求它的侧面面积。

5. 已知圆台的上下底面半径分别是 r、R,且侧面面积等于两底面面积之和,求圆台的母线长。

6. 如图,将一个长方体沿相邻三个面的对角线截出一个棱锥,求棱锥的体积与剩下的几何体体积之比。

7. 仓库的屋顶呈正四棱锥形,量得底面的边长为 2.6 m,侧棱长 2.1 m,现要在屋顶上铺一层油毡纸,问需要油毡纸的面积是多少?

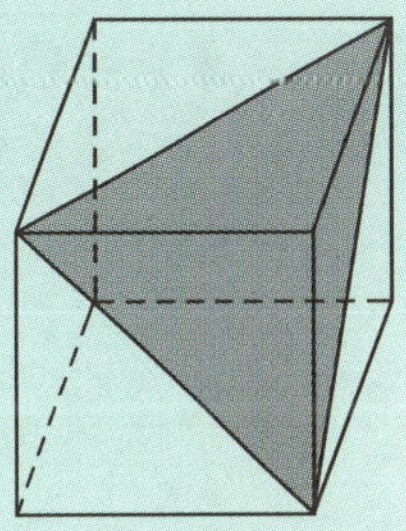

第 6 题图

B组

1. (1) 表面积相等的正方体和球中，体积较大的几何体是________.

(2) 体积相等的正方体和球中，表面积较小的几何体是________.

2. 如图，在长方体 $ABCD-A_1B_1C_1D_1$ 中，$AB=AD=3$ cm，$AA_1=2$ cm，则四棱锥 $A-BB_1D_1D$ 的体积为________cm^3.

3. 有一个轴截面为正三角形的圆锥容器，内放一个半径为 R 的内切球，然后将容器注满水，现把球从容器中取出，水不损耗，且取出球后水面与圆锥底面平行形成一圆台体，问容器中水的高度为多少？

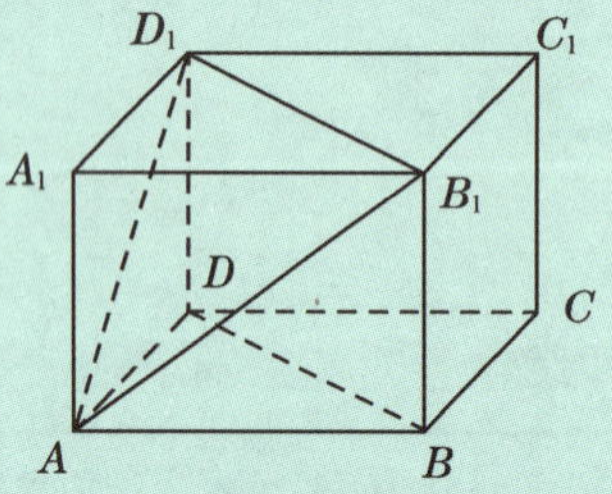

第 2 题图

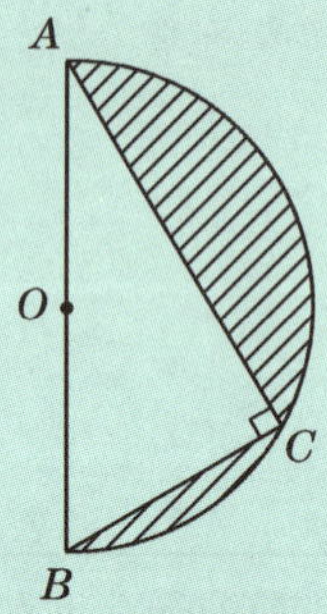

第 4 题图

4. 如图所示，半径为 R 的半圆内的阴影部分以直径 AB 所在直线为轴，旋转一周得到一几何体，求该几何体的表面积(其中$\angle BAC=30°$).

本章小结

一、本章知识结构

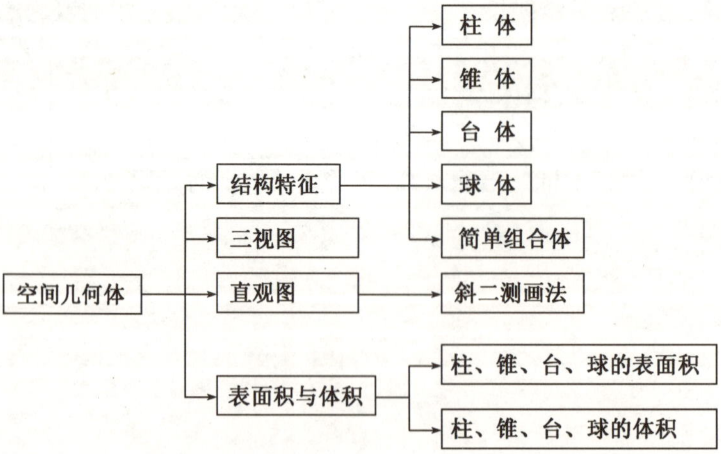

二、知识回顾与思考

1. 关于空间几何体的学习，我们首先对周围的物体形状进行辨认，观察分析确定分类标准，进而认识了简单几何体柱、锥、台、球.

2. 通过空间感知、学习简单几何体的基本概念，我们归纳了它的基本结构特征，并且能够总结简单几何体的几何性质. 相应地，我们也可以通过结构特征的描述，分析想象最终确认相应几何体.

3. 为了将空间几何体展现在平面上，我们学习了斜二测画法能够画出几何体的直观图，同时注意斜二测画法对几何体在数量关系上的变化.

思考：你能回顾用斜二测画法画出几何体的直观图的基本步骤吗？

4. 空间几何体的表面积与体积的计算中，圆柱、圆锥、圆台的表面展开图作为其计算表面积的基础，是充分运用空间问题转化为平面问题的化归思想. 柱体、锥体、台体都有的统一的体积计算公式，你能说说吗？

5. 在对球的体积公式的学习中，我们采用不严密的猜想得出公式；在表面积公式学习中，注意理解“分割、近似求和、化为标准和”的数学思想. 球这节内容着重在结构特征、公式和理解公式推导的基本思路.

思考：你能说出球的表面积公式和体积公式吗？

本章复习题

A 组

一、选择题

1. 下列几何体中棱柱有(　　).

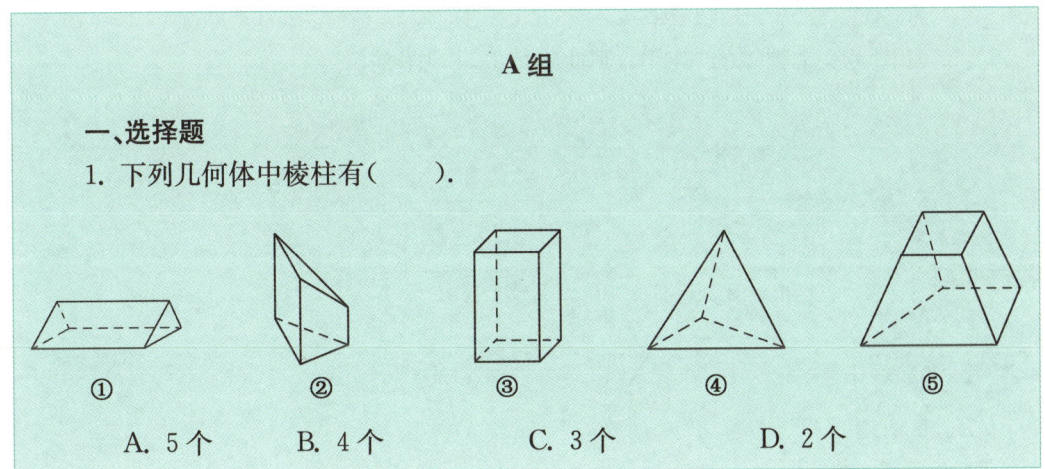

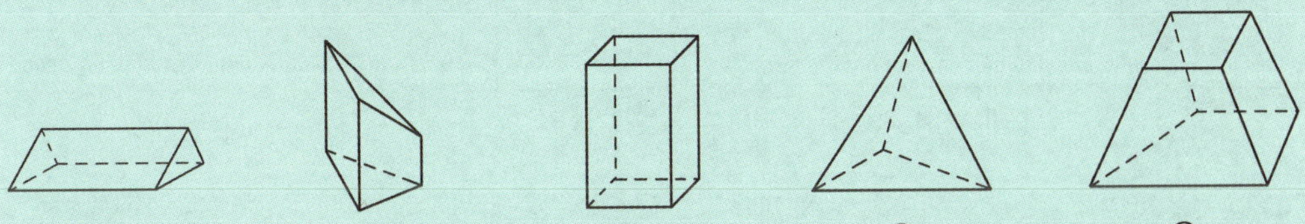

①　　②　　③　　④　　⑤

A. 5 个　　B. 4 个　　C. 3 个　　D. 2 个

2. 如图所示的几何体是由图(　　)中的哪个平面图形旋转得到的.

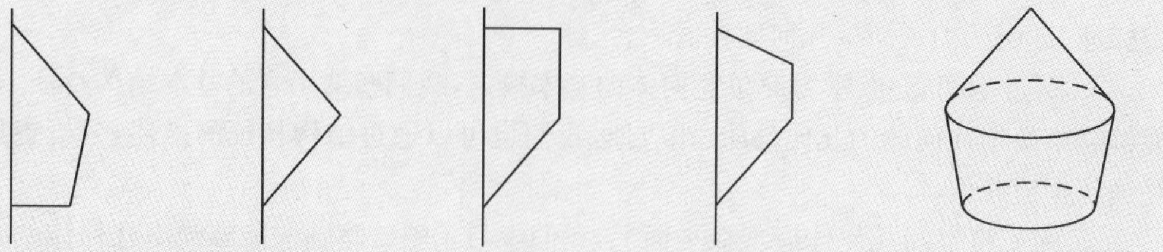

A.　　B.　　C.　　D.

3. 下列命题正确的是(　　).

A. 以直角三角形的一直角边为轴旋转所得的旋转体是圆锥

B. 以直角梯形的一腰为轴旋转所得的旋转体是圆台

C. 圆柱、圆锥、圆台都有两个底面

D. 圆锥的侧面展开图为扇形,这个扇形所在圆的半径等于圆锥底面圆半径

4. 下面几何体中,过轴的截面一定是圆面的是(　　).

A. 圆柱　　B. 圆锥　　C. 球　　D. 圆台

5. 如图,甲、乙、丙是三个立方体图形的三视图,甲、乙、丙对应的标号正确的是(　　).

主视图　左视图　俯视图　　主视图　左视图　俯视图　　主视图　左视图　俯视图

(甲)　　(乙)　　(丙)

① 长方体　② 圆锥　③ 三棱锥　④ 圆柱

A. ④③②　　B. ②①③　　C. ①②③　　D. ③②④

6. 如图是一个物体的三视图,则此物体的直观图是(　　).

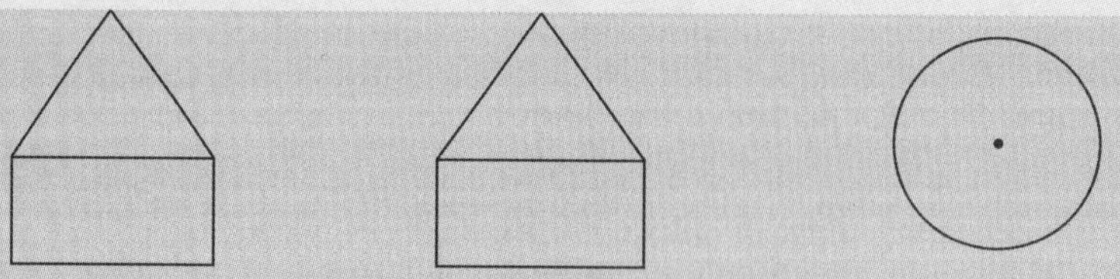

正视图　　左视图　　俯视图

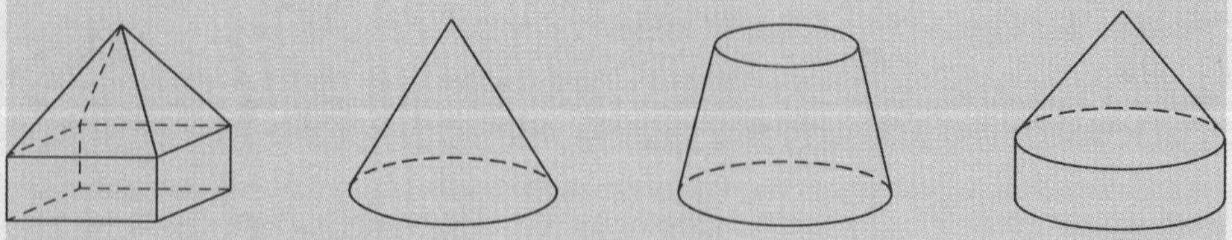

A　　B　　C　　D

7. 关于斜二侧画法，下列说法不正确的是(　　).

A. 原图形中平行于 x 轴的线段，其对应线段平行于 x'轴，长度不变

B. 原图形中平行于 y 轴的线段，其对应线段平行于 y'轴，长度变为原来的$\frac{1}{2}$

C. 在画与直角坐标系 xoy 对应的 $x'o'y'$时，$\angle x'o'y''$必须是 $45°$

D. 在画直观图时由于选轴的不同，所得的直观图可能不同

8. 一个水平放置的平面图形的直观图是一个底角为 $45°$，腰和上底长均为 1 的等腰梯形，则该平面图形的面积等于(　　).

A. $\frac{1}{2}+\frac{\sqrt{2}}{2}$　　B. $1+\frac{\sqrt{2}}{2}$　　C. $1+\sqrt{2}$　　D. $2+\sqrt{2}$

9. 有一个几何体的三视图及其尺寸如下(单位 cm)，则该几何体的表面积及体积为(　　).

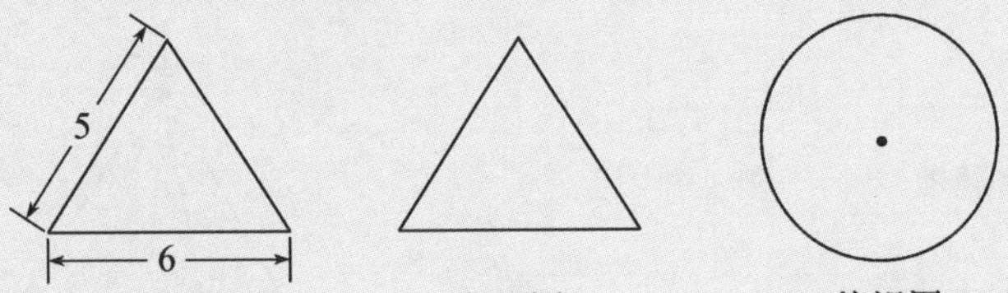

主视图　　左视图　　俯视图

A. $24\pi cm^2$，$12\pi cm^3$　　B. $15\pi cm^2$，$12\pi cm^3$

C. $24\pi cm^2$，$36\pi cm^3$　　D. 以上都不正确

10. 如果两个球的体积之比为 8∶27，那么这两个球的表面积之比为(　　).

A. 8∶27　　B. 2∶3　　C. 4∶9　　D. 2∶9

二、填空题

1. 给出下列 7 种几何体：

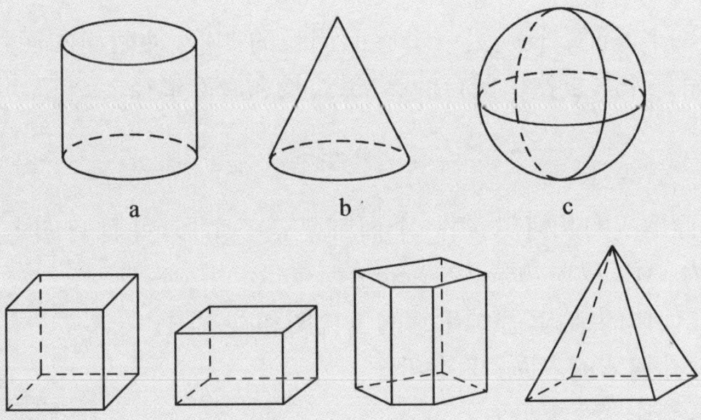

a　b　c

d　e　f　g

柱体有________；锥体有________；球有________；棱柱有________；圆柱有________；棱锥有________；圆锥有________.

2. 一个长方体的各顶点均在同一球的球面上且一个顶点上的三条棱的长分别为1,2,3,则此球的表面积为________.

3. 若三个球的表面积之比是1∶2∶3,则它们的体积之比是________.

4. 若与球心距离为4的平面截球体所得的圆面半径为3,则球的体积为________.

三、解答题

1. 用斜二测画法画出底面边长为4 cm,高为3 cm的正四棱锥的直观图.

2. 某几何体的三视图如图所示(单位:m).

(1) 求该几何体的表面积;

(2) 求该几何体的体积.

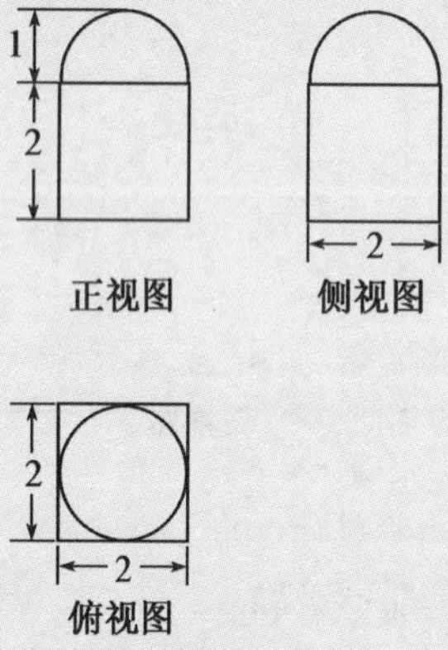

第2题图

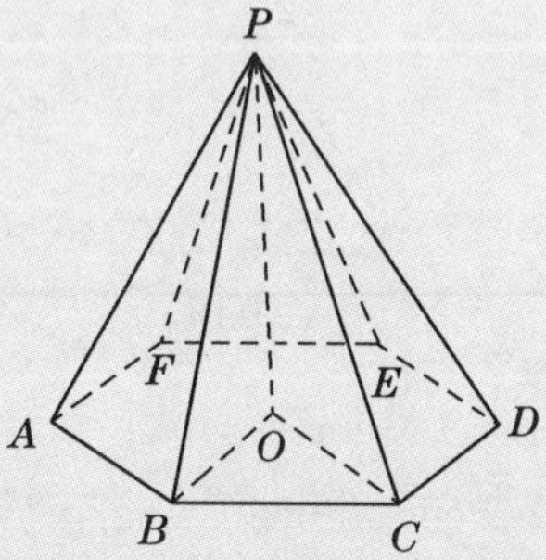

第3题图

3. 如图,已知六棱锥$P-ABCDEF$其中底面$ABCDEF$是正六边形,点P在底面的投影是正六边形的中心,底面边长为2 cm,侧棱长为3 cm,求六棱锥$P-ABCDEF$的表面积和体积.

4. 圆台的一个底面周长是另一个底面周长的3倍,轴截面的面积等于392 cm^2,母线与轴的夹角是45°,求这个圆台的高、母线长和底面半径.

B组

1. 由8个面围成的几何体,每一个面都是正三角形,并且有四个顶点A,B,C,D在同一个平面内,$ABCD$是边长为30 cm的正方形.

(1) 想象几何体的结构,并画出它的三视图和直观图;

(2) 求出此几何体的表面积和体积;

(3) 用硬纸制作这个模型.

2. 一个长、宽、高分别是80 cm、60 cm、55 cm的水槽中有水200000 cm^3,现放入一个直径为50 cm的木球,且木球的三分之二在水中,三分之一在水上,那么水是否会从水槽中流出?

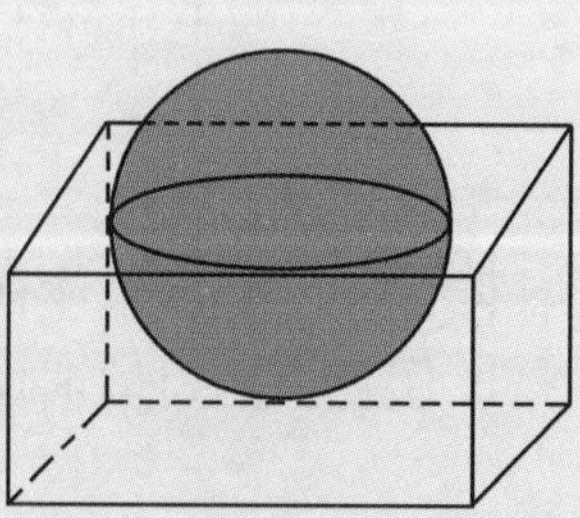

3. 在一个长方体的容器中，装有少量水. 现将容器绕着其底部的一条棱倾斜，在倾斜的过程中：

(1) 水面的形状不断变化，可能是矩形，也可能变成不是矩形的平行四边形，对吗？

(2) 水的形状也不断变化，可以是棱柱，也可能变为棱台或棱锥，对吗？

(3) 如果倾斜时，不是绕着底部的一条棱，而是绕着其底部的一个顶点，上面的第(1)题和第(2)题对不对？

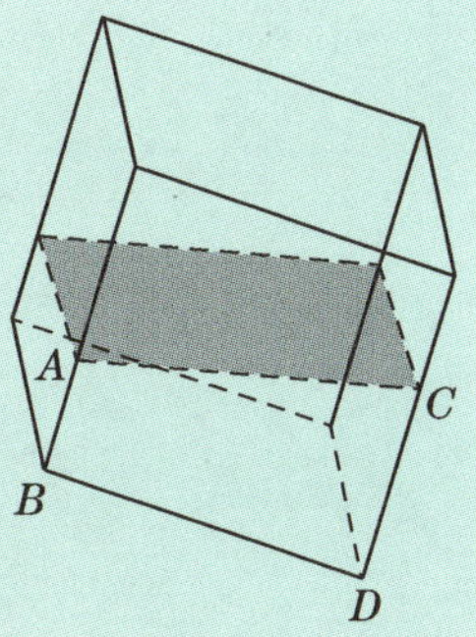

第八章　点、直线、平面的位置关系

微信扫一扫
获取本章资源

空间几何体各式各样，千姿百态，如何认识和把握它们呢？本章，我们从构成空间几何体的基本要素——点、直线、平面入手，研究它们的性质以及相互之间的位置关系，由整体到局部，由局部再到整体，逐步认识空间几何体的性质.

本章中，我们特别以长方体为载体，通过直观感知、操作确认、思辨论证、度量计算等方法，理解空间中点、直线、平面间的位置关系，学会运用数学语言对某些位置关系进行表述和论证. 培养和发展空间想象能力、推理论证和运用图形语言进行交流的能力，进而提升数学素养.

本章学习目标

通过本章学习，将实现以下学习目标：

- 了解平面的基本性质和作用
- 理解空间中两直线的位置关系，理解两条平行直线的性质；理解异面直线的概念，异面直线所成角的定义
- 理解直线和平面的位置关系；理解直线和平面所成角的概念
- 了解三垂线定理和它的逆定理
- 理解两个平面的位置关系；理解二面角的概念
- 能够初步运用上述概念以及性质定理和判定定理，进行简单的论证和解决有关问题
- 培养学生的空间想象能力，进一步发展学生的逻辑思维能力

8.1　平　面

8.1.1　平面的概念和表示法

常见的书桌面、墙面、平静的湖面等都给我们以平面的形象.数学中研究的平面就是从现实世界中抽象出来的，它是绝对平的，没有厚薄，可以无限延展.

我们通常画平行四边形来表示平面.这正如我们选取适当的角度和距离观察书桌面或者门的表面时，发现它们均以类似平行四边形的形象呈现在我们眼中.当平面处于水平位置时，通常将平行四边形水平方向的一边的长度，画成邻边长的2倍，并且两者的夹角画为45°(如图8.1.1所示).

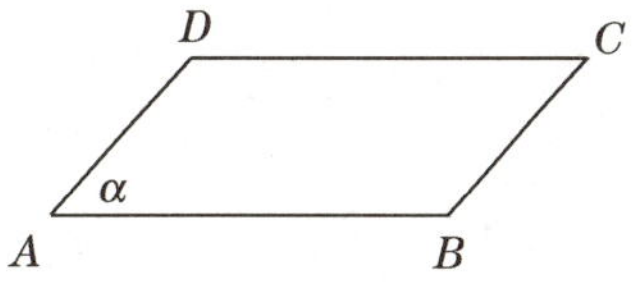

图8.1.1

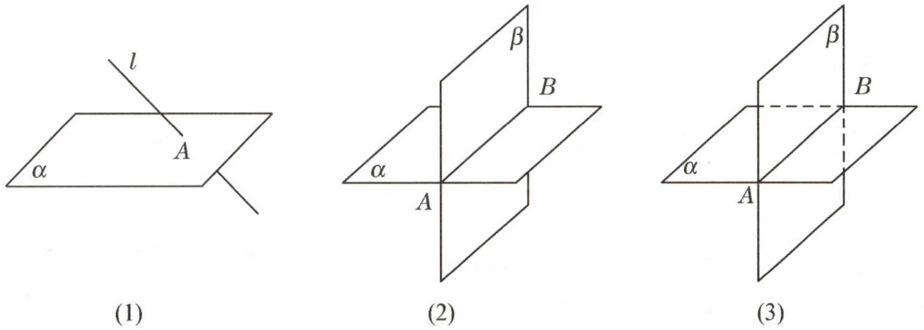

图8.1.2

直线与平面相交，如图8.1.2(1)，两个平面相交，如图8.1.2(2)和(3)，我们通常把被遮挡部分画成虚线或省略不画，这样可以增强图形的立体感.

平面通常是用一个小写希腊字母 α, β, γ……来表示，也可以用相应的平行四边形的四个顶点或相对的两个顶点的大写英文字母来表示，如图8.1.1的平面可记为平面 α、平面 $ABCD$ 或平面 AC.

空间图形的基本元素是点、直线、平面.从集合的观点看，可以把直线、平面看成是点的集合，因此它们之间的关系可以用符号语言来表示.如图8.1.3，点 A 在平面 α 内，记作 $A\in\alpha$；点 B 不在平面 α 内，记作 $B\notin\alpha$.点 C 在直线 m 上，记作 $C\in m$；点 A 不在直线 m 上，记作 $A\notin m$.

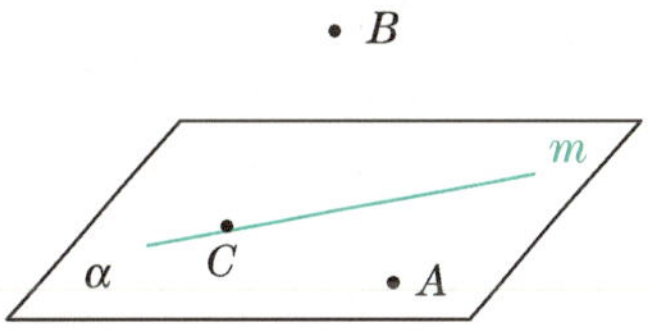

图8.1.3

随堂练习

1. 下列命题

① 书桌面是平面

② 有一个平面的长是 50 m，宽是 20 m

③ 平面是绝对的平、无厚度，可以无限延展的抽象数学概念

其中正确命题的个数为（　　）.

A. 1个　　B. 2个　　C. 3个　　D. 0个

2. 水平放置的平面常用平行四边形表示，平行四边形的一个锐角是______. 横边与邻边之比是____________.

3. 如图所示，用符号表示下列语句.

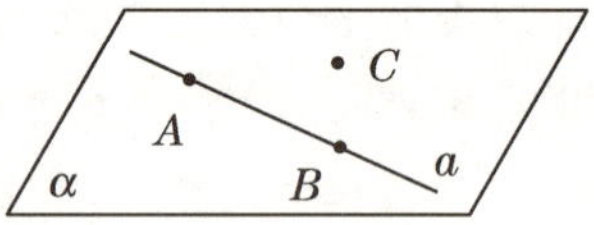

① 点 A、B 在直线 a 上________________.

② 点 C 在平面 α 内________，点 O 不在平面 α 内________.

4. 试着画出交于同一直线的三个平面.

8.1.2　平面的基本性质

在长期的生产与生活中，人们通过分析和概括总结出关于平面的三条基本性质，我们把它们当作公理，作为今后进行几何推理分析的基础.

> **思考：**如果将钢笔和桌面分别看作一条直线和一个平面，当钢笔只有一个点在桌面上时，钢笔所在的直线与桌面所在平面的位置关系是怎样的？当钢笔有两个点在桌面上时呢？

公理 1：如果一条直线上的两点在一个平面内，那么这条直线上所有的点都在这个平面内.（图 8.1.4）

如果直线 l 上所有的点都在平面 α 内，我们说直线 l 在平面 α 内，或者平面 α 经过直线 l，记作 $l\subset\alpha$；否则，就说直线 l 在平面 α 外，记作 $l\not\subset\alpha$.

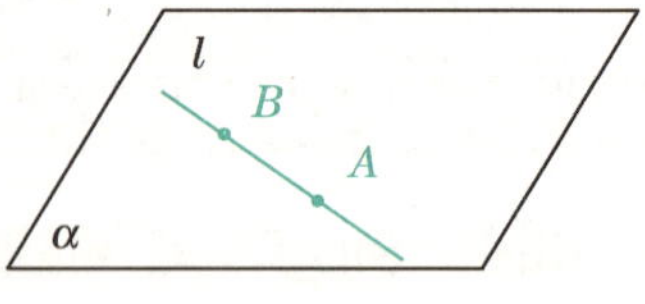

图 8.1.4

公理 1 给出了判定直线是否在平面内的依据. 用符号语言来对公理 1 进行表述是：

$$A\in\alpha, B\in\alpha, A\in l, B\in l \Rightarrow l\subset\alpha.$$

> **思考：**把一个三角板的一个角立在课桌上，三角板所在的平面与桌面所在的平面是否只相交于一点？

公理 2：如果两个不重合的平面有一个公共点，那么它们有且只有一条过该点的公共直线.（图 8.1.5）

如果平面 α 和 β 有一条公共直线 l，我们就说**平面 α 和 β 相交**，交线是 l，记作 $\alpha\cap\beta=l$.

公理 2 给出了两个平面相交的依据. 用符号语言可将公理 2 表述为:

$$P\in\alpha,P\in\beta\Rightarrow\alpha\cap\beta=l,P\in l.$$

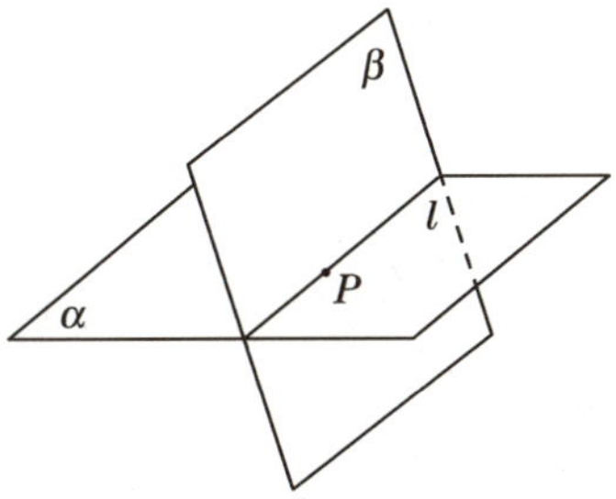

图 8.1.5

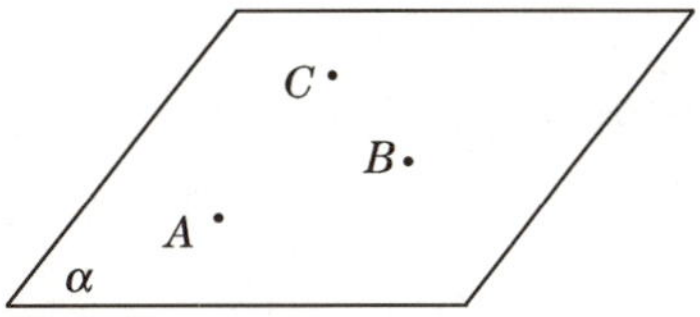

图 8.1.6

思考:在生活中,我们看到三脚架可以牢固地支撑照相机或测量用的平板仪等,请问自行车放稳需要几个点?

公理 3:经过不在同一条直线上的三点,有且只有一个平面.(图 8.1.6)

即:**不在同一条直线上的三点确定一个平面.**

公理 3 给出了确定一个平面的依据. 用符号语言可将公理 3 表述为:A、B、C 不在同一条直线上 $\Rightarrow$ 有且只有一个平面 α,使 $A\in\alpha,B\in\alpha,C\in\alpha$.

由公理 3 我们可以直接得到下述三个推论:

推论 1:经过一条直线和这条直线外的一点,有且只有一个平面.(图 8.1.7)

推论 2:经过两条相交直线,有且只有一个平面.(图 8.1.8)

推论 3:经过两条平行直线,有且只有一个平面.(图 8.1.9)

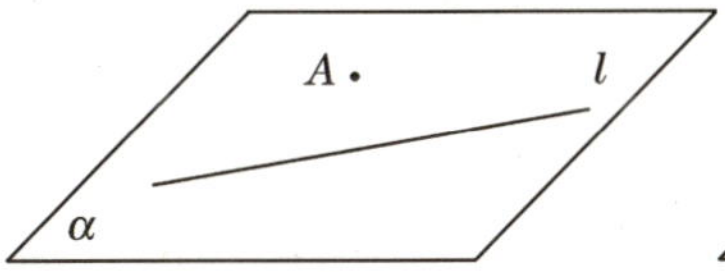

图 8.1.7

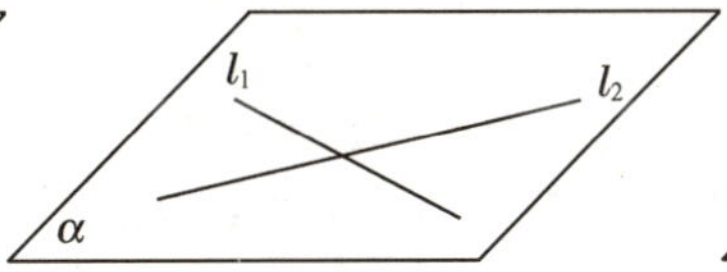

图 8.1.8

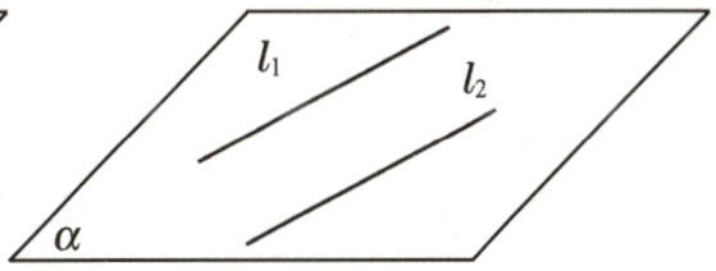

图 8.1.9

思考:上述三条推论是如何得到的,你能证明吗?

例 1 如图 8.1.10,对于下列图形中点、直线、平面的位置关系,请用符号表示出来.

分析:根据图形,先判断点、直线、平面之间的位置关系,然后用符号表示出来.

解:$\alpha\cap\beta=AB,a\subset\alpha,b\subset\beta,a\cap AB=P,b\cap AB=P.$

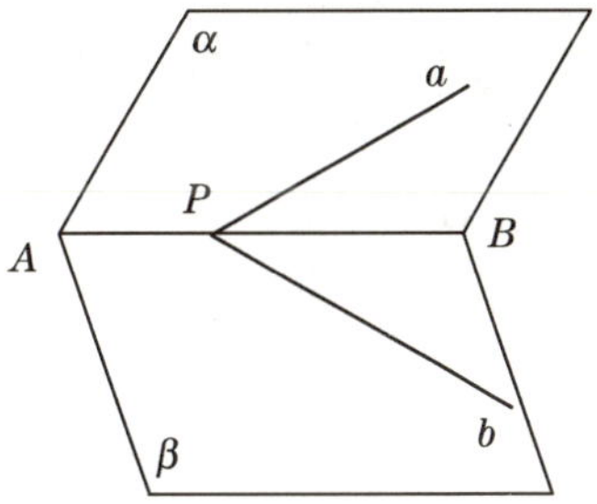

图 8.1.10

例 2 求证：三角形是平面图形.

分析：如果一个图形的所有点都在同一个平面内，则称这个图形为**平面图形**，否则称为**空间图形**. 文字语言描述的证明题，可以根据题目，先画出图形、标明符号，再写出已知和求证，最后给出证明过程.

已知：如图 8.1.11，有一个三角形 ABC.

求证：三角形 ABC 是平面图形.

证明：因为三角形 ABC 的顶点 A、B、C 不共线，

所以由公理 3 知，存在唯一的平面 α 使得 $A\in\alpha$、$B\in\alpha$、$C\in\alpha$，

再由公理 1 知，$AB\subset\alpha$、$BC\subset\alpha$、$CA\subset\alpha$，

所以三角形 ABC 上的每一个点都在同一个平面内，

所以三角形 ABC 是平面图形.

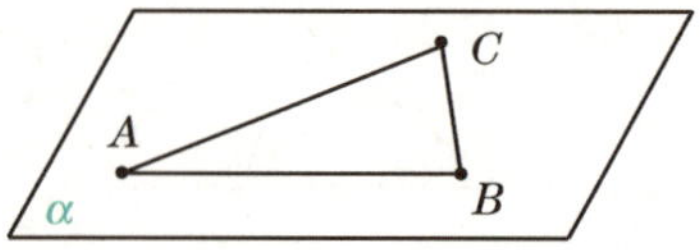

图 8.1.11

随堂练习

1. 如图，平面 $ABCD$ 记作 α，平面 $EFCD$ 记作 β，根据图形填写：

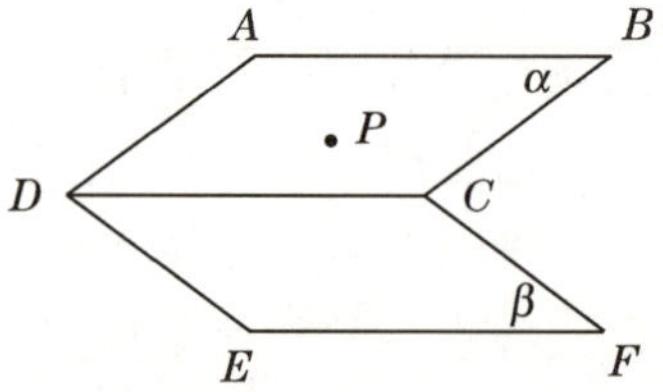

(1) $A\in\alpha$，B ________ α，C ________ α，D ________ α，P ________ α；

(2) $D\in\beta$，C ________ β，F ________ β，E ________ β，A ________ β，B ________ β，P ________ β；

(3) $\alpha\cap\beta=$________；

(4) AB ________ α，AB ________ β，CD ________ α，CD ________ β，AC ________ α，AC ________ β.

2. 用符号语言表示下列语句，并画出相应的图形：

(1) 直线 l 在平面 α 外，且过平面 α 内一点 P；

(2) 直线 l 既在平面 α 内，也在平面 β 内.

3. A、B、C 表示不同的点，l 表示直线，α，β 表示不同的平面，下列推理错误的是（　　）.

A. $A\in l, A\in\alpha; B\in l, B\in\alpha \Rightarrow l\subset\alpha$

B. $A\in\alpha, A\in\beta; B\in\alpha, B\in\beta \Rightarrow \alpha\cap\beta=AB$

C. $l\not\subset\alpha, A\in l \Rightarrow A\notin\alpha$

D. $A, B, C\in\alpha, A, B, C\in\beta$ 且 A, B, C 不共线 $\Rightarrow \alpha$ 与 β 重合

4. 下列图形中，不一定是平面图形的是（　　）.

A. 三角形　　B. 菱形

C. 梯形　　D. 四边形

5. 证明公理 3 的推论 1.

6. 如图，E、F、G、H 分别是空间四边形 $ABCD$ 的边 AB、BC、CD、DA 上的点，且 EH 与 FG 交于点 O. 求证：B、D、O 三点共线.

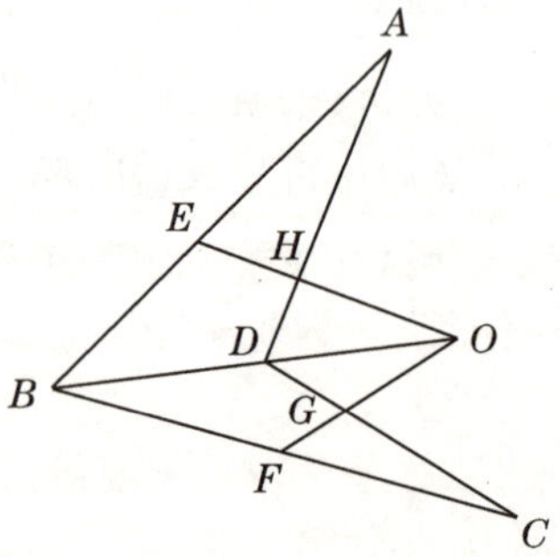

习题 8.1

A组

1. 若点 N 在直线 a 上，直线 a 又在平面 α 内，则点 N，直线 a 与平面 α 之间的关系可记作（　　）.

A. $N\in a\in\alpha$　　B. $N\in a\subset\alpha$　　C. $N\subset a\subset\alpha$　　D. $N\subset a\in\alpha$

2. 空间不共线的四点，可以确定平面的个数为（　　）.

A. 0　　B. 1　　C. 1 或 4　　D. 无法确定

3. 给出以下命题：

① 和一条直线都相交的两条直线在同一平面内

② 三条两两相交的直线在同一平面内

③ 有三个不同公共点的两个平面重合

④ 两两平行的三条直线确定三个平面

其中正确命题的个数是________.

4. 已知 $\alpha\cap\beta=m, a\subset\alpha, b\subset\beta, a\cap b=A$，则直线 m 与 A 的位置关系用符号表示为________.

5. 如图，在正方体 $ABCD-A_1B_1C_1D_1$ 中，直线 EF 是平面 ACD_1 与下面哪个平面的交线（　　）.

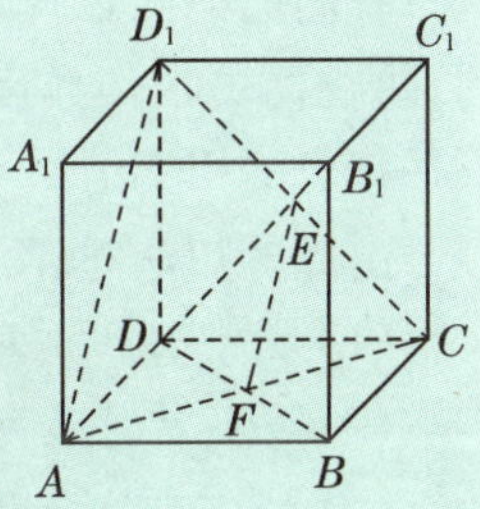

A. 面 BDB_1　　B. 面 BDC_1

C. 面 ACB_1　　D. 面 ACC_1

6. 已知一条直线与两条平行直线都相交，求证：这三条直线共面.

B组

1. 3 个平面把空间分成 6 个部分时，它们的交线有__________条.

2. 已知 $A\in l, B\in l, C\in l, D\notin l$，求证：直线 AD, BD, CD 共面.

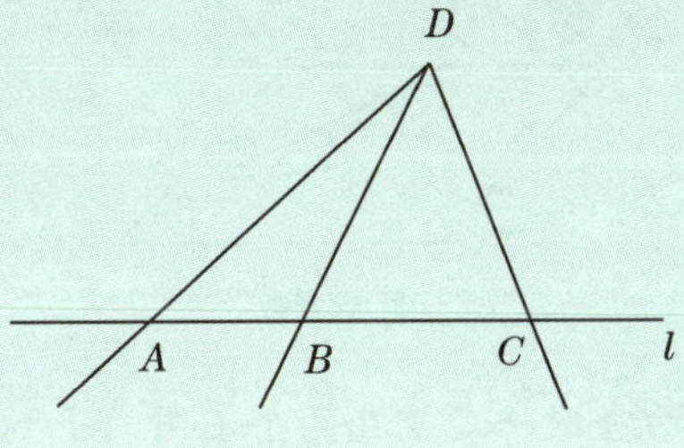

8.2 空间两条直线的位置关系

8.2.1 空间两条直线的位置关系

思考: 如图 8.2.1 中,相框的后支架所在直线与相框底部所在直线的位置关系如何?

在同一个平面内,两条不重合的直线只有两种位置关系:相交或平行;但是空间两条直线之间还有第三种位置关系:既不相交,也不平行. 它们当然不在同一个平面内,即它们不共面.

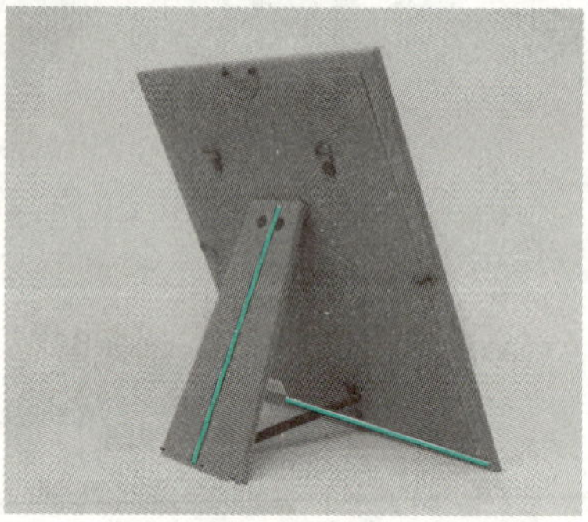

图 8.2.1

思考: 在教室里你能找到不共面的直线吗?

我们把不同在任何一个平面内的(或称不共面的)两条直线叫作**异面直线**. 显然,两条异面直线既不平行也不相交.

由此可知,空间两条不重合的直线有且只有三种位置关系:

(1) **相交直线**　两条直线在同一平面内,有且只有一个公共点

(2) **平行直线**　两条直线在同一平面内,没有公共点

(3) **异面直线**　两条直线不在同一平面内,没有公共点

画异面直线 a,b 时,要表示出它们不在同一平面内的特点,所以通常用一个或两个平面衬托(如图 8.2.2 所示).

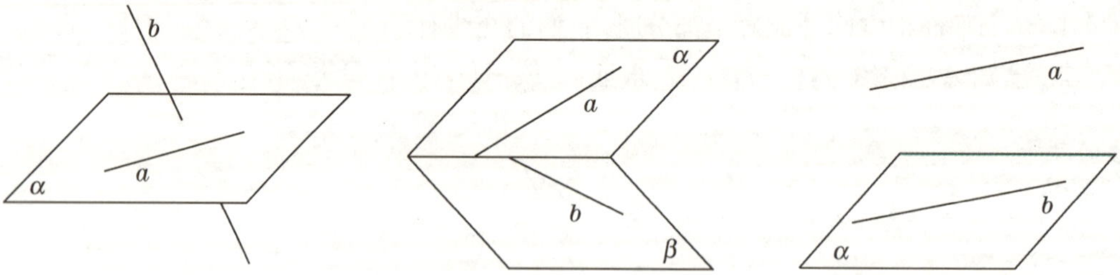

图 8.2.2

注意: 在空间图形中,异面直线一定是在两个不同的平面内;但有时在两个不同的平面内的直线不一定是异面直线,如图 8.2.3 所示的长方体中 AA_1 和 CC_1 是平行的,而非异面直线. 因此要特别理解异面直线定义中的"任何"两个字.

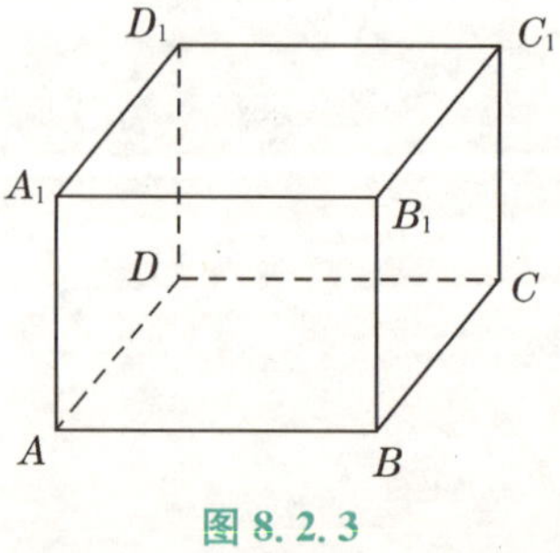

图 8.2.3

随堂练习

1. 分别在两个平面内的两条直线间的位置关系是(　　).

A. 异面　　B. 平行　　C. 相交　　D. 以上都有可能

2. 如果两条直线 a 和 b 没有公共点，那么 a 与 b 的位置关系是________.

3. 如图所示，$\alpha\cap\beta=l$，$a\subset\alpha$，$a\cap l=A$，$b\subset\beta$，$b\cap l=B$，A，B 为不同点，则 a，b 的位置关系是(　　).

A. 平行　　B. 异面

C. 平行或异面　　D. 平行或相交或异面

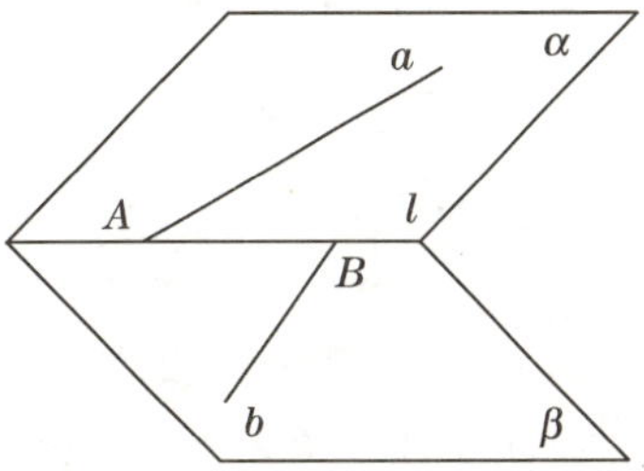

8.2.2　空间的平行直线

我们知道，在同一平面内，如果两条直线都与第三条直线平行，那么这两条直线互相平行. 对于空间的三条直线，这一结论同样适用，我们将它作为公理.

公理 4　平行于同一直线的两条直线互相平行.

这个公理表明，平行直线是具有传递性的. 它给出了空间直线平行的判断依据. 如图 8.2.3 的长方体中，$AA_1 /\!/ BB_1$，$BB_1 /\!/ CC_1$，因此 $AA_1 /\!/ CC_1$.

例 1　已知四边形 $ABCD$ 是空间四边形，E、F、G、H 分别是 AB、BC、CD、AD 的中点. 求证：四边形 $EFGH$ 是平行四边形.（如图 8.2.4）

证明：因为 EH 是 $\triangle ABD$ 的中位线，

所以 $EH /\!/ BD$，且 $EH=\frac{1}{2}BD$

同理 $FG /\!/ BD$，且 $FG=\frac{1}{2}BD$

根据公理 4 知，$EH /\!/ FG$，又 $EH=FG$

所以　四边形 $EFGH$ 是平行四边形.

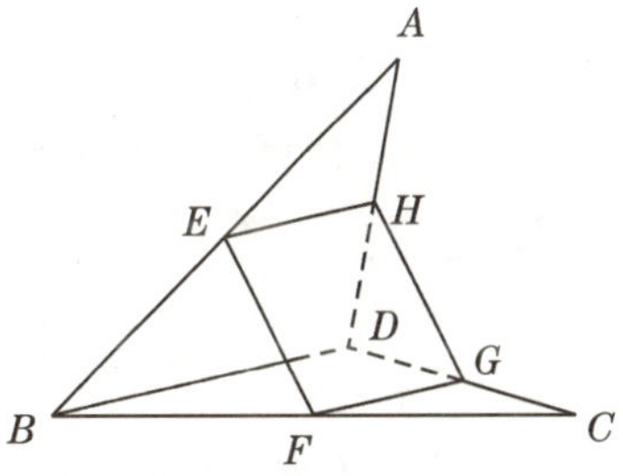

如图 8.2.4

> **思考：**在平面中，“如果一个角的两边和另一个角的两边分别平行且方向相同，那么这两个角相等.”那么在空间中，是否也成立？

定理　如果一个角的两边和另一个角的两边分别平行并且方向相同，那么这两个角相等.

已知：如图，$\angle BAC$ 和 $\angle B'A'C'$ 的边 $AB /\!/ A'B'$，$AC /\!/ A'C'$，并且方向相同，

求证：$\angle BAC=\angle B'A'C'$.

证明：在 $\angle BAC$ 和 $\angle B'A'C'$ 的两边分别截取 $AD=A'D'$，$AE=A'E'$，

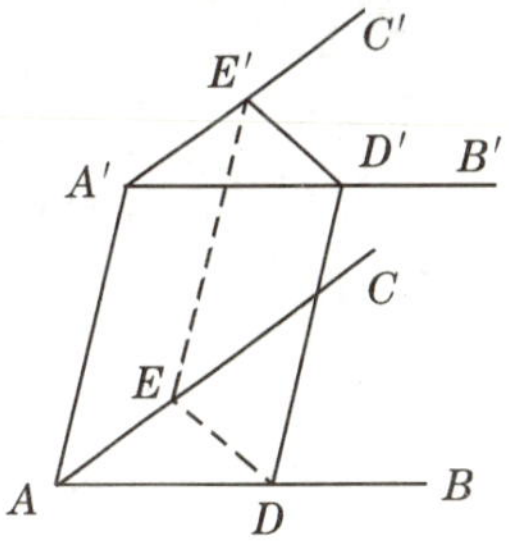

图 8.2.5

因为 $AD /\!/ A'D'$，$AD=A'D'$，

所以 $A'D'DA$ 是平行四边形，

所以 $AA' /\!/ DD'$，$AA'=DD'$，同理 $AA' \underline{/\!/} EE'$，$AA'=EE'$，

所以 $EE' /\!/ DD'$，$EE'=DD'$，即 $D'E'ED$ 是平行四边形，

所以 $ED=E'D'$，∴ $\triangle ADE \cong \triangle A'D'E'$，

所以，$\angle BAC=\angle B'A'C'$.

思考：如果将上述定理的条件改为"如果一个角的两边和另一个角的两边分别平行"，那么关于这两个角的结论会有哪些可能呢？

注意：对于平面得出的结论，有些可以推广到立体图形，如公理 4 和上述定理. 但是，并非所有关于平面图形成立的结论，在立体图形中都适用. 一般地，要把关于平面图形的结论推广到立体图形中，必须经过证明才能应用.

随堂练习

1. 若 $AB /\!/ A'B'$，$AC /\!/ A'C'$，则有(　　).

A. $\angle BAC=\angle B'A'C'$

B. $\angle BAC+\angle B'A'C'=180°$

C. $\angle BAC=\angle B'A'C'$ 或 $\angle BAC+\angle B'A'C'=180°$

D. $\angle BAC>\angle B'A'C'$

2. 一个角的两边分别平行于一个 45°角的两边，则这个角的度数为________或________.

3. 把一张长方形的纸对折几次，然后打开，说明这些折痕为什么会平行？

4. 如图，A 是平面 BCD 外的一点，G，H 分别是 $\triangle ABC$，$\triangle ACD$ 的重心，求证：$GH /\!/ BD$.

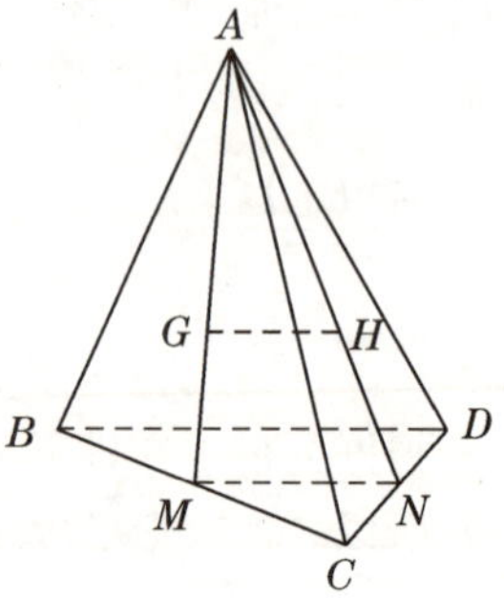

8.2.3　异面直线

我们知道，平面内两条直线相交形成 4 个角，它们的夹角我们一般指其中不大于 90°的角，这个夹角反映了两条直线的相对位置，对于异面直线，我们引入"异面直线所成的角"的概念.

如图 8.2.6 所示，已知两条异面直线 a，b，经过空间任意一点 O 作直线 $a' /\!/ a$，$b' /\!/ b$(由于 a' 与 b' 所成的角的大小与点 O 的选择无关)，我们就把 a' 与 b' 所成的锐角(或直角)叫作异面直线 a，b 所成的角. 为了简便，我们一般将点 O 取在两条异面直线中的一条上，如图 8.2.6(3)所示.

当两条异面直线 a，b 所成的角是直角时，我们就说这两条异面直线互相垂直，记作 $a \perp b$.

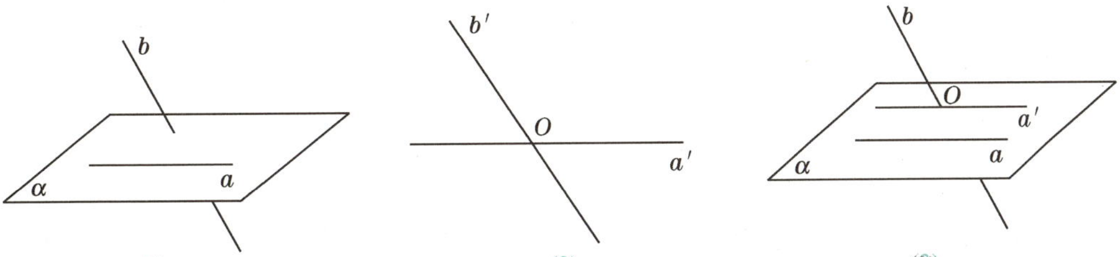

图 8.2.6

和两条异面直线都垂直相交的直线叫作**两条异面直线的公垂线**，公垂线夹在异面直线间的部分，叫作这**两条异面直线的公垂线段**. 两条异面直线的公垂线段的长度，叫作这**两条异面直线的距离**.

注意：任意两条异面直线有且只有一条公垂线.

例 2　已知正方体 $ABCD-A_1B_1C_1D_1$，(如图 8.2.7)

(1) 列出与直线 B_1B 成异面直线的所有棱；

(2) 列出与直线 B_1B 垂直的所有棱；

(3) 求出直线 AB_1 与 DD_1 所成的角；

(4) 在正方体中找出异面直线 B_1B、AD 的公垂线，并求它们之间的距离.

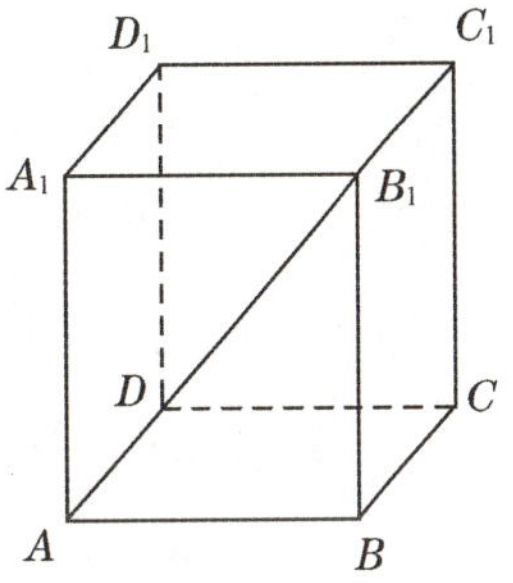

图 8.2.7

解：(1) 由异面直线的定义可知，棱 AD，A_1D_1，CD，C_1D_1 分别与直线 B_1B 成异面直线.

(2) 直线 AB，BC，CD，AD，A_1B_1，B_1C_1，C_1D_1，A_1D_1，分别与直线 B_1B 垂直.

(3) 由 $DD_1 /\!/ AA_1$ 可知，$\angle A_1AB_1$ 为异面直线 AB_1 与 DD_1 的所成的角，$\angle A_1AB_1=45°$，所以直线 AB_1 与 DD_1 所成的角是 45°.

(4) 在正方体中，异面直线 B_1B、AD 的公垂线是 AB，异面直线 B_1B 与 AD 的距离就是该正方体的棱长.

随堂练习

1. 判断：若直线 $a/\!/b$，直线 $c\perp a$，则直线 $c\perp b$.

2. 垂直于同一直线的两条直线，有几种位置关系？

3. 已知正方体 $ABCD-A_1B_1C_1D_1$，说明下列每对直线的位置关系. 如果它们不是平行直线，求出它们所成的角是多少度？

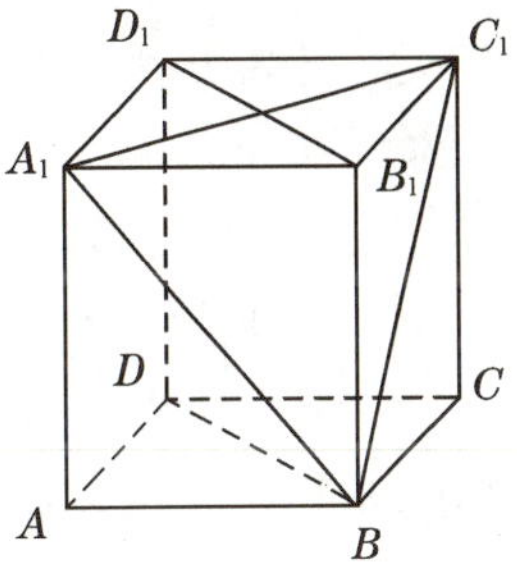

第 3 题图

(1) AB 和 DD_1　(2) AA_1 和 BC_1　(3) BA_1 和 BC_1

(4) BD 和 B_1D_1　(5) AB 和 A_1C_1

4. 在棱长为 a 的正方体中，与 AD 成异面直线且距离等于 a 的棱共有(　　).

A. 2 条　　B. 3 条　　C. 4 条　　D. 5 条

习题 8.2

A组

1. 一条直线与两条平行线中的一条是异面直线,那么它与另一条的位置关系是(　　).

A. 相交　　B. 异面　　C. 平行　　D. 相交或异面

2. 在正方体 $ABCD-A_1B_1C_1D_1$ 中,各侧面对角线所在的直线中与 B_1D 成异面直线的条数是(　　).

A. 3　　B. 4　　C. 5　　D. 6

3. 异面直线 a、b 分别在平面 α 和 β 内,若 $\alpha\cap\beta=l$ 则直线 l 必定(　　).

A. 分别与 a、b 相交　　B. 与 a、b 都不相交

C. 至多与 a、b 中的一条相交　　D. 至少与 a、b 中的一条相交

4. 已知四边形 $ABCD$ 是空间四边形,E、H 分别是 AB、AD 的中点,F、G 分别是边 CB、CD 上的点,且 $\frac{CF}{CB}=\frac{CG}{CD}=\frac{2}{3}$,求证:四边形 $EFGH$ 是梯形.

5. 如图在长方体 $ABCD-A_1B_1C_1D_1$ 中,$AB=BC=3$,$AA_1=4$,求异面直线 AB_1 与 A_1D 所成的角的余弦值.

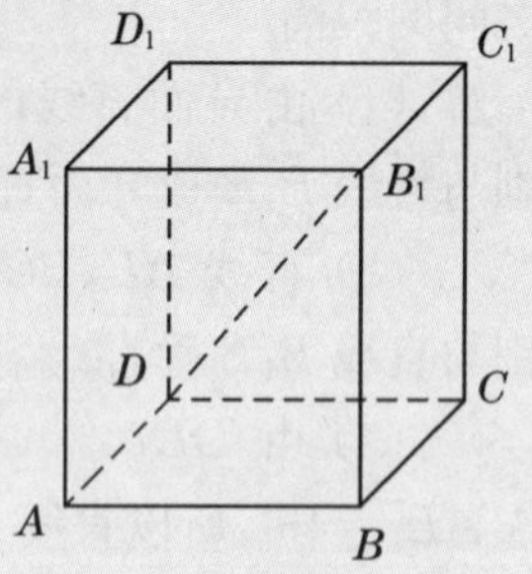

第5题图

6. 在空间中,① 若四点不共面,则这四点中任何三点都不共线. ② 若两条直线没有公共点,则这两条直线是异面直线. 以上两个命题中为真命题的是________.(把符合要求的命题序号都填上)

7. 已知直线 a 和 b 是异面直线,直线 $c\parallel a$,直线 b 与 c 不相交,求证 b 和 c 是异面直线.

B组

1. 已知 P 为$\triangle ABC$ 所在平面外的一点,$PC\perp AB$,$PC=AB=2$,E、F 分别为 PA 和 BC 的中点.

(1) EF 与 PC 所成的角;

(2) 线段 EF 的长.

2. 把边长为 a 的正方形 $ABCD$ 沿对角线 BD 折起,使 A'、C 的距离等于 a,如图所示,求异面直线 $A'C$ 和 BD 的距离.

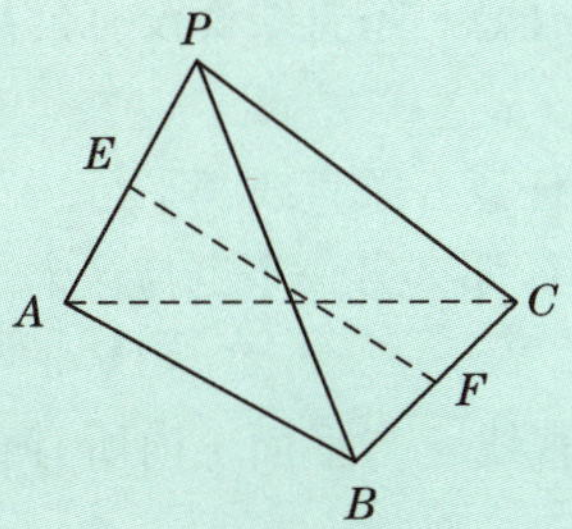

第 1 题图

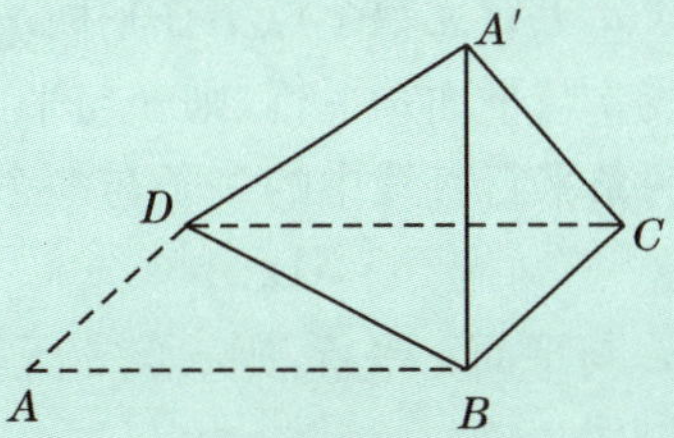

第 2 题图

8.3　直线与平面的位置关系

8.3.1　直线与平面的位置关系

观察图 8.3.1 所示的长方体，可以发现，棱 A_1B_1 所在的直线与平面 AC 没有公共点，对角线 A_1C 所在的直线与平面 AC 有且只有一个公共点，棱 AD 所在直线与平面 AC 有无数个公共点.

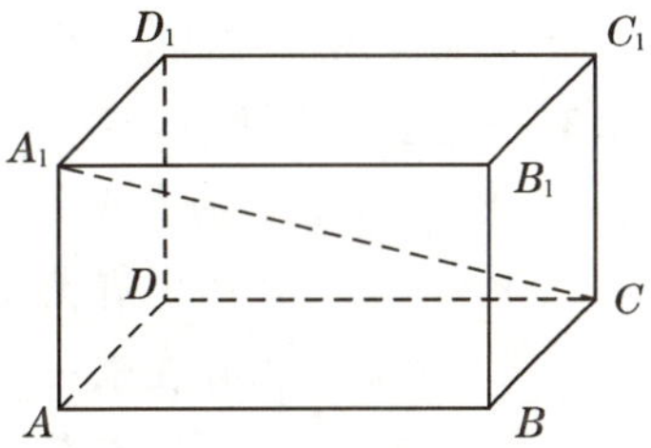

图 8.3.1

如果一条直线 l 和一个平面 α 没有公共点，那么我们就说**直线 l 与平面 α 平行**. 记为：$l /\!/ \alpha$.

通过对长方体模型的观察、思考，我们可以看出，一条直线和一个平面的位置关系有且只有以下三种：

表 8.3.1　一条直线与一个平面的位置关系表

位置关系	直线 l 在平面 α 内	直线 l 与平面 α 相交	直线 l 与平面 α 平行
公共点	有无数个公共点	有且只有一个公共点	没有公共点
符号表示	$l \subset \alpha$	$l \cap \alpha = P$	$l /\!/ \alpha$
图形表示	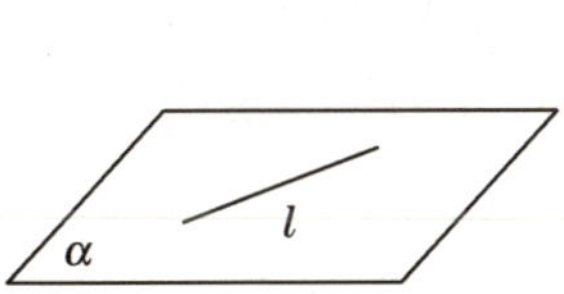	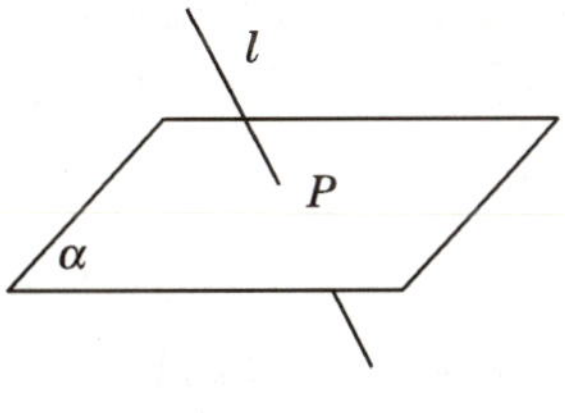	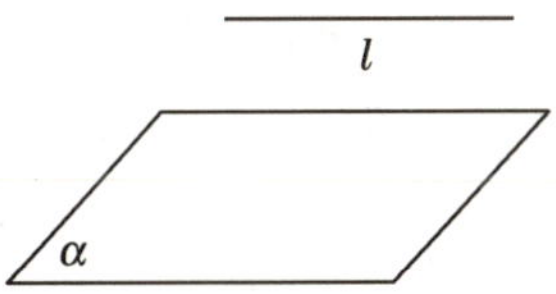
注意：直线与平面相交或平行的情况我们统称为直线在平面外，记作 $l \not\subset \alpha$.			

例 1 下列命题中正确的个数是(　　).

① 若直线 a 与平面 α 平行，则 a 与平面 α 内的任意一条直线都没有公共点.

② 若直线 a 上有无数个点不在平面 α 内，则 $a /\!/ \alpha$.

③ 若直线 a 与平面 α 平行，则 a 与平面 α 内的任意一条直线都平行.

④ 如果两条平行直线中的一条与一个平面平行，那么另一条也与这个平面平行.

A. 0　　B. 1　　C. 2　　D. 3

解：直线 a 与平面 α 平行，则 a 与 α 无公共点，直线 a 与平面 α 内所有直线都没有公共点，所以命题①正确.

我们借助长方体模型来分析，如图 8.3.1 所示，棱 AA_1 所在直线有无数点在平面 $ABCD$ 外，但棱 AA_1 所在直线与平面 $ABCD$ 相交，所以命题②不正确.

A_1B_1 所在直线平行于平面 $ABCD$，A_1B_1 显然不平行于 BD，所以命题③不正确.

$A_1B_1 /\!/ AB$，A_1B_1 所在直线平行于平面 $ABCD$，但直线 $AB \subset$ 平面 $ABCD$，所以命题④不正确. 应选 B.

随堂练习

1. 举出一条直线和一个平面的三种位置关系的实例.
2. 画两个相交平面，并在其中一个平面内画一条直线和另一个平面平行.
3. 若直线 l 不平行于平面 α，且 $l \not\subset \alpha$，则下列结论成立的是(　　).
   A. 平面 α 内的直线与 l 都相交
   B. 平面 α 内的所有直线与 l 异面
   C. 平面 α 内存在唯一的直线与 l 平行
   D. 平面 α 内不存在与 l 平行的直线
4. 一条直线和两条平行直线相交，这三条直线是否在同一个平面内？
5. 如图 8.3.1，在长方体 $ABCD-A_1B_1C_1D_1$ 的六个表面中，指出 AA_1 与哪些平面相交，与哪些平面平行以及 AA_1 在哪些平面内？

8.3.2 直线与平面平行

1. 直线与平面平行的判定

前面我们已经知道空间直线和平面的关系有三种：直线在平面内，直线与平面相交，直线与平面平行. 本节我们研究直线与平面的平行关系. 平行不仅应用相当广泛，而且是我们学习平面与平面平行的基础.

> **思考：**怎样判定直线与平面平行呢？

根据定义，判定直线与平面是否平行，只需判定直线与平面有没有公共点，但是，直线无限伸长，平面无限延展，如何保证直线与平面没有公共点呢？在生活中，我们注意到门扇的两边是平行的．当门扇绕着一边转动时，另一边始终与门框所在的平面没有公共点，此时门扇转动的一边与门框所在的平面给人以平行的印象，如图 8.3.2 所示．

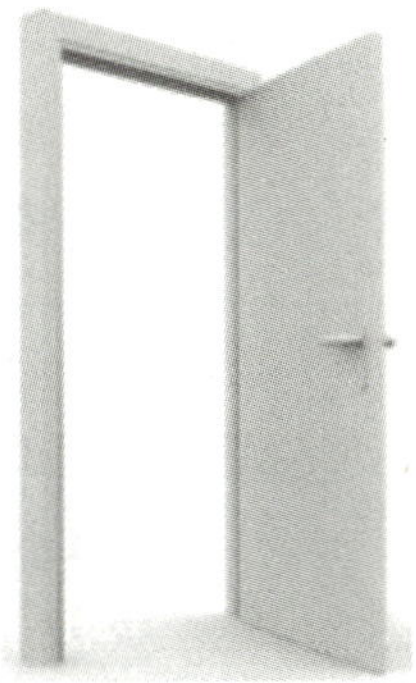

图 8.3.2

一般地，判定直线与平面平行，除根据定义外，还可以根据以下判定定理．

直线与平面平行的判定定理　如果平面外一条直线和这个平面内的一条直线平行，那么这条直线和这个平面平行．

已知：$l\not\subset\alpha$，$m\subset\alpha$，$l/\!/m$（如图 8.3.3），

求证：$l/\!/\alpha$．

证明：（反证法）假设直线 l 不平行于平面 α，

因为 $l\not\subset\alpha$，所以 $l\cap\alpha=P$，

若 $P\in m$，则和 $l/\!/m$ 矛盾，

若 $P\notin m$，则 l 和 m 成异面直线，也和 $l/\!/m$ 矛盾，所以 $l/\!/\alpha$．

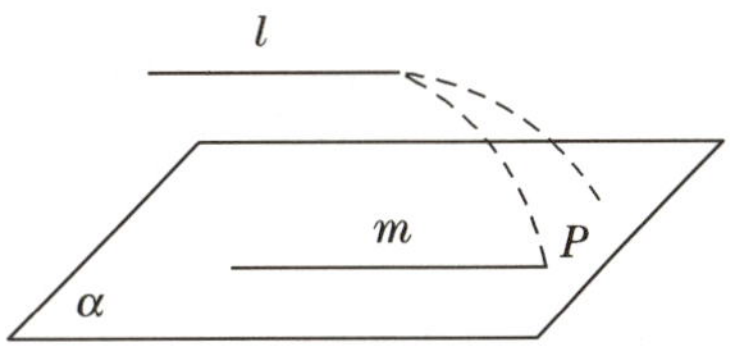

图 8.3.3

注意：反证法，是一种十分重要的证明方法．当有的问题不能或不易直接证明时，往往可以考虑采用反证法．反证法的基本思路是：先做出与结论相反的假设，然后通过正确的推理，得出与已知条件或定理、公理等相矛盾的结果，从而否定假设，肯定原命题成立．

> **注意：**该定理可以简单概括为：线线平行，则线面平行，该定理中的三个条件缺一不可．这是处理空间位置关系一种常用方法，即直线与平面平行关系（空间问题）转化为直线间平行关系（平面问题）．

根据直线与平面平行的判定定理，建筑工人在砌墙时，为了使每块砖的横棱都和地面平行，他们就在两根标尺之间拉一条线，使它和墙的底线（底线在地平面内）平行，这条线就和地面平行，然后再沿着两根标尺之间拉的这条线来砌墙，使每块砖的横棱都和这条直线平行，这就是上述判定定理在实际中的应用．如图 8.3.4．

图 8.3.4

例 2　已知 E、F 分别是空间四边形 $ABCD$ 的边 AB、AD 的中点，如图 8.3.5 所示，求证：$EF/\!/$ 平面 BCD．

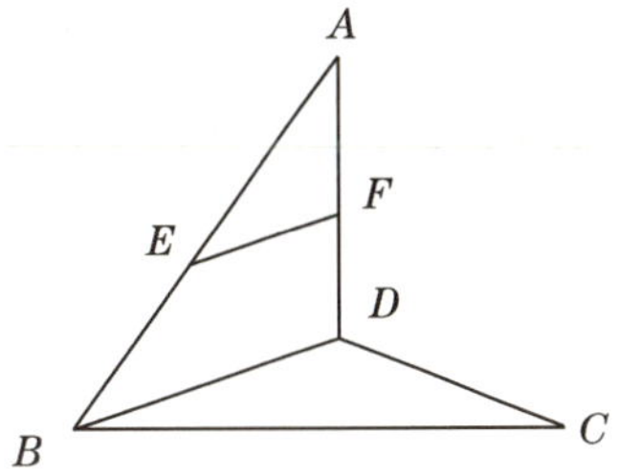

图 8.3.5

证明：连接 BD，在△ABD 中，

因为 E、F 分别是 AB、AD 的中点，

所以 $EF/\!/BD$（三角形中位线的性质），

又因为 $EF\not\subset$ 平面 BCD，

且 $BD \subset$ 平面 BCD,

所以 $EF /\!/$ 平面 BCD.

2. 直线与平面平行的性质

思考:(1) 如果一条直线与平面平行,那么这条直线是否与这个平面内的所有直线都平行?

(2) 教室内日光灯管所在的直线与地面平行,如何在地面上作一条直线与灯管所在的直线平行?

如图 8.3.6,由直线与平面平行的定义可知,如果一条直线 l 与平面 α 平行,那么 l 与 α 无公共点,即直线 l 上的所有点都不在平面 α 内,平面 α 内的任何直线与直线 l 都无公共点.这样,平面 α 内的直线与平面 α 外的直线 l 只能是异面直线或者平行直线,那么,在什么条件下,直线 l 与平面 α 内的直线平行呢?

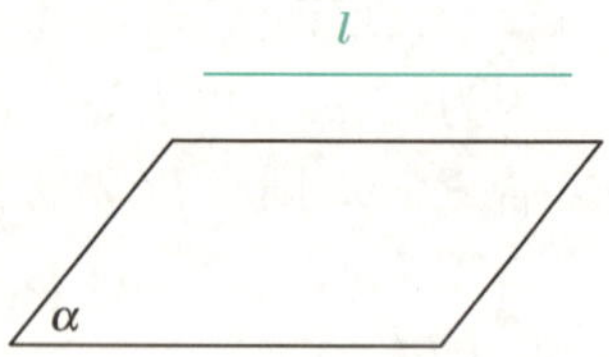

图 8.3.6

由于直线 l 与平面 α 内的任何直线都无公共点,所以,如果过直线 l 的某一平面与平面 α 相交,那么直线 l 就平行于这条交线.

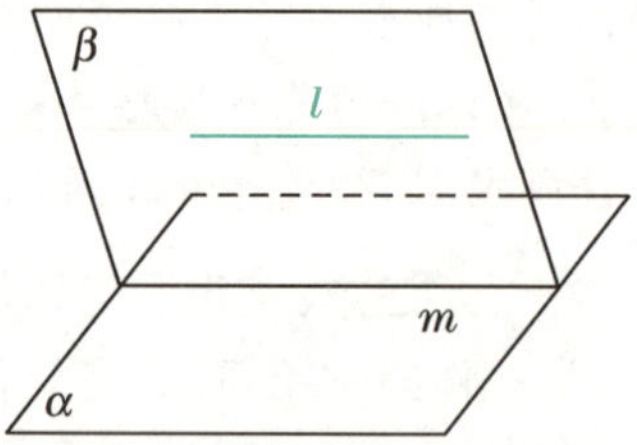

图 8.3.7

下面我们来证明一下这个结论.

已知:如图 8.3.7,$l /\!/ \alpha$,$l \subset \beta$,$\alpha \cap \beta = m$,

求证:$l /\!/ m$.

证明:因为 $\alpha \cap \beta = m$,所以 $m \subset \alpha$.

又因为 $l /\!/ \alpha$,所以 l 与 m 没有公共点.

又因为 $l \subset \beta$,$m \subset \beta$,所以 $l /\!/ m$.

这样,我们得到直线与平面平行的性质定理.

直线与平面平行的性质定理　如果一条直线和一个平面平行,则过这条直线的任一平面与这个平面的交线与该直线平行.

注意:直线与平面平行的性质定理揭示了直线与平面平行中蕴含着直线与直线平行.在空间中,经常应用“线面平行”去判断“线线平行”.该定理中的三个条件缺一不可.

对于本节开始提出的问题,我们只需由灯管两端向地面引两条平行线,过两条平行线与地面的交点的连线就是灯管平行的直线.

例 3　如图 8.3.8 所示的一块木料中,棱 BC 平行于面 $A'B'C'D'$,要经过木料表面 $A'B'C'D'$ 内的一点 P 和棱 BC 将木料锯开,应怎样画线?

分析:经过木料表面 $A'C'$ 内的一点 P 和棱 BC 将木料据开,实际上是经过 BC 及 BC 外一点 P 作截面,也就是找出平面与平面的交线,可以由公理 2、公理 4 和直线与平面平行的性质定理作出.

解：如图 8.3.8，因为 $BC /\!/$ 平面 $A'B'C'D'$，平面 BC' 经过 BC 且和平面 $A'C'$ 相交于 $B'C'$，根据上述性质，$BC /\!/ B'C'$.

在平面 $A'C'$ 内，经过点 P 画直线 $EF /\!/ B'C'$. 因为 $EF /\!/ B'C'$，$B'C' /\!/ BC$，所以 $EF /\!/ BC$，EF 和 BC 可以确定一个平面.

因此连接 EB，CF，所得四边形 $BCFE$ 必在一个平面内，

因此，EF，EB，CF 就是所要画的线.

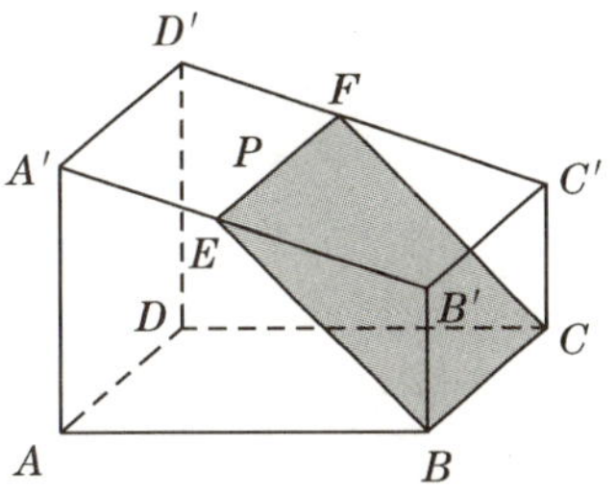

图 8.3.8

例 4　已知平面外的两条平行直线中的一条平行于这个平面，求证：另一条也平行于这个平面.

已知：如图 8.3.9，平面 α 外有两条直线 a，b，且 $a /\!/ b$，$a /\!/ \alpha$.

求证：$b /\!/ \alpha$.

证明：过 a 作平面 β，使它与平面 α 相交，交线为 c，

因为 $a /\!/ \alpha$，$a \subset \beta$，$\alpha \cap \beta = c$，

所以 $a /\!/ c$，

又因为 $a /\!/ b$，

所以 $b /\!/ c$，

又因为 $c \subset \alpha$，$b \not\subset \alpha$，

所以，$b /\!/ \alpha$.

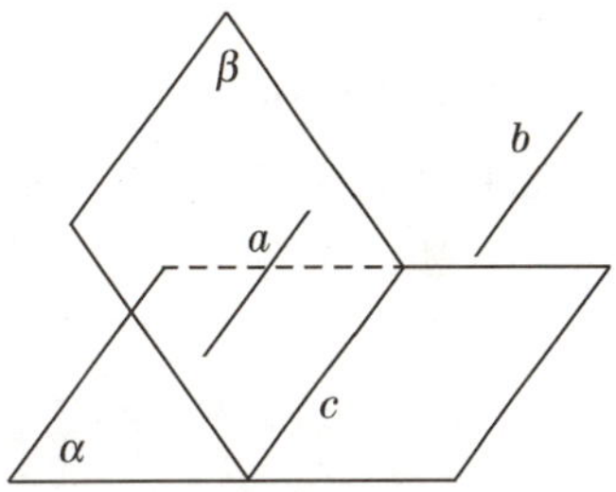

图 8.3.9

直线与平面平行的判定定理是由直线与直线平行得到直线与平面平行. 直线与平面平行的性质定理是由直线与平面平行得到直线与直线平行. 这种直线与平面的位置关系同直线与直线的位置关系的相互转化是立体几何的一种重要的思想方法.

随堂练习

1. 过平面外一点能作出几条直线和这个平面平行？

2. 使一块矩形模板 $ABCD$ 的一边 AB 紧靠桌面，绕 AB 转动，并且 AB 的对边 CD 在桌面所在平面外，试问直线 CD 是不是总是与桌面所在的平面平行？为什么？

3. 已知直线 a，b 和平面 α，下列命题中正确的是（　　）.

A. 若 $a /\!/ \alpha$，$b \subset \alpha$，则 $a /\!/ b$

B. 若 $a /\!/ \alpha$，$b /\!/ \alpha$，则 $a /\!/ b$

C. 若 $a /\!/ b$，$b \subset \alpha$，则 $a /\!/ \alpha$

D. 若 $a /\!/ b$，$a /\!/ \alpha$，则 $b /\!/ \alpha$ 或 $b \subset \alpha$

4. 如图，在正方体 $ABCD-A_1B_1C_1D_1$ 中，

(1) 直线 AB 平行的平面是________________；

(2) 直线 AA_1 平行的平面是________________；

(3) 直线 AD 平行的平面是________________.

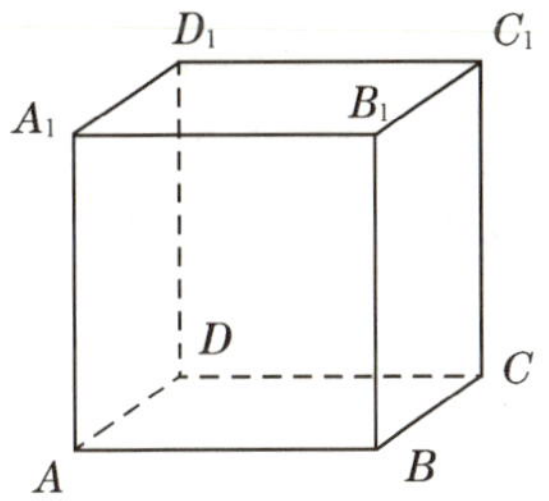

5. 如图，在空间四边形 $ABCD$ 中，E、F 分别是 AB、BC 的中点，求证：$EF /\!/$ 平面 ACD.

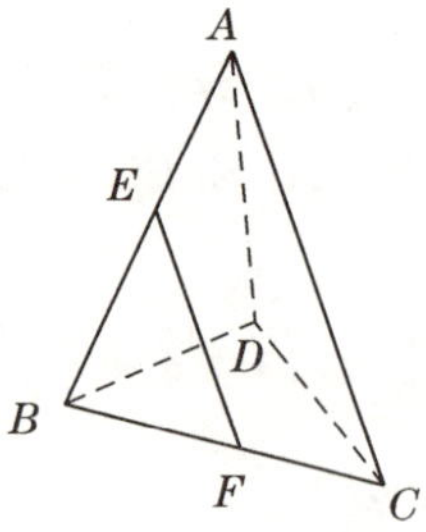

8.3.3 直线与平面垂直

1. 直线与平面垂直的定义

在日常生活中，我们对直线与平面垂直有很多感性认识，如天安门广场上竖立的国旗杆与地面是垂直的，下垂的吊灯和天花板，竖立的笔和相应的书桌面等的位置关系(图 8.3.10)，都给我们以直线与平面垂直的形象.

(1)

(2)

图 8.3.10

一般地，如果一条直线 l 和平面 α 内的任何一条直线都垂直，我们说直线 **l 和平面 α 互相垂直**，记作 $l\perp\alpha$. 直线 l 叫作平面 α 的垂线，平面 α 叫作直线 l 的垂面，直线 l 和平面 α 的交点 P 叫作垂足. 垂线上任意一点到垂足间的线段，叫作**这个点到这个平面的垂线段**，垂线段的长度叫作**这个点到平面的距离**.

画直线和平面垂直时，通常把直线画成与表示平面的平行四边形的一边垂直，如图 8.3.11(1).

设 α 是任意一个平面，点 P 是空间的任意一点，则过点 P 可作且只能作一条直线 l，使 $l\perp\alpha$，如图 8.3.11(2)；设 l 是任意一条直线，点 P 是空间的任意一点，则过点 P 可作且只能作一个平面 α，使 $l\perp\alpha$，如图 8.3.11(3).

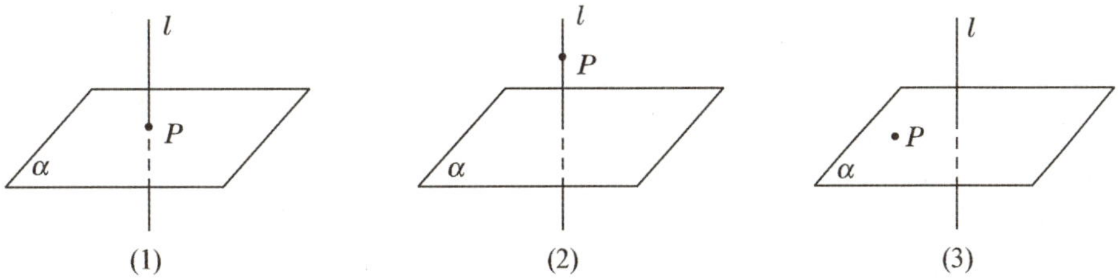

图 8.3.11

思考： 如果一条直线垂直于平面内的无数条直线，那么这条直线是否与这个平面垂直？

2. 直线与平面垂直的判定

除定义外，我们如何判断一条直线与一个平面垂直呢？

先观察图 8.3.12(1)的长方体，我们可以知道 AB，AC 是平面 AC 内的两条相交直线，直线 $BB_1 \perp AC$，$BB_1 \perp AB$，这时 $BB_1 \perp$ 平面 AC.

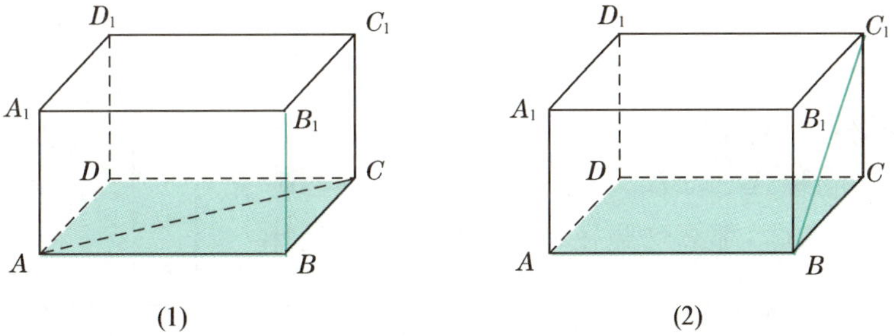

图 8.3.12

再观察图 8.3.12(2)的长方体，我们可以知道平面 AC 内的两条直线 AB，CD 不相交，虽然直线 BC_1 与 AB，CD 都垂直，但是 BC_1 与平面 AC 不垂直.

一般地，我们有下面判定直线与平面垂直的定理：

直线与平面垂直判定定理　如果一条直线与一个平面内的两条相交直线都垂直，则该直线与此平面垂直.

用符号语言表示为：$l \perp m$，$l \perp n$，$m \cap n = P$，$m \subset \alpha$，$n \subset \alpha \Rightarrow l \perp \alpha$.（如图 8.3.13）

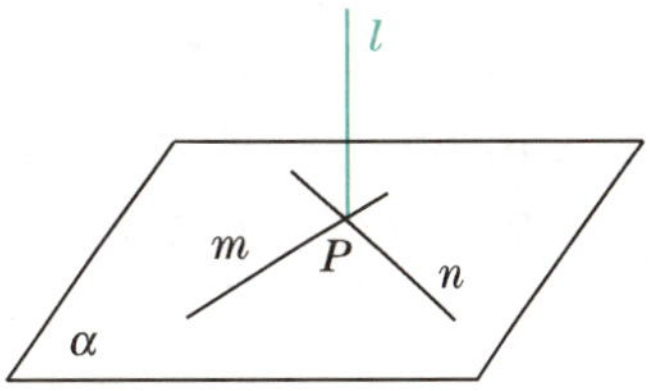

图 8.3.13

注意： 定理条件中的“两条”和“相交”缺一不可.

推论　如果两条平行直线中的一条垂直于一个平面，那么另一条也垂直于这个平面.

已知：$a // b$，$a \perp \alpha$，求证：$b \perp \alpha$.

证明：如图 8.3.14，设 $a \cap \alpha = B$，在平面 α 内作两条相交直线 m，n，

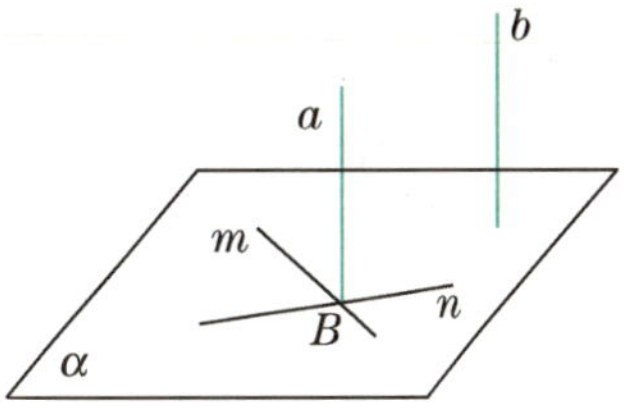

图 8.3.14

因为 $a \perp \alpha$，

所以 $a \perp m$，$a \perp n$.

又因为 $a // b$,所以 $b \perp m$,$b \perp n$.

又因为 $m \subset \alpha$,$n \subset \alpha$,m,n 是两条相交直线,

所以 $b \perp \alpha$.

例 5 有一根旗杆 AB 高 8 m,它的顶端 A 挂一条长 10 m 的绳子,拉紧绳子并把它的下端放在地面上的两点(和旗杆脚不在同一直线上)C,D,如果这两点都和旗杆脚 B 的距离是 6 m,那么旗杆就和地面垂直,为什么?

解:如图 8.3.15,在$\triangle ABC$ 和$\triangle ABD$ 中,

因为 $AB=8$ m,$BC=BD=6$ m,$AC=AD=10$ m,

所以 $AB^2+BC^2=6^2+8^2=10^2=AC^2$,

$AB^2+BD^2=6^2+8^2=10^2=AD^2$,

所以$\angle ABC=\angle ABD=90°$,

即 $AB \perp BC$,$AB \perp BD$,

又因为 B,C,D 不共线,

所以 $AB \perp$ 平面 BCD,即旗杆和地面垂直.

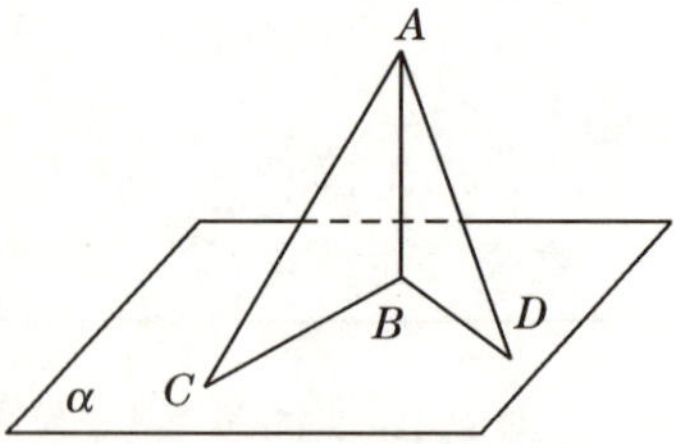

图 8.3.15

3. 直线与平面垂直的性质

> **思考:**(1) 观察图 8.3.16 所示的正方体 $ABCD-A_1B_1C_1D_1$,棱 AA_1,BB_1,CC_1,DD_1 所在直线都垂直于平面 A_1C_1,那么这些棱之间的位置关系是什么呢?
>
> (2) "如果 $a \perp \alpha$,$b \perp \alpha$,则 $a // b$"是否正确?
>
> 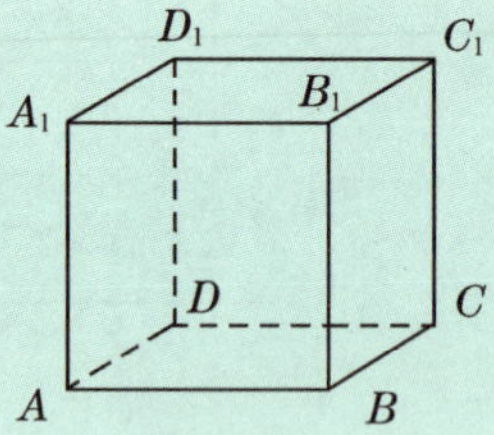
>
>
> 图 8.3.16

如图 8.3.17 所示,假设 a 与 b 不平行且 $b \cap \alpha = O$,设 b' 是经过点 O 与直线 a 平行的直线,相交直线 b' 与 b 确定平面 β,设 $\beta \cap \alpha = c$,且 $O \in c$.

因为 $a \perp \alpha$,$b \perp \alpha$,所以 $a \perp c$,$b \perp c$(直线与平面垂直定义),又因为 $b' // a$,所以 $b' \perp c$. 这样在平面 β 内,经过直线 c 上同一点 O 就有两条直线 b'、b 均与 c 垂直,这是不可能的. 因此 $a // b$.

一般地,我们得到直线与平面垂直的性质定理.

直线与平面垂直性质定理 如果两条直线同时垂直于一个平面,那么这两条直线互相平行.

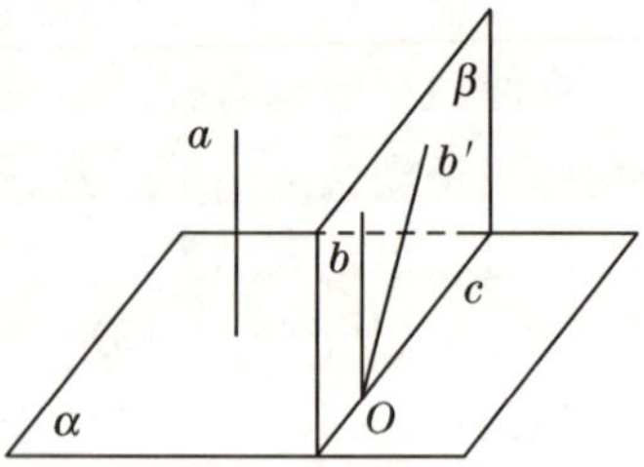

图 8.3.17

> **注意:**判定两条直线平行的方法很多,直线与平面垂直的定理告诉我们,可以由两条直线与一个平面垂直判定两条直线平行,直线与平面垂直的性质定理揭示了"平行"与"垂直"之间的内在联系.

例 6 如图 8.3.18,$AB \perp \alpha$,$CD \perp \alpha$,垂足分别是 B,D,且 $AB=4$ cm,$CD=8$ cm,

$BD=5$ cm,求 AC 的长.

解:因为 $AB\perp\alpha$,$CD\perp\alpha$,

所以 $AB/\!/CD$.

又因为 $BD\subset\alpha$,

所以 $AB\perp BD$,$CD\perp BD$.

显然直线 BD,AC 在平行线 AB,CD 所确定的平面内,

在该平面内,过 A 点作 $AE/\!/BD$ 与 CD 的延长线交于点 E,则 $AE\perp CE$.

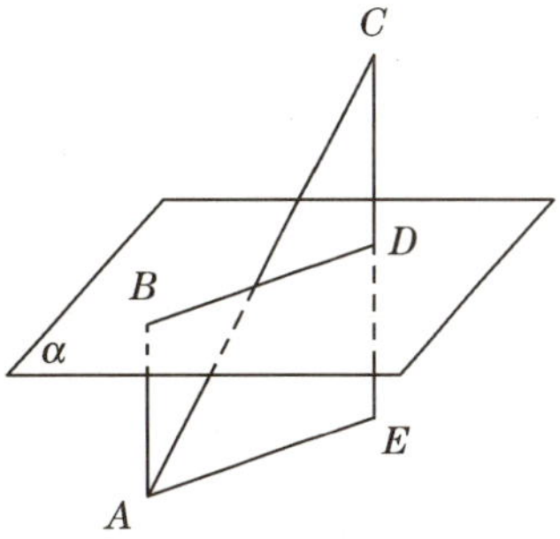

图 8.3.18

在直角三角形 ACE 中,

因为 $AE=BD=5$,$CE=CD+DE=8+4=12$,

所以 $AC=\sqrt{AE^2+CE^2}=\sqrt{5^2+12^2}=13$ cm.

答:AC 的长度是 13 cm.

例 7　已知一条直线 l 和一个平面 α 平行,求证直线 l 上各点到平面 α 的距离相等.

证明:如图 8.3.19,过直线 l 上任意两点 A、B 分别引平面 α 的垂线 AA',BB',垂足分别为 A',B',

因为 $AA'\perp\alpha$,$BB'\perp\alpha$,

所以 $AA'/\!/BB'$,

设经过直线 AA',BB'的平面为 β,

因为 $AB\subset\beta$,即 $l\subset\beta$,且 $\beta\cap\alpha=A'B'$,

又因为 $l/\!/\alpha$,

所以 $l/\!/A'B'$,从而四边形 $AA'B'B$ 为平行四边形,

所以 $AA'=BB'$,

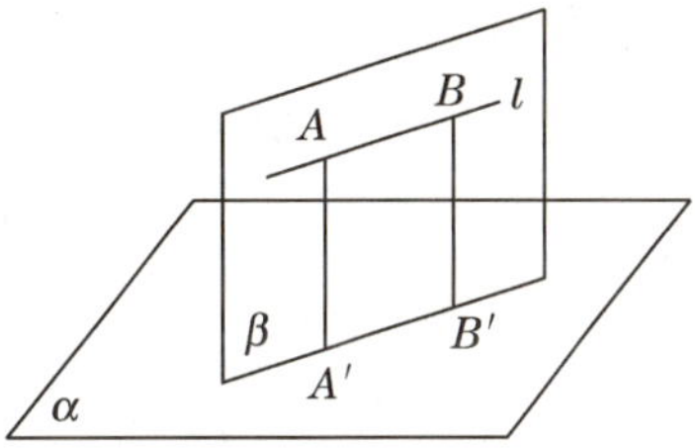

图 8.3.19

由 A、B 是直线 l 上任意的两点,可知直线 l 上各点到这个平面距离相等.

例 7 说明,如果一条直线和一个平面平行,那么这条直线上的各点到这个平面的距离相等.因此,我们把这条线上任意一点到这个平面的距离,叫作**这条直线和这个平面的距离.**

随堂练习

1. 观察教室内现有的物体,找出直线与平面垂直的例子.

2. 在长方体 $ABCD-A_1B_1C_1D_1$ 的面所在的平面中,分别写出与下列直线垂直的平面.

(1) AA_1;　　(2) AB;　　(3) B_1C_1.

3. 如果一条直线垂直于一个平面内的:

(1) 三角形的两条边;　　(2) 梯形的两条边;　　(3) 圆的两条直径.

试问这条直线是否与平面垂直,并对你的判断说明理由.

4. 判断下列命题是否正确.

(1) 垂直于同一个平面的两条直线互相平行;

(2) 一条直线在平面内,另一条直线和这个平面垂直,则这两条直线互相垂直;

(3) 如果一条直线与一个平面不垂直,那么这条直线与这个平面内的任何直线都不垂直.

5. 已知直线 a,b 和平面 α,且 $a\perp b$,$a\perp\alpha$,则 b 与 α 的位置关系是________.

6. 已知:空间四边形 $ABCD$ 中,$AB=AC$,$DB=DC$. 求证:$BC\perp AD$.

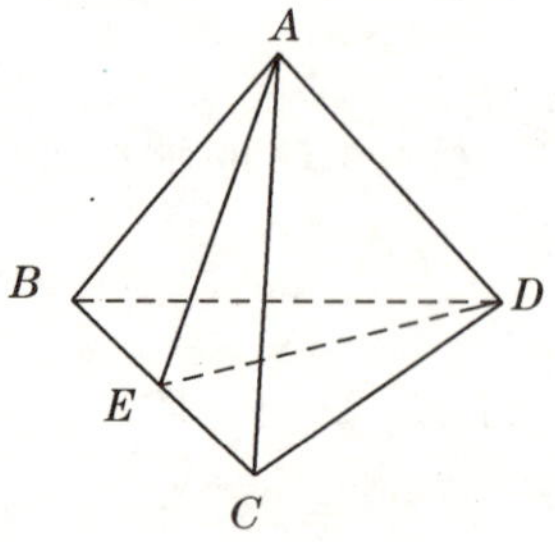

第 6 题图

8.3.4 直线和平面所成的角

以往所研究的角都是直线(或射线)间所成的角. 但是在一些实际问题中,人们往往需要研究直线与平面所成的角,例如:发射炮弹时,就要考虑炮筒和地平面所成的角.

点 P 不在平面 α 内,自点 P 向平面 α 引垂线所得到的垂足 O 叫作点 P 在平面 α 上的**正投影**(简称**射影**). 一条直线 PA 与一个平面 α 相交,但不和这个平面垂直,这条直线叫作这个平面 α 的**斜线**,斜线与平面的交点 A 叫作**斜足**,过平面外一点向平面引斜线,这个点与斜足之间的线段叫作**这个点到这个平面的斜线段**.

过垂足 O 和斜足 A 的直线 AO 叫斜线**在这个平面上的射影**. 平面的一条斜线和它在平面内的射影所成的锐角叫作**这条斜线和这个平面所成的角**,即 PA 与 α 所成的角是 $\angle PAO$.

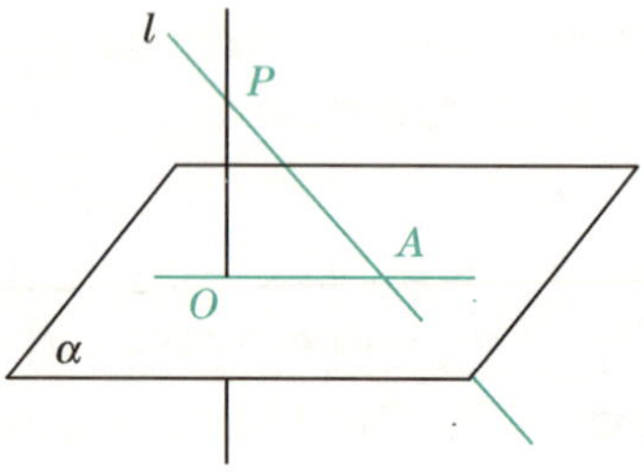

图 8.3.20

可以证明**斜线和平面所成角,是这条斜线和平面内经过斜足的直线所成的一切角中最小的角.**

斜线与平面所成的角的范围是 $(0°,90°)$;当一条直线与平面垂直时,这条直线与平面所成的角是直角;当一条直线和平面平行,或直线在平面内时,这条直线与平面所成的角是 $0°$ 的角. 因此直线和平面所成角范围:$[0°,90°]$.

例 8 如图 8.3.21,在正方体 $ABCD-A_1B_1C_1D_1$ 中,求

(1) 直线 A_1B 与面 B_1BCC_1 所成的角;

(2) 直线 A_1B 与对角面 BB_1D_1D 所成的角.

解:(1) 因为 $A_1B_1\perp$ 平面 BB_1C_1C,

所以 B_1B 是斜线 A_1B 在平面 BB_1C_1C 上的射影,

$\angle A_1BB_1$ 为 A_1B 与平面 BB_1C_1C 所成的角.

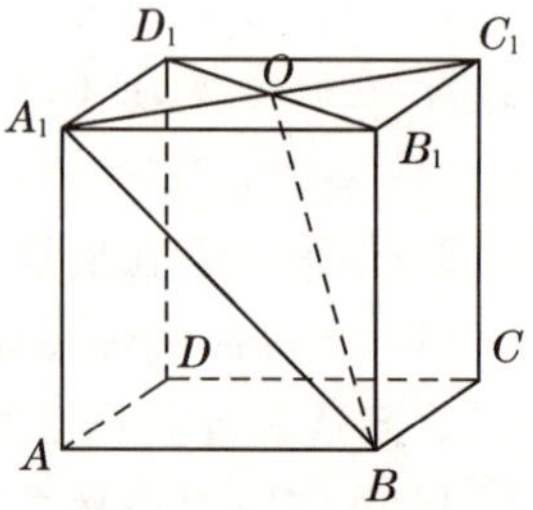

图 8.3.21

因为$\angle A_1BB_1=45°$，

所以直线 A_1B 与面 B_1BCC_1 所成的角为 45°.

(2) 连接 A_1C_1 与 B_1D_1 交于 O，连接 OB. 因为 $DD_1\perp$平面 $A_1B_1C_1D_1$，所以 $DD_1\perp A_1C_1$，

又 $B_1D_1\perp A_1C_1$，

所以 $A_1C_1\perp$平面 BB_1D_1D，O 为垂足.

所以 BO 是斜线 A_1B 在平面 BB_1D_1D 的射影，$\angle A_1BO$ 是 A_1B 与对角面 BB_1D_1D 所成的角.

在 Rt$\triangle A_1BO$ 中，$A_1O=\frac{1}{2}A_1B$，

所以$\angle A_1BO=30°$.

因此，直线 A_1B 与对角面 BB_1D_1D 所成的角为 30°.

随堂练习

1. 判断.

(1) 两条直线与平面所成的角相等，则这两条直线平行.　（　　）

(2) 两条平行直线与同一平面所成的角相等的.　（　　）

(3) 若两条斜线段在同一平面内的射影相等，则这两条斜线段的长也相等.　（　　）

(4) 若两条斜线段和平面 α 所成的角相等，则这两条斜线段的长也相等.　（　　）

2. 若 P 为$\triangle ABC$ 所在平面外一点，且 $PA=PB=PC$，

(1) 求证：点 P 在$\triangle ABC$ 所在平面内的射影是$\triangle ABC$ 的外心；

(2) 如果$\triangle ABC$ 是直角三角形，点 P 在平面 ABC 上的射影在何处？

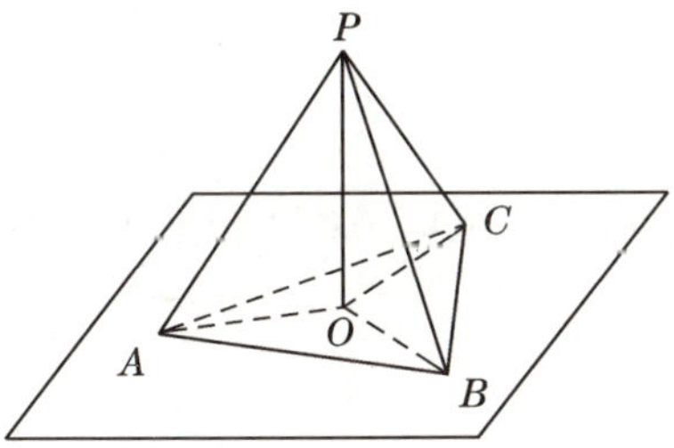

第 2 题图

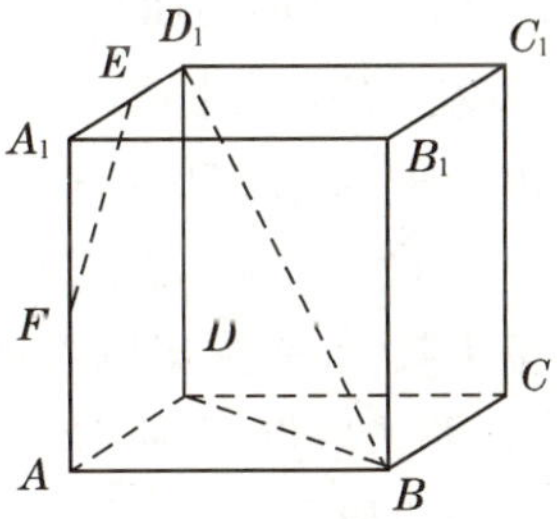

第 3 题图

3. 如图，在正方体 $ABCD-A_1B_1C_1D_1$ 中，E、F 分别是棱 A_1D_1、AA_1 的中点.

(1) 求直线 BD_1 和平面 AC 所成的角的正切值；

(2) 求直线 EF 和平面 AC 所成的角.

8.3.5　三垂线定理

思考：我们知道，平面的垂线垂直于这个平面内的所有直线，而平面的斜线不具有这个性质. 但是，平面的斜线能否与这个平面内的某些直线垂直呢？

一般来说，我们有以下定理：

三垂线定理　在平面内的一条直线，如果它和这个平面的一条斜线的射影垂直，那么它也和这条斜线垂直.

已知：如图 8.3.22，PO，PA 分别是平面 α 的垂线和斜线，OA 是 PA 在平面 α 内的射影，$a\subset\alpha$，且 $a\perp OA$.

求证：$a\perp PA$.

证明：因为 $PO\perp\alpha$，$a\subset\alpha$，

所以 $PO\perp a$，又因为 $a\perp OA$，

所以 $a\perp$ 平面 POA，

因为 $PA\subset$ 平面 POA，

所以 $a\perp PA$.

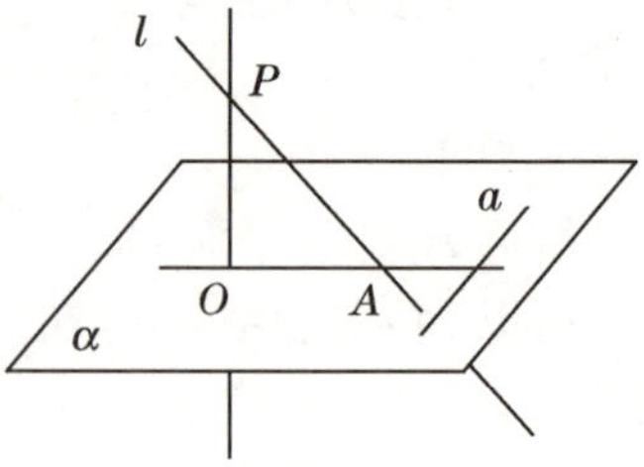

图 8.3.22

> **注意**：三垂线定理给出了判断一条斜线和平面内的一条直线垂直的方法，这两条直线可以是相交直线，也可以是异面直线.

类似地，我们还可以证明：

三垂线定理的逆定理　在平面内的一条直线，如果和这个平面的一条斜线垂直，那么它也和这条斜线的射影垂直.

三垂线定理的逆定理请同学们自行证明.

例 9　已知：点 O 是 $\triangle ABC$ 的垂心，$PO\perp$ 平面 ABC，垂足为 O，求证：$PA\perp BC$.

证明：如图 8.3.23，因为点 O 是 $\triangle ABC$ 的垂心，

所以 $AD\perp BC$，

又因为 $PO\perp$ 平面 ABC，

所以 AO 为 PA 在平面 ABC 上的射影，

因此由三垂线定理知，$PA\perp BC$.

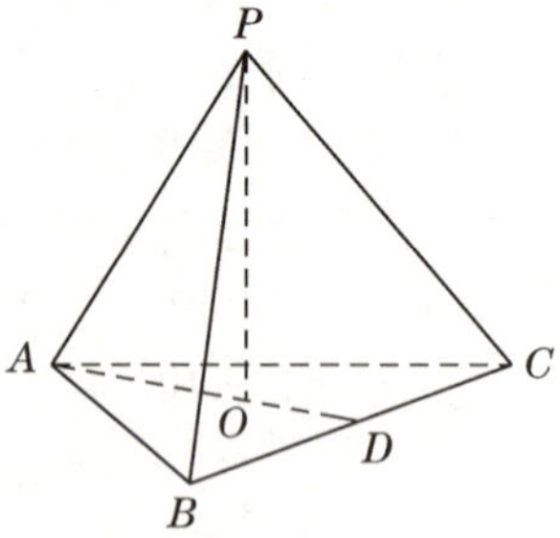

图 8.3.23

例 10　如图 8.3.24，道路两旁有一条河，河对岸有电塔 AB，高 15 m，只有量角器和皮尺作测量工具，能否测出电塔顶与道路的距离？

解：在道路边取点 C，使 BC 与道路边垂直，

再在道路边取一点 D，使 $\angle CDB=45°$，

这里假设测得 C，D 的距离等于 20 m，

因为 BC 是 AC 在平面上的射影，且 $CD\perp BC$，

所以 $CD\perp AC$（三垂线定理）.

因此斜线段 AC 的长度就是塔顶与道路的距离，

因为 $\angle CDB=45°$，$CD\perp BC$，$CD=20$ m，

所以 $BC=20$ m，

在 $\mathrm{Rt}\triangle ABC$ 中得 $|AC|=\sqrt{AB^2+BC^2}=\sqrt{15^2+20^2}=25$(m)，

答：电塔顶与道路距离是 25 m.

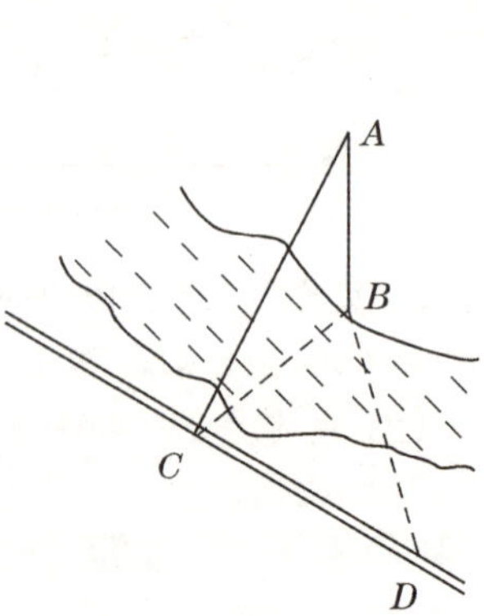

图 8.3.24

随堂练习

1. 在正方体 $ABCD-A_1B_1C_1D_1$ 中，O 是 AC、BD 的交点，

(1) D_1A 与 AB、D_1O 与 AC、D_1B 与 AC 互相垂直吗？为什么？

(2) 设正方体的棱长为 a，求 D_1 到 AB、AC 的距离.

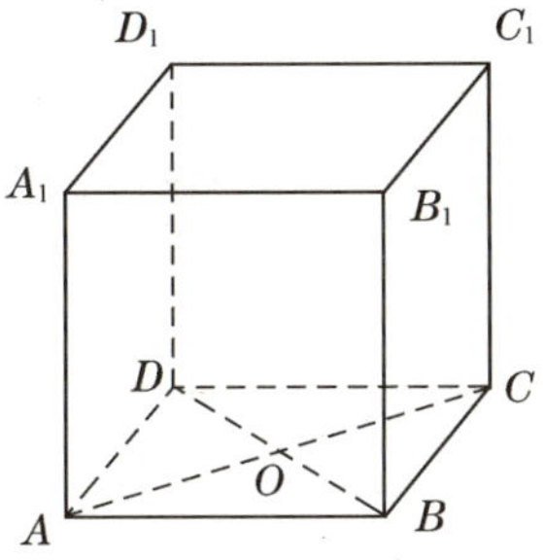

第 1 题图

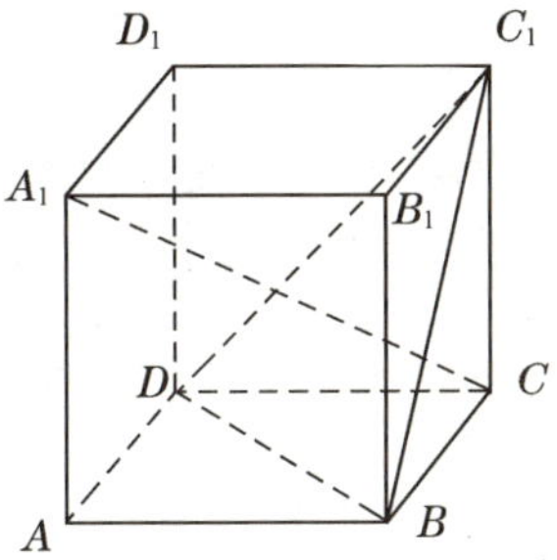

第 2 题图

2. 在正方体 $ABCD-A_1B_1C_1D_1$ 中，求证：$A_1C\perp$ 平面 BC_1D.

习题 8.3

A 组

1. 选择题：

(1) 直线 a 不平行于平面 α，则下列结论成立的是(　　).

A. α 内的所有直线都与直线 a 异面

B. α 内不存在与 a 平行的直线

C. α 的直线都与 a 相交

D. 直线 a 和平面 α 有公共点

(2) 直线 $m/\!/$平面 α，直线 $n/\!/m$，则 (　　).

A. $n/\!/\alpha$　　　　B. n 与 α 相交

C. $n\subset\alpha$　　　　D. $n/\!/\alpha$ 或 $n\subset\alpha$

(3) 直线 $a\perp$直线 b，$b\perp$平面 β，则 a 与 β 的关系是(　　).

A. $a\perp\beta$　　　　B. $a/\!/\beta$

C. $a\subset\beta$　　　　D. $a\subset\beta$ 或 $a/\!/\beta$

(4) 若直线 a 与平面 α 不垂直，那么在平面 α 内与直线 a 垂直的直线(　　).

A. 只有一条　　　　B. 有无数条

C. 是平面 α 内的所有直线　　　　D. 不存在

2. 如图,已知正方体 $ABCD-A_1B_1C_1D_1$ 中,棱长为 2,M、N 分别是 BB_1 和 BC 的中点. 证明:直线 MN∥平面 B_1DC.

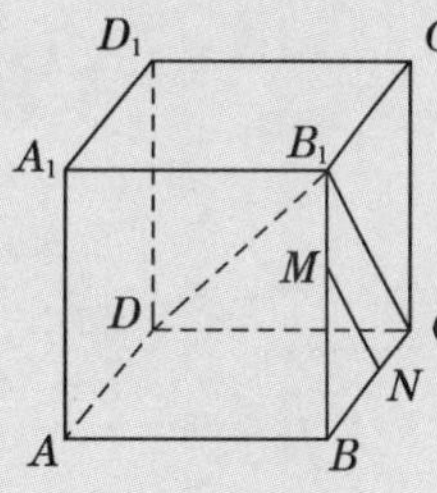

第 2 题图

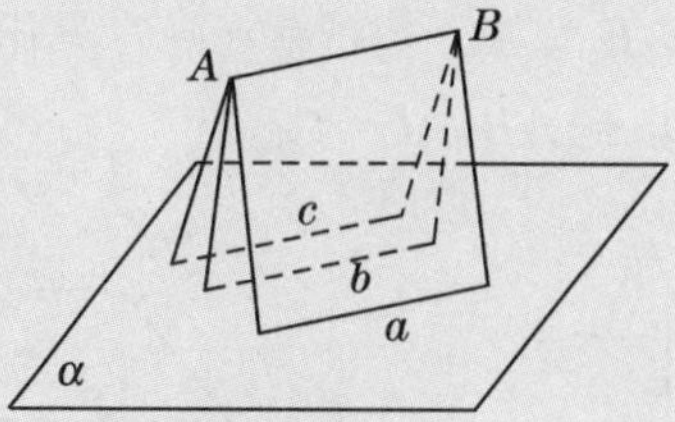

第 3 题图

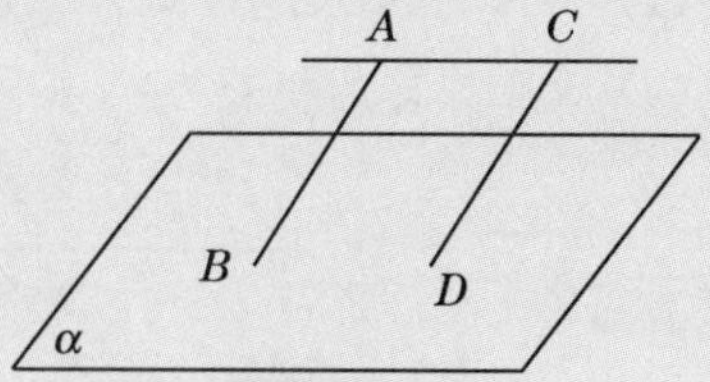

第 4 题图

3. 如图,已知 AB∥α,经过直线 AB 的三个不同平面分别与平面 α 相交与直线 a,b,c,求证:a∥b∥c.

4. 如图,AB∥CD,AC∥α,$B\in\alpha$,$D\in\alpha$,求证:$AB=CD$.

5. 如图,PA 垂直于$\triangle ABC$ 所在平面,$AB=AC=13$,$BC=10$,$PA=5$,求点 P 到直线 BC 的距离.

6. 如图,$\alpha\cap\beta=AB$,$PC\perp\alpha$,$PD\perp\beta$,C、D 是垂足,求证:$AB\perp CD$.

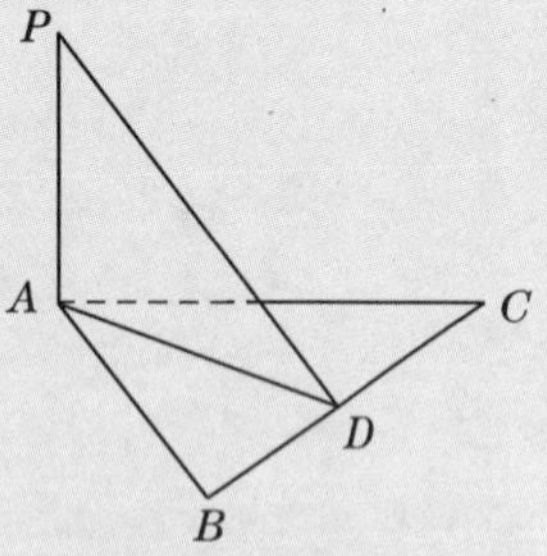

第 5 题图

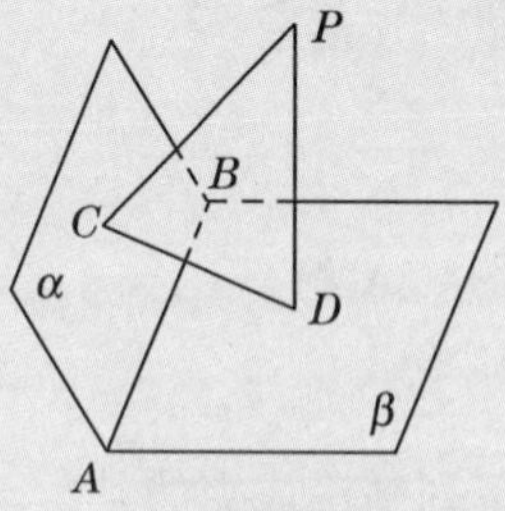

第 6 题图

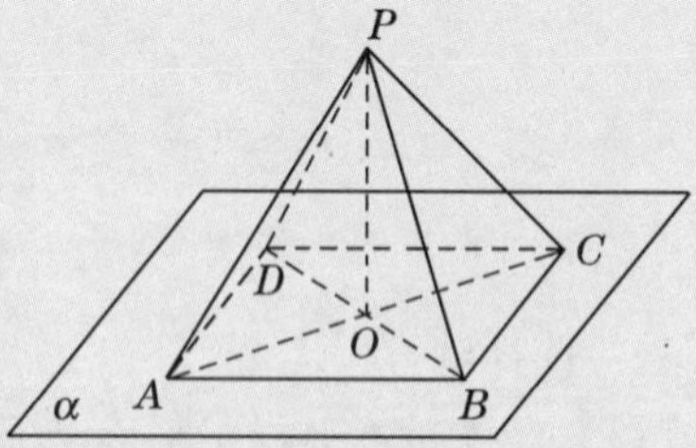

第 7 题图

7. 平行四边形 $ABCD$ 所在平面 α 外有一点 P,且 $PA=PB=PC=PD$,求证:点 P 与平行四边形对角线交点 O 的连线 PO 垂直于平面 $ABCD$.

8. 已知平面 α 外两点 A、B 到平面 α 的距离分别为 1 和 2,A、B 两点在 α 内的射影之间距离为 $\sqrt{3}$,求直线 AB 和平面 α 所成的角.

9. 已知空间四边形 $ABCD$ 的各边及对角线相等,求 AC 与平面 BCD 所成角的余弦值.

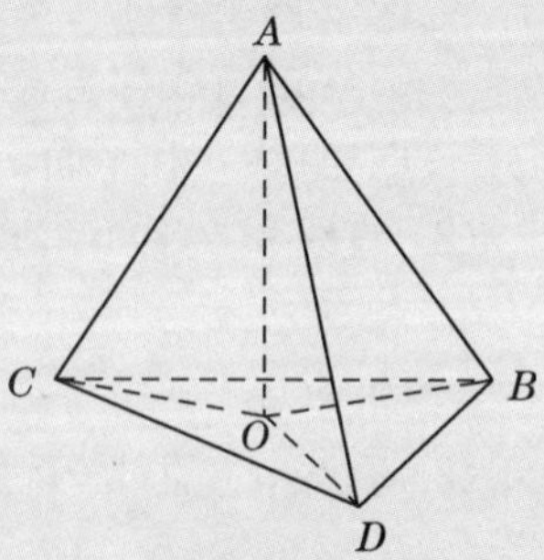

第 9 题图

B 组

1. 高空中有一气球，它在地面上的投影为点 C，在 C 点的东南 A 处看气球，仰角为 θ_1，在 C 点的西南 B 处看气球，仰角为 θ_2，A，B 两地的距离为 a，气球离地面的高度为 h，求证：$h=\dfrac{a}{\sqrt{\cot^2\theta_1+\cot\theta_2}}$.

2. 如图，直角三角形 ABC 所在平面 α 外一点，这点 P 到直角顶点 A 的距离是 23 cm，到两条直角边 AB，AC 的距离都是 17 cm，求点 P 到平面 α 的距离.

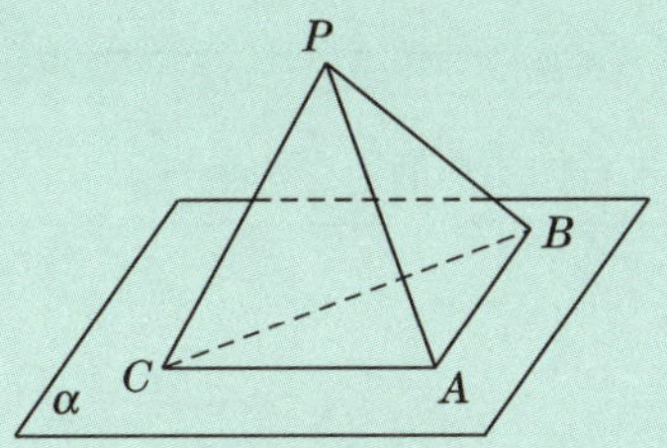

第 2 题图

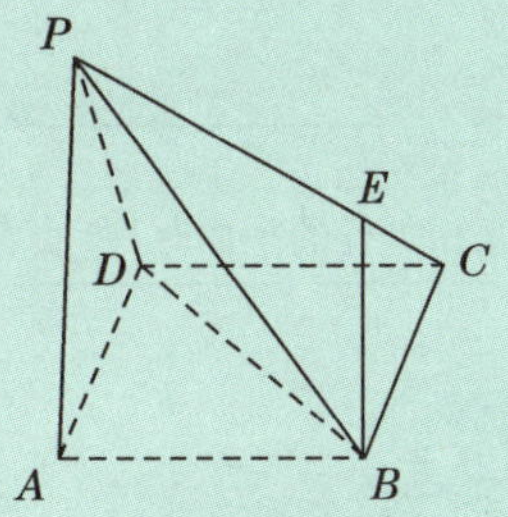

第 3 题图

3. 如图，已知 $ABCD$ 是矩形，$PA\perp$平面 $ABCD$，E 是 PC 上一点. 求证：BE 不可能垂直于平面 PCD.

8.4　平面与平面的位置关系

8.4.1　平面与平面的位置关系

思考：(1) 拿出两本书，看作两个平面，上下、左右的翻转，它们之间的位置关系有几种？

(2) 如图 8.4.1，围成长方体 $ABCD-A_1B_1C_1D_1$ 的六个面，两个面之间有什么位置关系？

观察图 8.4.1 中的长方体可以发现它的上、下底面无论怎么样延展都没有公共点，而它的下底面与平面 A_1B_1BA 则有一条交线 AB.

如果两个平面没有公共点，那么就说这**两个平面互相平行**；如果两个平面有一条公共直线，那么就说这**两个平面相交**. 如表 8.4.1 所示.

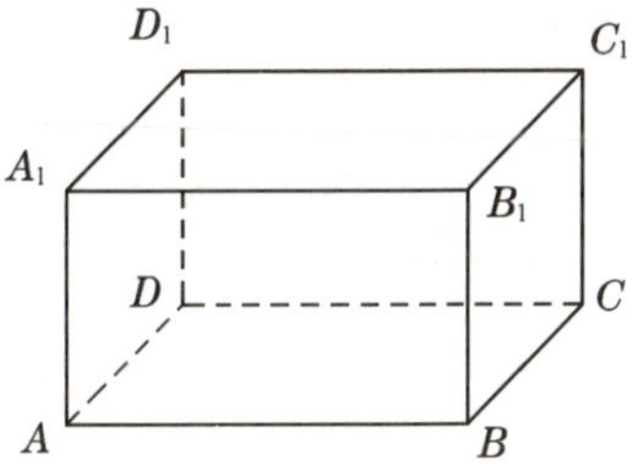

图 8.4.1

表 8.4.1　两个平面的位置关系

位置关系	两平面平行	两平面相交
公共点	没有公共点	有一条公共直线
符号表示	$\alpha /\!/ \beta$	$\alpha \cap \beta = l$
图形表示	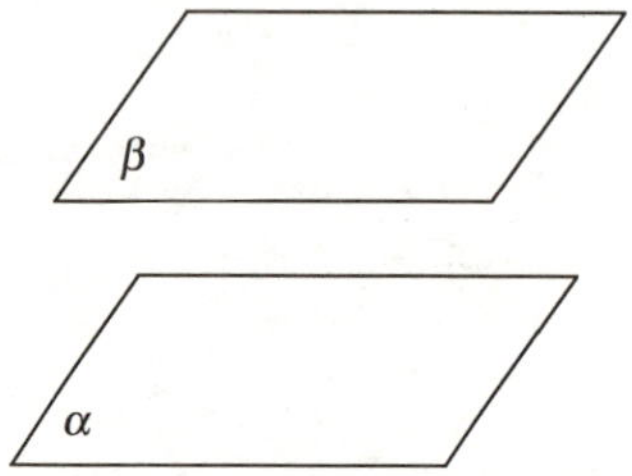	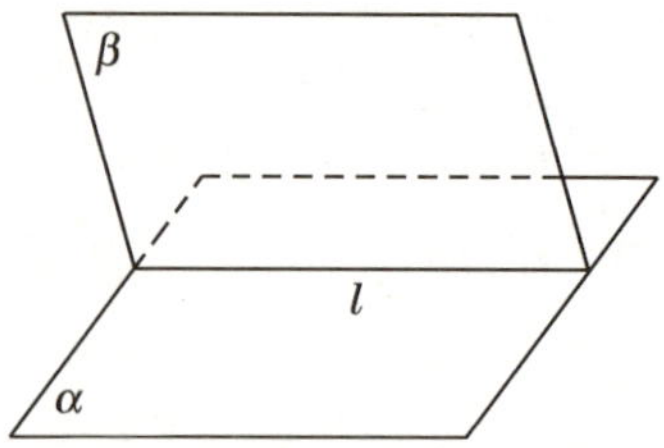
注意:画两个互相平行的平面时,要使表示平面的两个平行四边形的对应边平行.		

随堂练习

1. 画出两种不同位置的两个相交平面,并判断两个平面将空间分成几部分.

2. 如果三个平面两两相交,那么它们的交线有多少条? 画出图形表示你的结论.

3. 已知平面 α、β,直线 a,b,且 $\alpha /\!/ \beta$,$a \subset \alpha$,$b \subset \beta$,则直线 a 与直线 b 具有什么样的位置关系?

8.4.2　两个平面平行

1. 两个平面平行的判定

观察:三角板的一条边所在直线与地面平行,这个三角板所在平面与地面平行吗? 三角板的两条边所在直线分别于地面平行,情况又如何呢?

根据定义可知,判定平面与平面平行的关键在于判定它们有没有公共点. 若一个平面内的所有直线都与另一个平面平行,那么这两个平面一定平行. 否则,这两个平面就会有公共点,这样在一个平面内通过这个公共点的直线就不平行于另一个平面.

由上所述,两个平面平行的问题可以转化为一个平面内的直线与另一个平面平行的问题.

探究:由平面性质公理 3 的推论可知,平面可以由两条平行直线或两条相交直线确定.

(1) 平面 β 内有一条直线与平面 α 平行,α,β 平行吗?

(2) 平面 β 内有两条平行直线与平面 α 平行,α,β 平行吗?

(3) 平面 β 内有两条相交直线与平面 α 平行,α,β 平行吗?

如图 8.4.1，借助长方体模型，我们可以看出，平面 AA_1D_1D 中直线 AA_1 // 平面 DD_1C_1C，但是平面 AA_1D_1D 与平面 DD_1C_1C 相交，所以探究(1)中的平面 α，β 不一定平行.

如图 8.4.2，借助长方体模型，在平面 AA_1D_1D 内，有一条与 AA_1 平行的直线 MN，所以直线 AA_1、MN 都平行于平面 DD_1C_1C，但是这两条平行直线所在的平面 AA_1D_1D 与平面 DD_1C_1C 相交，所以探究(2)中的平面 α，β 不一定平行.

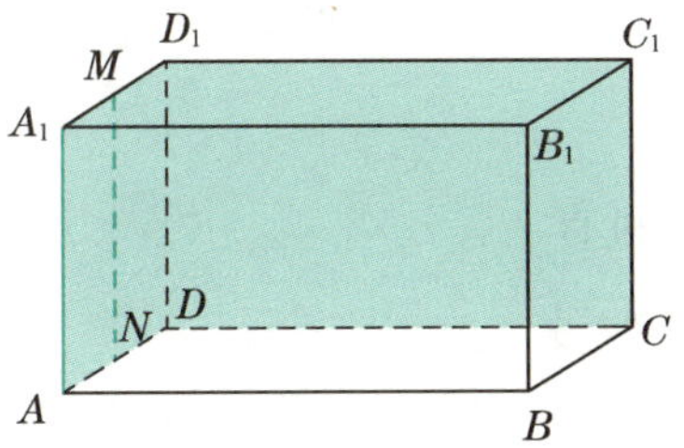

图 8.4.2

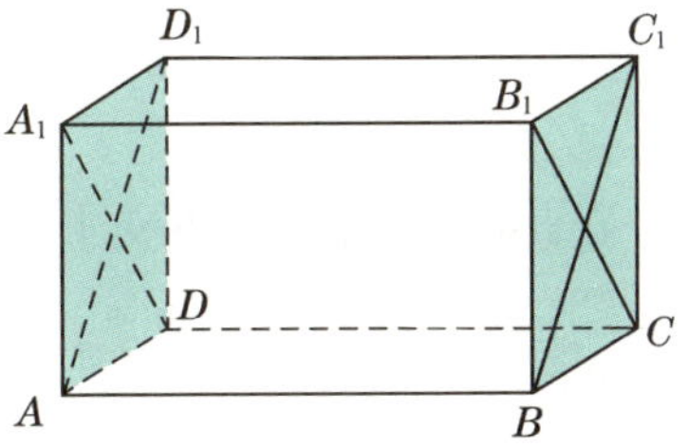

图 8.4.3

如图 8.4.3，借助长方体模型，平面 BB_1C_1C 内两条相交直线 B_1C，BC_1 分别与平面 ADD_1A_1 内两条相交直线 A_1D，AD_1 平行，由直线与平面平行的判定定理可知，这两条相交直线 B_1C，BC_1 都与平面 AA_1D_1D 平行. 此时，平面 BB_1C_1C 与平面 AA_1D_1D 平行.

根据以上分析，一般地，我们有下面判定平面与平面平行的定理.

平面与平面平行判定定理　如果一个平面内两条相交直线分别平行于另一个平面，那么这两个平面平行.

用符号语言表示为：$m \subset \beta, n \subset \beta, m \cap n = P, m /\!/ \alpha, n /\!/ \alpha \Rightarrow \alpha /\!/ \beta$.（如图 8.4.4）

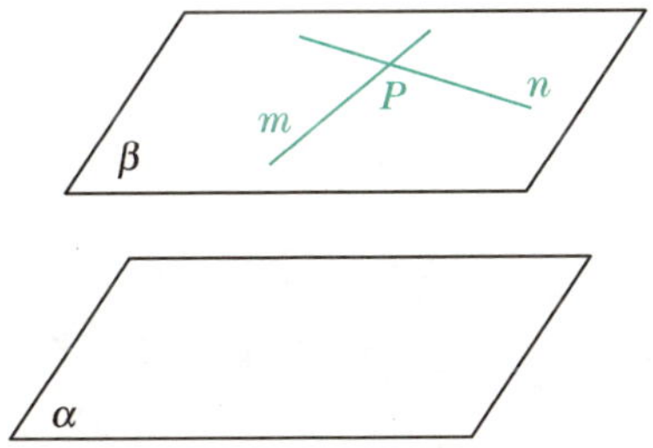

图 8.4.4

> **注意**：这个定理说明可以由直线与平面的平行进而判定平面与平面的平行，即线面平行则面面平行，定理条件缺一不可.

使用平板仪进行测量时，要用水准器来校正平板是否与地面平行，我们把水准器在平板上交叉放置两次，如果水准器内的水泡都居中，就说明平板和地面是平行的，否则就需要进行调整，这种校正方法就是上面判定定理的具体应用.

例 1　如图 8.4.5，在正方体 $ABCD-A_1B_1C_1D_1$ 中，求证平面 A_1BD // 平面 B_1D_1C.

证明：在正方体 $ABCD-A_1B_1C_1D_1$ 中，

因为 $BB_1 = DD_1$ 且 $BB_1 /\!/ DD_1$，

所以四边形 BB_1D_1D 是平行四边形,

所以 $B_1D_1 /\!/ BD$.

又因为 $BD \not\subset$ 平面 B_1D_1C, $B_1D_1 \subset$ 平面 B_1D_1C,

所以 $BD /\!/$ 平面 B_1D_1C,

同理 $A_1D /\!/$ 平面 B_1D_1C,而 $A_1D \cap BD = D$,

所以平面 $A_1BD /\!/$ 平面 B_1D_1C.

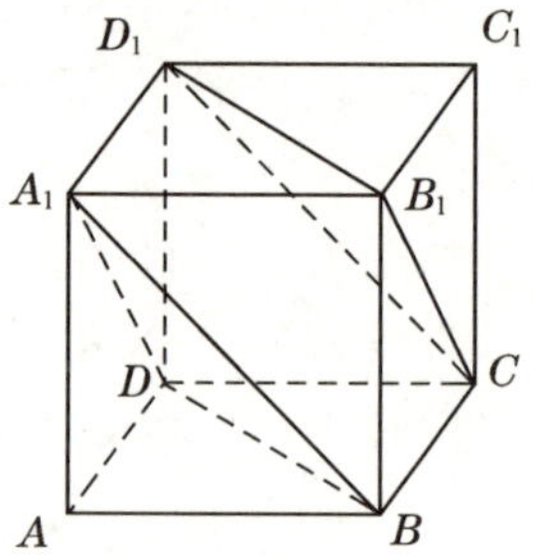

图 8.4.5

推论 垂直于同一条直线的两个平面互相平行.

已知: $l \perp \alpha$, $l \perp \beta$(如图 8.4.6).

求证: $\alpha /\!/ \beta$.

证明:设直线 l 与平面 α、β 交于 A、A' 两点,经过直线 AA' 的平面 γ、δ 分别与平面 α、β 交于直线 a、a' 和 b、b'.

因为 $AA' \perp \alpha$, $AA' \perp \beta$,

所以 $AA' \perp a$, $AA' \perp a'$.

而 $a \subset \gamma$, $a' \subset \gamma$, $AA' \subset \gamma$,

所以 $a /\!/ a'$,

所以 $a /\!/ \beta$.

同理可证 $b /\!/ b'$, $b /\!/ \beta$.

又 $a \cap b = A$, $a \subset \alpha$, $b \subset \alpha$,

所以 $\alpha /\!/ \beta$.

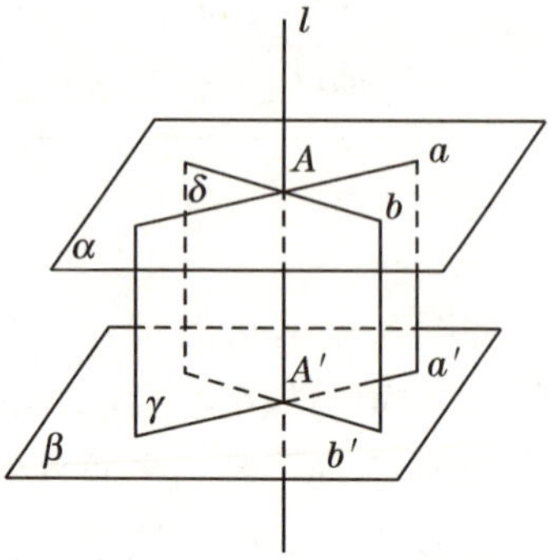

图 8.4.6

安装车轮时,只要使两个车轮都垂直于轴,两个车轮就互相平行,这就是上面推论的一个具体应用.

2. 两个平面平行的性质

> **思考:**如果两个平面平行,那么:
> (1) 一个平面内的直线是否平行于另一个平面?
> (2) 分别在两个平行平面内的两条直线是否平行?

对于问题(1)根据两个平面平行及直线和平面平行的定义可知,两个平面平行,其中一个平面内的直线必定平行于另一个平面.

对于问题(2),分别在两个平行平面内的两条直线必定没有公共点,所以只能判定它们平行或异面.

例 2 如图 8.4.7,已知平面 α、β、γ 满足 $\alpha /\!/ \beta$, $\gamma \cap \alpha = a$, $\gamma \cap \beta = b$,求证: $a /\!/ b$.

证明:因为 $\gamma \cap \alpha = a$, $\gamma \cap \beta = b$,

所以 $a \subset \alpha$, $b \subset \beta$.

又因为 $\alpha /\!/ \beta$,

所以 a, b 没有公共点,

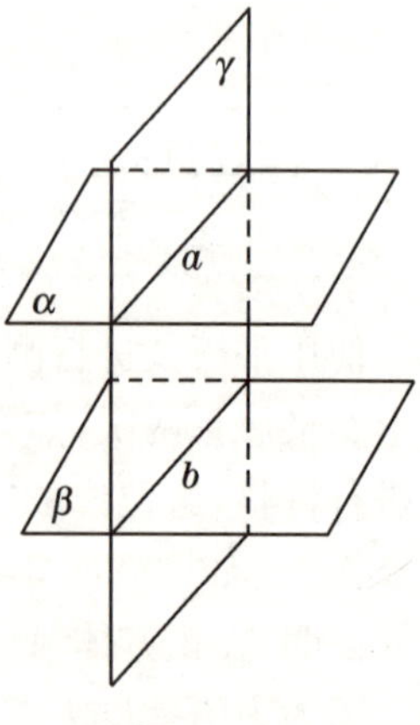

图 8.4.7

又因为 $a\subset\gamma$，$b\subset\gamma$，

所以 $a/\!/b$.

于是，我们有下面的定理.

两个平面平行性质定理　如果两个平行平面同时和第三个平面相交，那么它们的交线平行.

上述定理告诉我们，可以由平面与平面平行得出直线与直线平行.

例 3　如图 8.4.8，已知 $\alpha/\!/\beta$，AB，CD 是夹在两个平行平面 α，β 间的平行线段，求证：$AB=CD$.

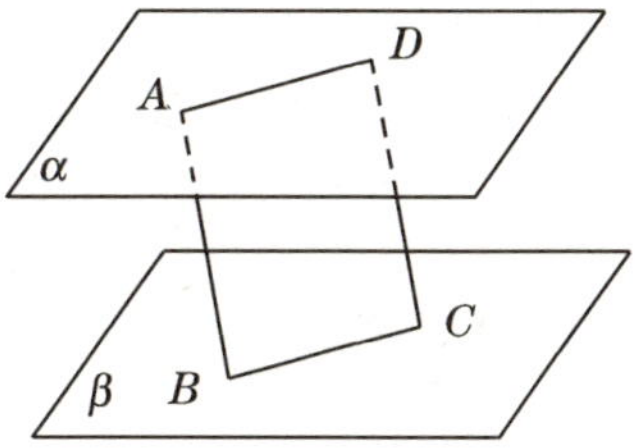

图 8.4.8

证明：因为 $AB/\!/CD$，

所以 AB，CD 确定平面 AC，

所以平面 $AC\cap\alpha=AD$，平面 $AC\cap\beta=BC$，

所以 $AD/\!/BC$，四边形 $ABCD$ 是平行四边形.

所以 $AB=CD$.

由此我们得到以下推论：

推论　夹在两个平行平面之间的平行线段相等.

例 4　如图 8.4.9，已知 $\alpha/\!/\beta$，点 M 是 α、β 外任一点，直线 MA、MB、MC 分别与 α、β 相交于点 A、A_1、B、B_1、C、C_1.

求证：$\triangle ABC\backsim\triangle A_1B_1C_1$.

证明：因为 $\alpha/\!/\beta$，$\alpha\cap$ 平面 $MAB=AB$，

平面 $MAB\cap\beta=A_1B_1$，

所以 $AB/\!/A_1B_1$.

同理可证 $BC/\!/B_1C_1$，$AC/\!/A_1C_1$.

所以 $\triangle ABC\backsim\triangle A_1B_1C_1$.

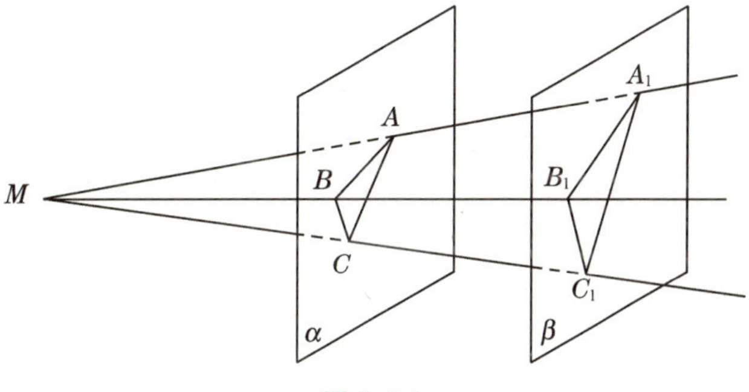

图 8.4.9

例 4 可以说明电影放映原理，放电影时，底片上的形象和它映到银幕上的形象是彼此相似的.

和两个平行平面同时垂直的直线，也叫作**两个平行平面的公垂线**. 由前面的推论容易知道，夹在两个平行平面之间的公垂线段的长相等. 我们把它叫作两个平行平面间的距离.

例 5　如图 8.4.10，$\alpha/\!/\beta$，AC 和 BD 是夹在 α、β 间的两条线段，且 $AC=13$ cm，$BD=15$ cm，AC 和 BD 在平面 β 内的射影的和为 14 cm，求这两条射影的长和两个平行平面间的距离.

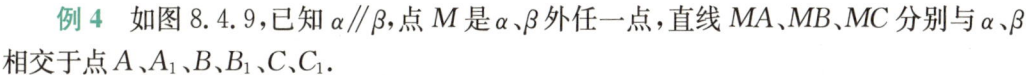

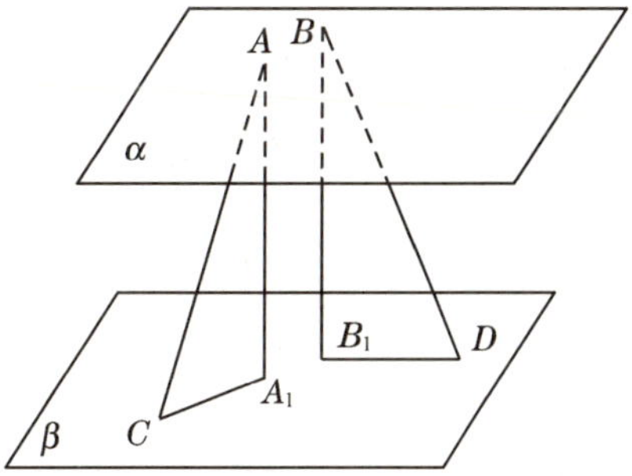

图 8.4.10

解：过 A、B 分别作平面 β 的垂线 AA_1、BB_1，垂足为 A_1、B_1，

设射影 CA_1 的长为 x，则射影 DB_1 的长为 $14-x$，

因为 $\alpha /\!/ \beta$,所以 $AA_1=BB_1$.

又因为 $AC=13$ cm,$BD=15$ cm,$AA_1=\sqrt{13^2-x^2}$,$BB_1=\sqrt{15^2-(14-x)^2}$,

所以 $\sqrt{13^2-x^2}=\sqrt{15^2-(14-x)^2}$,

解方程,得 $x=5$.

所以 $CA_1=5(\text{cm})$,$BD_1=14-5=9(\text{cm})$,$AA_1=\sqrt{13^2-5^2}=12(\text{cm})$.

答:两条射影的长分别为 5 cm 和 9 cm,两个平行平面间的距离为 12 cm.

从前面的讨论我们可以看到,通过直线与平面平行可以判定平面与平面平行;而由平面与平面平行的定义及性质定理可以得出直线与平面平行、直线与直线平行.这进一步揭示出直线与直线、直线与平面、平面与平面之间的位置关系可以相互转化.

随堂练习

1. 判断下列命题的是否正确,正确的说明理由,错误的举例说明:

(1) 平面 α 内有无数条直线与平面 β 平行,那么 $\alpha /\!/ \beta$.

(2) 已知平面 α,β 和直线 m,n,若 $m \subset \alpha$,$n \subset \alpha$,$m /\!/ \beta$,$n /\!/ \beta$,则 $\alpha /\!/ \beta$.

(3) 若平面 α 内的任一直线都平行于平面 β,则 $\alpha /\!/ \beta$.

(4) 平面 α 内有两条相交直线和平面 β 内的两条相交直线分别平行,那么这两个平面平行.

(5) 平面 $\alpha /\!/ \beta$,直线 $a /\!/ \alpha$,则 $a /\!/ \beta$.

(6) 平行于同一直线的两个平面平行.

(7) 过已知平面外一点,有且只有一个平面与已知平面平行.

2. 求证:一条直线和两个平行平面所成的角相等.

3. 已知空间四边形 $ABCD$ 中,E、F、G 分别是 AB、AC、AD 的中点,那么平面 $EFG /\!/$ 平面 BCD 是否成立,你能证明你的结论吗?

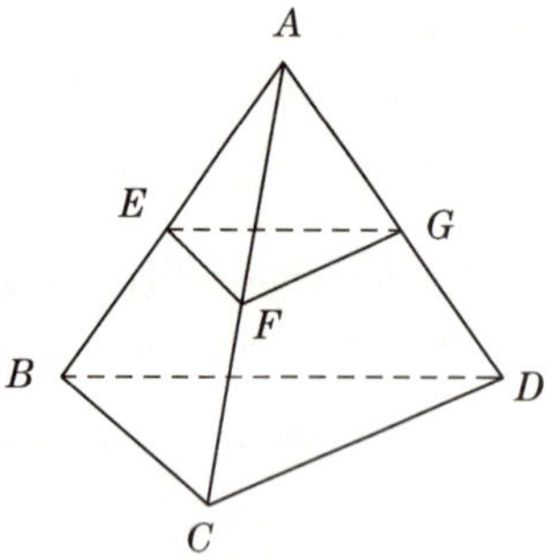

第 3 题图

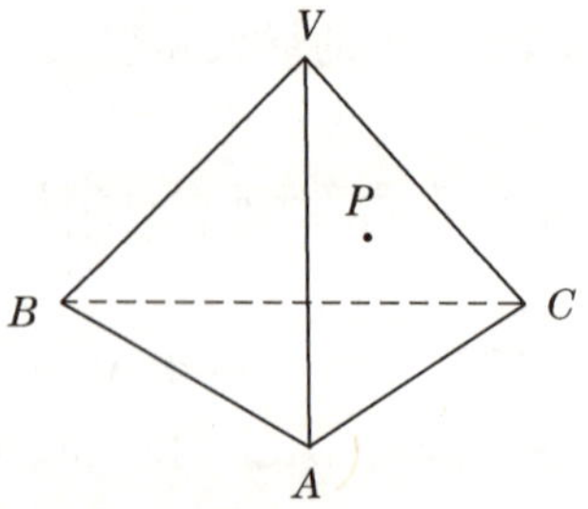

第 4 题图

4. 一木块如图所示,点 P 在平面 VAC 内,过点 P 将木块据开,使截面平行于直线 VB 和 AC,应该怎样画线?

8.4.3　二面角和二面角的平面角

思考：滑滑梯是我们儿时记忆中的共同点，滑滑梯时它越陡我们就越兴奋. 那么滑梯面的“陡”这个日常用语在数学中是怎样的概念呢？金字塔给人以壮观神秘的印象，它的侧面与地面形成的角度怎样定义？

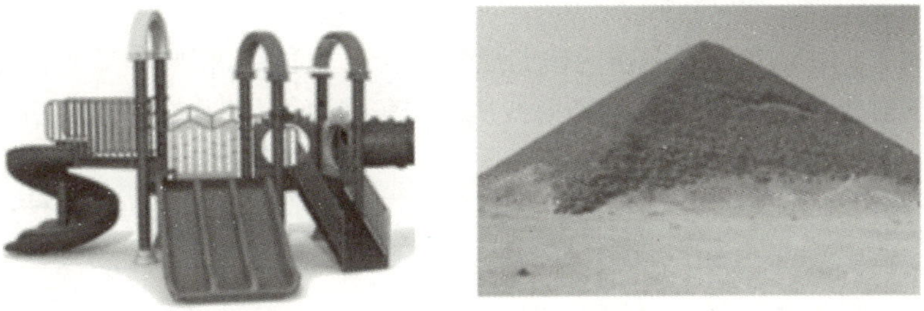

(1)　　　　(2)

图 8.4.11

两个平面的位置关系——平行或相交. 两个相交平面的相对位置是由这两个平面所成的“角”来确定的. 在日常生活中，有许多问题也涉及两个平面所成的角. 例如 2010 年世博会的西班牙展馆的“空气树”四周幕布的角度必须适度，才能起到遮阳同时清晰播放视频的功效；修筑防洪堤坝时，为了使水坝坚固耐久，必须使水坝面和水平面成适当的角度；在发射人造地球卫星时，为了使卫星能准确进入预定轨道，也必须使卫星的轨道平面和地球的赤道平面成一定的角度(如图 8.4.12). 这些事例都说明了研究两个平面所成的“角”是十分必要的.

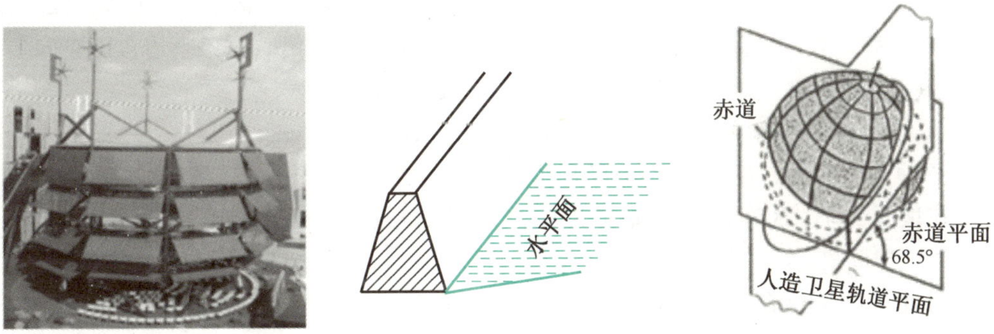

(1)　　　　(2)　　　　(3)

图 8.4.12

平面内的一条直线把这个平面分成两部分，其中每一部分叫作**半平面**.

从一条直线出发的两个半平面所成的图形叫作**二面角**，这条直线叫作二面角的**棱**，这两个半平面叫作二面角的面. 如图 8.4.13，就是一个以 AB 为棱，α、β 为面的二面角. 通常记作二面角 $\alpha-AB-\beta$，如果棱用 l 表示，则记作二面角 $\alpha-l-\beta$.

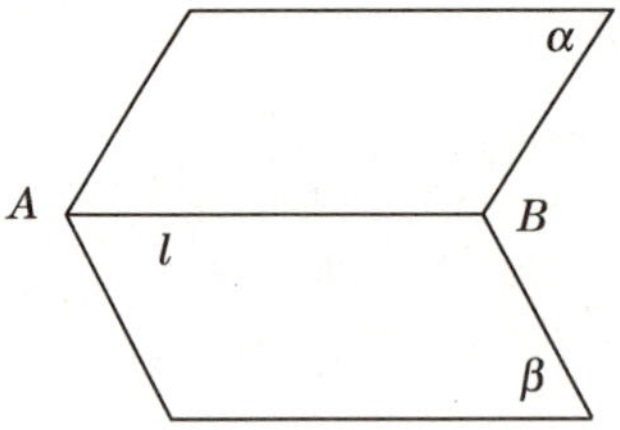

图 8.4.13

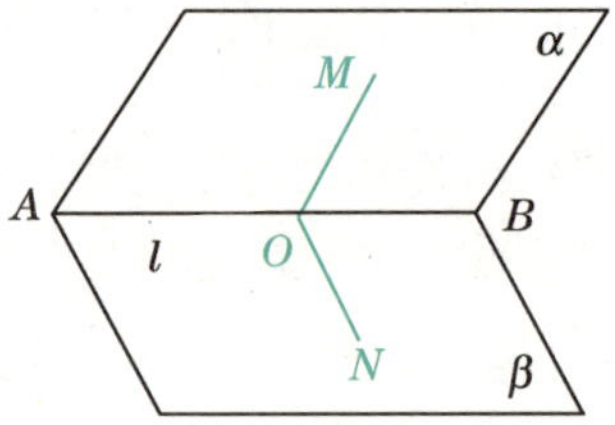

图 8.4.14

如图 8.4.14 所示，以二面角的棱上任意一点 O 为顶点，在两个半平面内分别作垂直于棱的两条射线 MO 和 NO，这两条射线所成的角 $\angle MON$ 叫作**二面角的平面角**.

思考: 二面角的平面角的大小与顶点在棱上的位置有关吗？为什么？

当二面角给定后，它的平面角的大小也就唯一确定了. 因此，二面角的大小可以用它的平面角来度量，二面角的平面角是多少度，就说这个二面角是多少度.

二面角的平面角范围，一般规定为 $[0°,180°]$. 当二面角的两个面重合时，规定二面角的大小为 $0°$，当二面角的两个面合成一个平面时，规定二面角的大小为 $180°$.

平面角是直角的二面角叫作**直二面角**.

木工师傅用活动角尺量工件的两个面所成的角时，实际上就是测量的两个面所成的二面角的平面角(图 8.4.15). 我国发射的第一颗人造地球卫星的倾斜角是 $68.5°$，就是指卫星轨道平面与地球赤道平面所成的二面角的平面角是 $68.5°$(图 8.4.12).

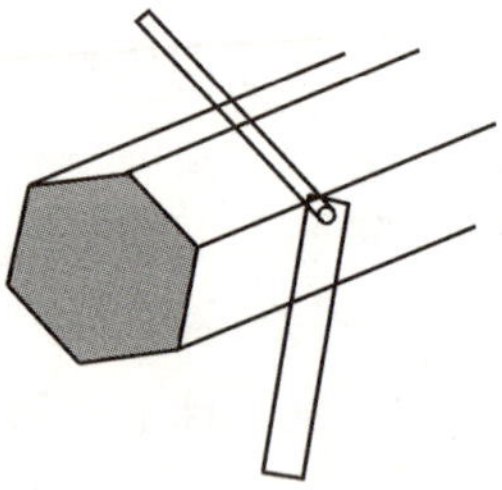

图 8.4.15

例 6 如图 8.4.16，在一个坡面为 $45°$ 的山坡(就是坡面 β 和地平面 α 所成的二面角是 $45°$)上，有一条与坡脚水平线 l 成 $30°$ 的直道 AB，如果某人沿着这条直道自山脚向上行走了 100 m，那么这个人实际上升多少米？(精确到 0.1 m)

解：设此人沿直道 AB 行走了 100 m 后到达了 B 点，作 BH 垂直于地面 α，H 是垂足，BH 即为所求.

在坡面 β 内过 B 作 $BC\perp l$，垂足为 C，连接 CH，根据三垂线定理可知 $l\perp CH$.

因此 $\angle BCH$ 就是二面角 $\alpha-l-\beta$ 的平面角，即 $\angle BCH=45°$.

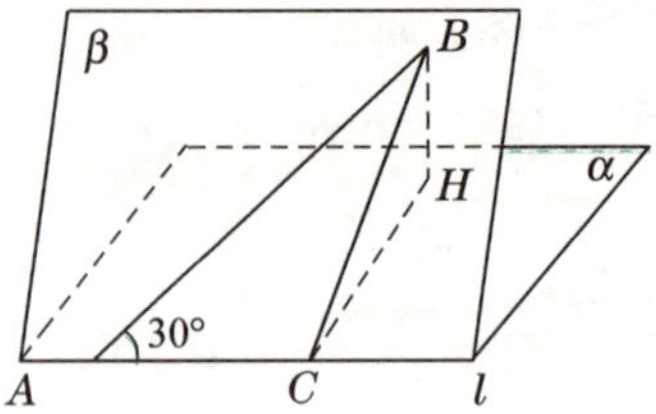

图 8.4.16

在直角三角形 ABC 中，$BC=AB\sin\angle BAC=AB\sin 30°=\frac{1}{2}\times 100=50$ m.

在直角三角形 BCH 中，$BH=BC\sin 45°=50\times\frac{\sqrt{2}}{2}=25\sqrt{2}\approx 35.4$ m.

答：所以这个人实际上升了 35.4 米.

例 7 设 A 在平面 BCD 内的射影是直角三角形 BCD 的斜边 BD 的中点 O，$AC=$

$BC=1$，$CD=\sqrt{2}$，求二面角 $A-BC-D$ 的大小.

解：如图 8.4.17，取 BC 中点 E，连接 OE，AE，CO，

因为直角三角形 BCD 中，$BC=1$，$CD=\sqrt{2}$

所以 $BD=\sqrt{3}$，$CO=\frac{\sqrt{3}}{2}$.

在直角三角形 AOC 中，易求得 $AO=\frac{1}{2}$.

因为 $OE//CD$，所以 $OE\perp BC$，$OE=\frac{1}{2}CD=\frac{\sqrt{2}}{2}$.

又因为 $AO\perp$ 面 BCD，所以 $AE\perp BC$，

因而$\angle AEO$为二面角 $A-BC-D$ 的平面角，

$\tan\angle AEO=\frac{AO}{OE}=\frac{\sqrt{2}}{2}$，$\angle AEO=\arctan\frac{\sqrt{2}}{2}$，

即二面角 $A-BC-D$ 的大小为 $\arctan\frac{\sqrt{2}}{2}$.

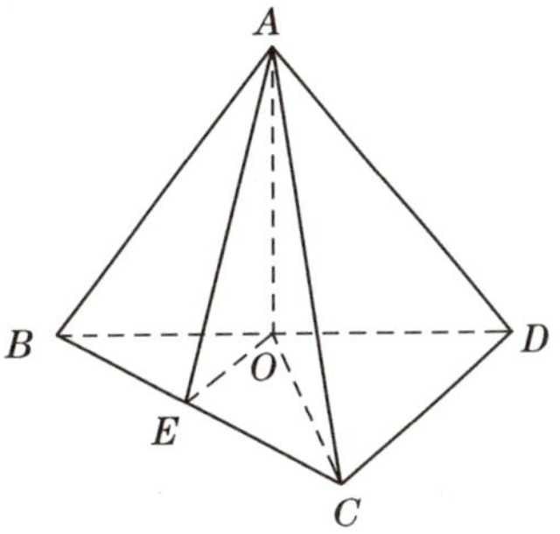

图 8.4.17

随堂练习

1. 拿一张正三角形的纸片 ABC，以它的高 AD 为折痕，折成一个二面角，指出这个二面角的面、棱、平面角.

2. 在 45° 的二面角的一面内有一个已知点，它到另一面的距离是 5 cm，求这点到棱的距离.

3. 如图，长方体中，$AB=AD=2\sqrt{3}$，$CC_1=\sqrt{2}$，求二面角 C_1-BD-C 的大小.

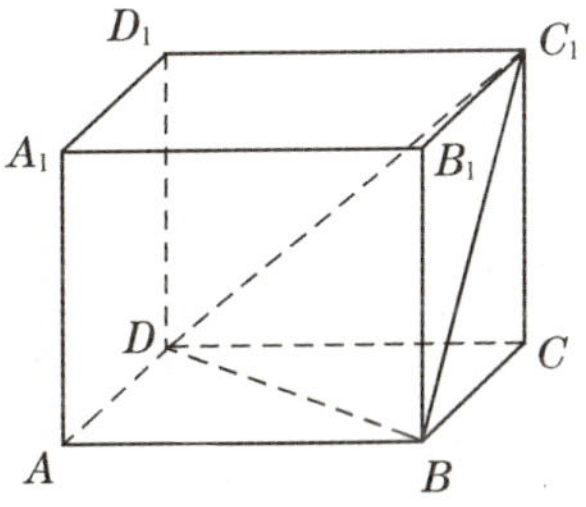

第 3 题图

8.4.4　两个平面垂直

1. 两个平面垂直的定义

> **思考：**教室相邻的两个墙面与地面可以构成几个二面角？分别指出构成这些二面角的面、棱、平面角及其度数.

教室里的墙面所在平面与地面所在平面相交，它们构成的二面角是直二面角，我们常说墙面直立于地面上.

一般的，两个平面相交，如果所成的二面角是直二面角，就说这两个平面互相垂直.

画两个互相垂直的平面时，要把竖直平面的竖边画成与水平平面的横边垂直，如图 8.4.18 所示，平面 α 和 β 垂直，记作 $\alpha\perp\beta$.

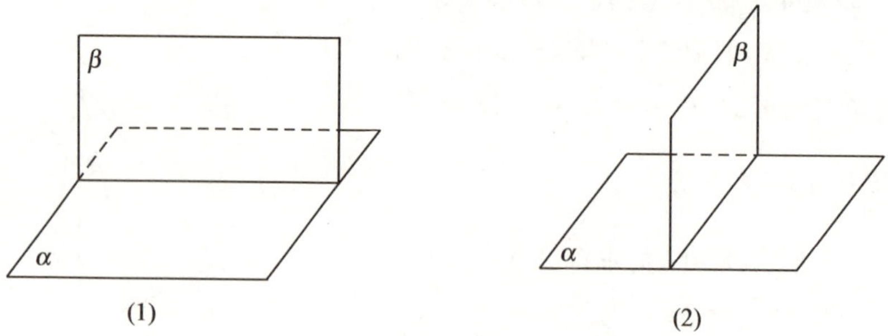

图 8.4.16

2. 两个平面垂直的判定

> **探究**:除了定义之外,如何判定两个平面互相垂直?

一般来说,我们还有下面的判定定理:

两个平面垂直的判定定理　如果一个平面过另一个平面的一条垂线,那么这两个平面互相垂直.

已知:如图 8.4.19 所示,直线 $AB\subset$平面 α,$AB\perp$平面 β,垂足为 B,求证:$\alpha\perp\beta$.

证明:令 $\alpha\cap\beta=CD$,

则 $B\in CD$,在 β 内过 B 作 $BE\perp CD$,

因为 $AB\perp\beta$,$CD\subset\beta$,所以 $AB\perp CD$,

$\angle ABE$ 是二面角 $\alpha-CD-\beta$ 的平面角,

又因为 $AB\perp BE$,所以$\angle ABE$ 是直角,

所以,α 与 β 所成的二面角是直角,即 $\alpha\perp\beta$.

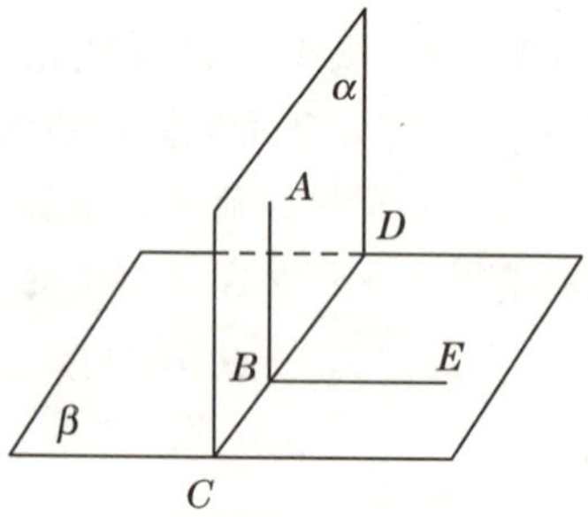

图 8.4.19

这个定理说明,"线面垂直"可以得到"面面垂直". 实例:建筑工地在砌墙时,常用铅垂的线来检查所砌的墙是否和水平面垂直,如图 8.4.20 所示.

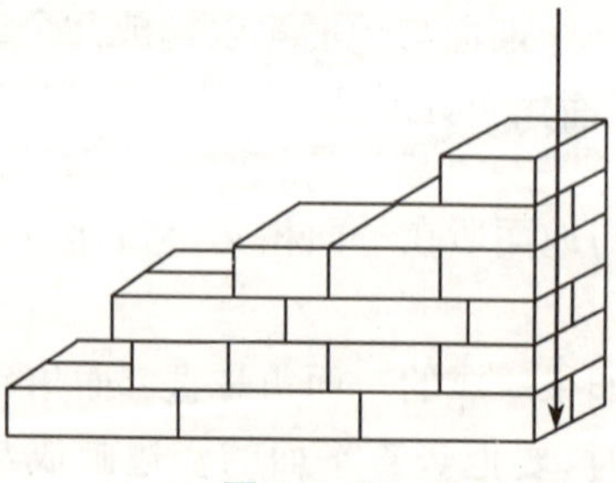

图 8.4.20

例 8　如图 8.4.21,已知 AB 是圆 O 的直径,PA 垂直于圆 O 所在的平面,C 是圆周上不同于 A,B 的任一点,求证:平面 $PAC\perp$平面 PBC.

分析：根据“面面垂直”的判定定理，要证明两平面互相垂直，只要在其中一个平面中寻找一条与另一平面垂直的直线即可.

解：因为 AB 是圆 O 的直径，

所以 $AC\perp BC$，

又因为 PA 垂直于圆 O 所在的平面，

所以 $PA\perp BC$，又因为 $AC\cap PA=A$.

所以 $BC\perp$ 平面 PAC，又 BC 在平面 PBC 中，

所以平面 $PAC\perp$ 平面 PBC.

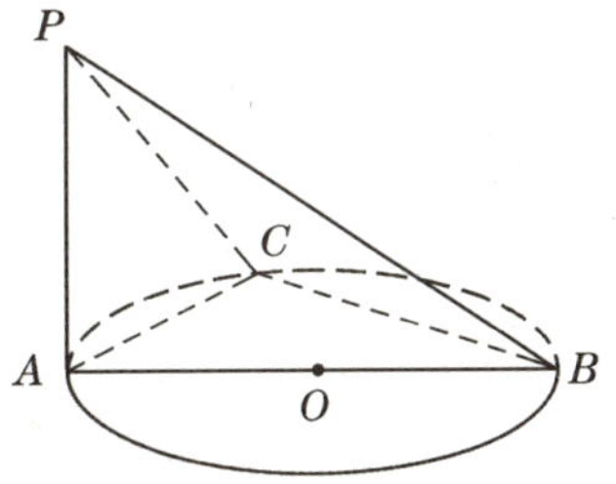

图 8.4.21

3. 两个平面垂直的性质

> **思考：**(1) 教室中的黑板所在平面与地面所在平面是垂直的，那么在黑板上如何画出一条与地面垂直的直线呢?
>
> (2) 如图 8.4.22，长方体 $ABCD-A_1B_1C_1D_1$ 中，平面 AA_1DD_1 与平面 $ABCD$ 垂直，直线 A_1A 垂直于其交线 AD，平面 AA_1DD_1 内的直线 A_1A 与平面 $ABCD$ 垂直吗?

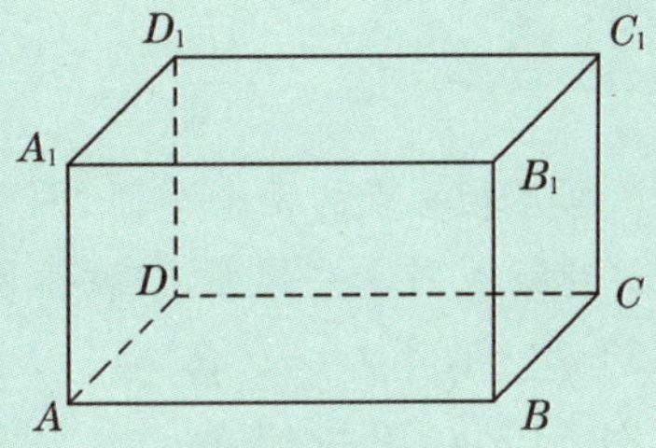

图 8.4.22

如图 8.4.23，设 $\alpha\perp\beta$，$\alpha\cap\beta=CD$，$AB\subset\alpha$，$AB\perp CD$ 于点 B，我们看 AB 与平面 β 的位置关系.

在 β 内过 B 作 $BE\perp CD$，垂足为 B，则由题意得，

$\angle ABE$ 是 $\alpha-CD-\beta$ 的平面角，又已知 $\alpha\perp\beta$，所以 $AB\perp BE$，又因为 $AB\perp CD$，BE 与 CD 是 β 内的两条相交直线，所以 $AB\perp\beta$.

一般来说，我们得到如下定理：

两个平面垂直的性质定理　如果两个平面互相垂直，那么在一个平面内垂直于交线的直线与另一个平面垂直.

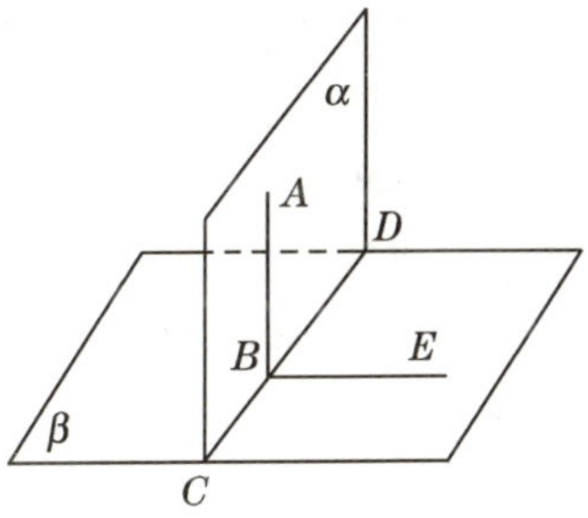

图 8.4.23

> **思考：**如果平面 $\alpha\perp$ 平面 β，那么过平面 α 内一点作平面 β 的垂线 l，垂线 l 与平面 α 的关系是什么?

我们知道，可以通过直线与平面垂直判定平面与平面垂直. 平面与平面垂直的性质定理说明，由平面与平面垂直可以得到直线与平面垂直. 这种直线与平面的位置关系同平面与平面的位置关系的相互转化，是解决空间图形问题重要的思想方法.

例 9　如图 8.4.24 所示，直二面角 $\alpha-l-\beta$ 的棱 l 上有 A、B 两个点，在平面 α 与 β 内分别作 $AC\perp l$，$BD\perp l$. 已知 $AC=3$ cm，$BD=12$ cm，$AB=4$ cm，求 CD 的长.

解：连接 AD，因为 A、B 在棱 l 上，$BD\perp l$，

所以 $BD\perp AB$.

在$\triangle ABD$中，$AD=\sqrt{AB^2+BD^2}=\sqrt{4^2+12^2}=4\sqrt{10}$ cm，

因为直二面角$\alpha-l-\beta$，所以$AC\perp l$，

又$AC\subset\alpha$内，

由两个平面垂直的性质定理可知$AC\perp\beta$.

又因为$AD\subset\beta$，所以$AC\perp AD$.

在直角$\triangle CAD$中，有$CD=\sqrt{CA^2+AD^2}=\sqrt{3^2+(4\sqrt{10})^2}=13$ cm，

所以CD的长是13 cm.

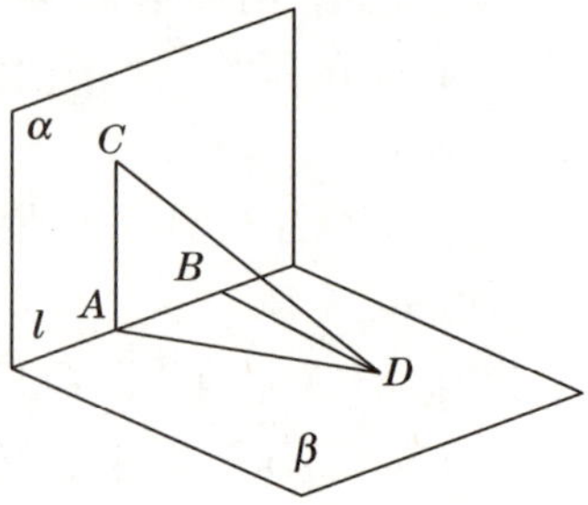

图 8.4.24

随堂练习

1. 画互相垂直的两个平面、两两垂直的三个平面.

2. 判断下列说法是否正确(画图说明)：

(1) $\alpha\perp\gamma,\beta\perp\gamma\Rightarrow\alpha/\!/\beta$.

(2) $l\perp\alpha,l\subset\beta\Rightarrow\alpha\perp\beta$.

(3) 若两个平面垂直，那么一个平面内与它们的交线不垂直的直线与另一个平面也不垂直.

(4) 如果两个平面垂直，那么一个平面内的所有直线都垂直于另一个平面.

(5) 如果两个平面垂直，那么一个平面内一定存在直线平行于另一个平面.

(6) 如果两个平面不互相垂直，那么一个平面内一定不存在直线垂直于另一个平面.

3. 如图，已知矩形$ABCD$中，$AB=10$，$BC=6$，将矩形沿对角线BD把$\triangle ABD$折起，使A移到A_1点，且$A_1O\perp$平面BCD.

(1) 求证：$BC\perp A_1D$；

(2) 求证：平面$A_1BC\perp$平面A_1BD.

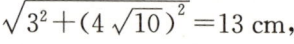

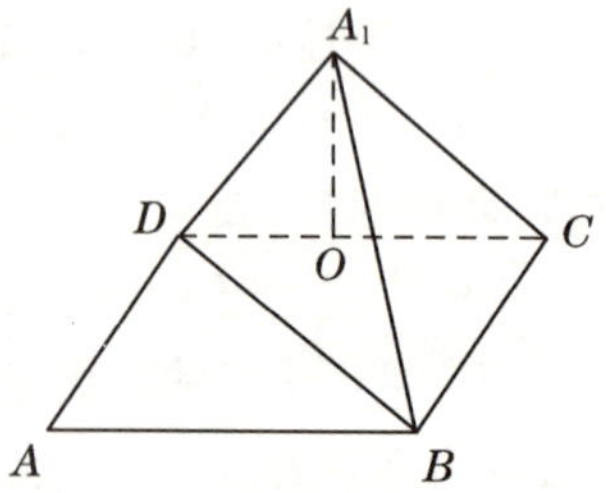

第3题图

习题 8.4

A组

1. 已知两个平面互相垂直，那么下列说法中正确的个数是(　　).

① 一个平面内的直线必垂直于另一个平面内的无数条直线；

② 一个平面内垂直于这两个平面交线的直线必垂直于另一个平面内的任意一条直线；

③ 过一个平面内一点垂直于另一个平面的直线，垂足必落在交线上；

④ 过一个平面内的任意一点作交线的垂线，则此直线必垂直于另一个平面.

A. 4 B. 3 C. 2 D. 1

2. 给出下列结论，正确的有(　　).

① 平行于同一条直线的两个平面平行；

② 平行于同一平面的两个平面平行；

③ 过平面外两点，不能作一个平面与已知平面平行；

④ 若 a，b 为异面直线，则过 a 与 b 平行的平面只有一个.

A. 1 个 B. 2 个 C. 3 个 D. 4 个

3. 两条线段夹在两个平行平面之间，这两条线段在同一个平面内的射影分别为 1 cm和 7 cm，若这两条线段的长相差 4 cm，试求这两条线段的长和这两个平行平面间的距离.

4. 如图，$ABCD-A_1B_1C_1D_1$ 是棱长为 a 的正方体，M，N，P，Q，R，S 分别是 AA_1，AB，AD，CC_1，B_1C_1，C_1D_1 的中点，求证：平面 PMN∥平面 QRS.

5. 如图，在立体图形 $A-BCD$ 中，$\angle ABC=\angle ABD=\angle BCD=90°$. 求证：平面 $ABC\perp$ 平面 ACD.

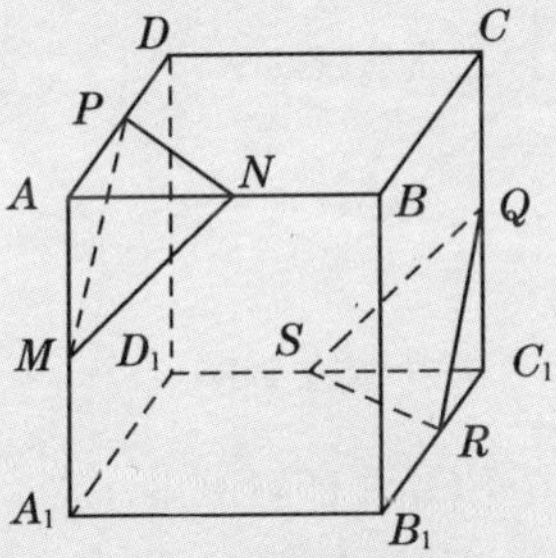

第 4 题图

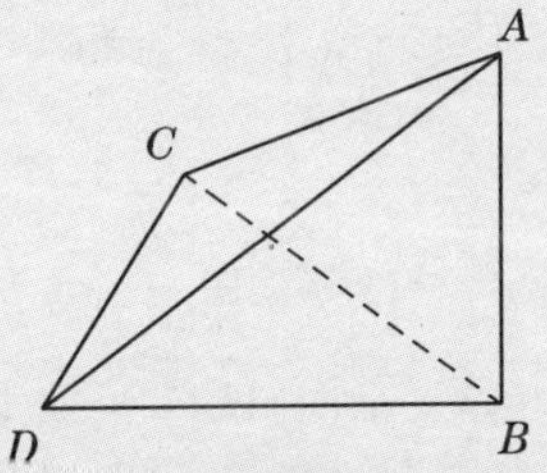

第 5 题图

6. 一个直二面角内有一点，它到两个面的距离分别为 5 cm 和 12 cm，求这点到直二面角的棱的距离.

7. 求证：自二面角内一点分别向这个二面角的两个面引垂线，求证它们所成的角与这个二面角的平面角互补.

8. 如图，四棱锥 $P-ABCD$ 的底面是正方形，$PD\perp$ 底面 $ABCD$，点 E 在棱 PB 上，求证：平面 $AEC\perp$ 平面 PDB.

9. 如图，已知 $\alpha\perp\beta$，$\alpha\cap\beta=AB$，$CD\subset\alpha$，且 CD∥AB. CD 与 AB 的距离为 6 cm，在平面 β 内，E 到 AB 的距离 8 cm，求 E 点到直线 CD 的距离.

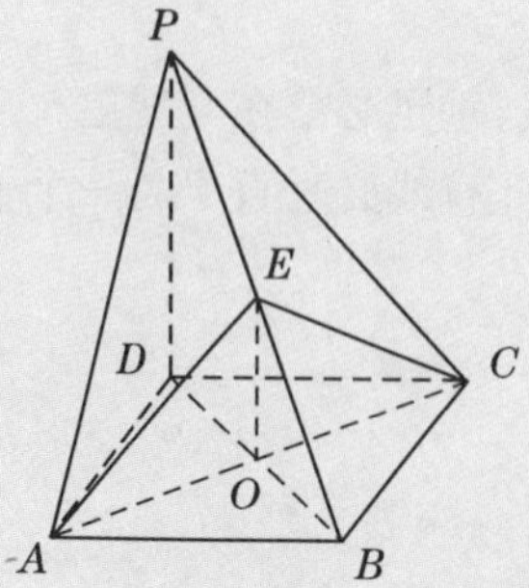

第 8 题图

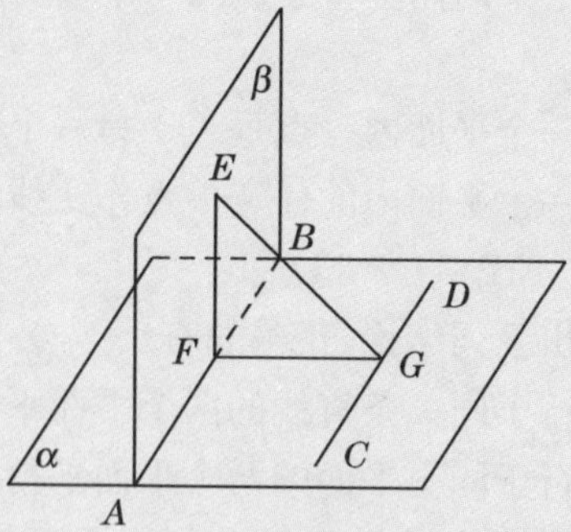

第 9 题图

B 组

1. 如图，在正三棱柱 $ABC-A_1B_1C_1$ 中，E,F,G 是过侧面对角线上的点，且 $BE=CF=AG$，求证：平面 EFG∥平面 ABC.

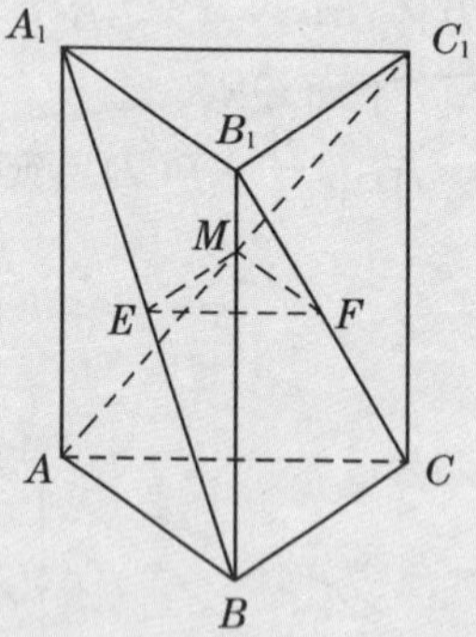

第 1 题图

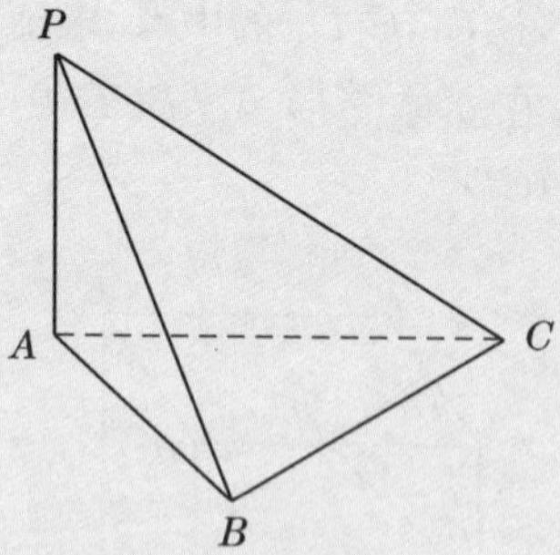

第 2 题图

2. 如图，$PA\perp$平面 ABC，平面 $PAB\perp$平面 PBC，求证：$BC\perp AB$.

3. 求证：如果某个平面垂直于两个平行平面中的一个平面，求证它也垂直于另一个平面.

4. 在四面体 $ABCD$，$AB=AD=\sqrt{3}$，$BC=CD=3$，$AC=\sqrt{10}$，$BD=2$.

(1) 平面 ABD 与平面 BCD 是否垂直？证明你的结论.

(2) 求二面角 $A-CD-B$ 的正切值.

本章小结

一　本章知识结构

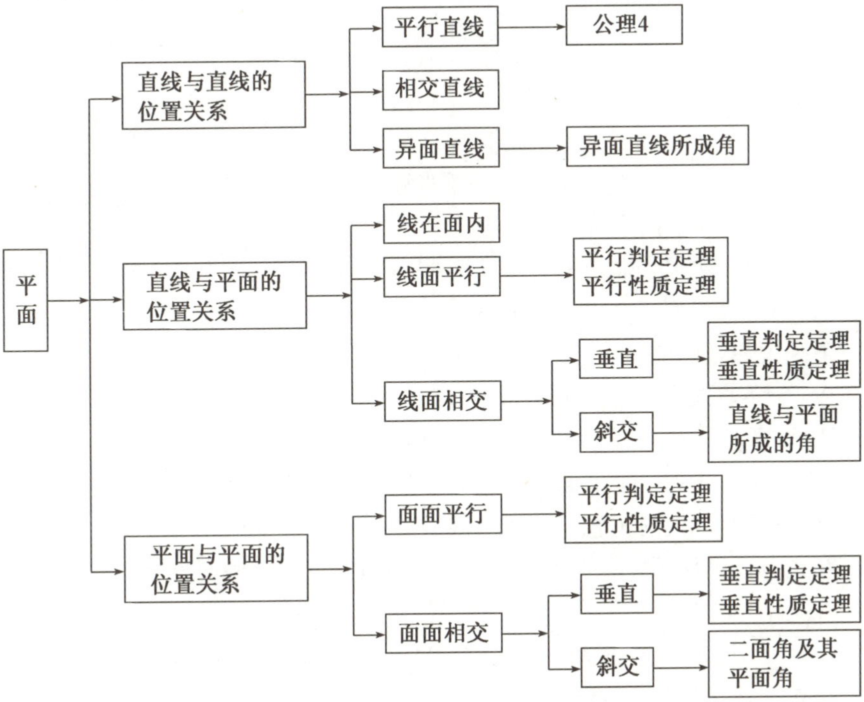

二　知识回顾与思考

1. 直线、平面是立体几何研究的最重要也是最基本的元素. 平面基本性质中的三个公理更是研究立体几何的基础. 公理 1 揭示线面之间的关系，是判定直线是否在平面内的依据；公理 2 是在空间判断“点在直线上”或“直线过点”的重要依据，也是画出两个平面的交线的依据；公理 3 及其推论是在空间确定平面的条件，同时也是将空间图形划归为平面图形研究的依据.

2. 对立体几何的学习应注意几何元素及表示其相互位置关系的各种数学符号，使用时要合理、简洁，并相对规范，能够在图形语言与文字语言和符号语言之间实现相互转化.

3. 空间直线有三种位置关系：平行、相交、异面.

公理四(平行公理)给出了空间平行直线与在同一平面内一样具有传递性. 正确判断两条直线是否为异面直线，能够通过平移的方法计算异面直线所成的角.

4. 直线与平面的相互位置关系，是空间图形元素之间的相互位置的一种重要关系. 它可由直线与平面的公共点的个数或由直线与平面所成角的取值情况来划分.

5. 平行与垂直是直线与直线、直线与平面、平面与平面的位置关系中两种最重要的位置关系. 我们是采用直观感知、空间想象、综合与分析相结合方法来研究的，同时还是从运动变化的角度来确认的.

思考：空间中平行关系之间如何转化？垂直关系之间如何转化？

本章复习题

A组

一、选择题

1. 两条异面直线指的是(　　).
   A. 平面内一条直线和平面外一条直线
   B. 没有公共点的直线
   C. 分别在两个平面内的直线
   D. 不同在任何一个平面内的两条直线
2. 下列说法正确的是(　　).
   A. 一条直线和一个平面平行,它就和这平面内的任何直线平行
   B. 一条直线和一个平面垂直,它就和这平面内的任意直线垂直
   C. 一条直线和一个平面内的无穷多条直线垂直,它就和这个平面垂直
   D. 一条直线同时垂直于两条直线,这两条直线互相平行
3. 在正方体 $ABCD-A_1B_1C_1D_1$ 中,下列几种说法正确的是(　　).
   A. $A_1C_1 \perp AD$　　B. $D_1C_1 \perp AB$
   C. AC_1 与 DC 成 $45°$角　　D. A_1C_1 与 B_1C 成 $60°$角
4. 把正方形 $ABCD$ 沿对角线 BD 折成直二面角,对于下列结论:
①$AC \perp BD$
②$\triangle ADC$ 为正三角形
③AB 与 CD 成 $60°$角
④AB 与平面 BCD 成 $60°$
其中正确结论个数为(　　).
   A. 1　　B. 2　　C. 3　　D. 4

二、判断题

1. 每一个平面都是可以度量的,可以计算出面积的.　(　　)
2. 两平面 α、β 有一个公共点,就说 α、β 相交于 A 点,并记作 $\alpha \cap \beta = A$.　(　　)
3. 平面 ABC 与平面 BCD 交于线段 BC.　(　　)
4. 平行于同一个平面的两条直线平行.　(　　)
5. 平行于同一条直线的两个平面平行.　(　　)
6. 如果一个平面内有无数条直线平行于另一个平面,那么这两个平面平行.　(　　)

三、填空题

1. 不共线的四个点可以确定________个平面.

2. 空间三条直线两两平行，且不在同一平面内，这三条直线能确定________个平面.

3. 写出满足下列条件的直线(平面)与平面的位置关系：

(1) 若 $a/\!/\alpha$，$a\perp\beta$，则 α 与 β 的位置关系是________________.

(2) 若 $a\perp\alpha$，$\alpha/\!/\beta$，则 a 与 β 的位置关系是________________.

(3) 若 $a\perp\alpha$，$\alpha\perp\beta$，则 a 与 β 的位置关系是________________.

4. 二面角的一个面内有一点，它到棱的距离是它到另一个面距离的 2 倍，这二面角的度数是________________.

四、解答题

1. 把下列用文字语言叙述的语句，用集合符号表示，并画图表示.

(1) 点 A 在平面 α 内，点 B 不在平面 α 内，点 A、B 都在直线 l 上；

(2) 平面 α 与平面 β 相交于直线 l，直线 a 在平面 α 内且平行于直线 l.

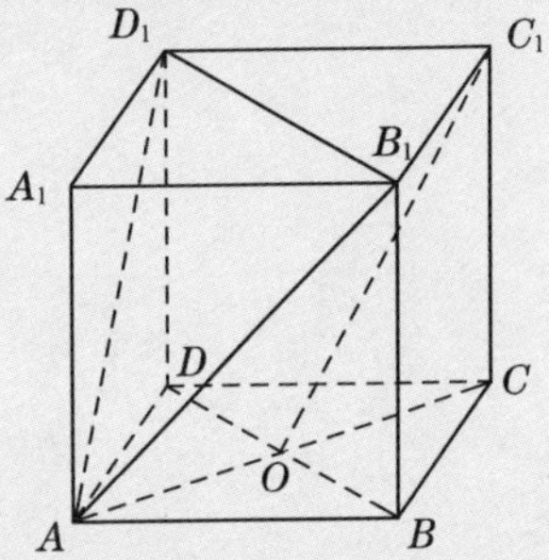

2. 已知正方体 $ABCD-A_1B_1C_1D_1$，O 是底 $ABCD$ 对角线的交点.

求证：$C_1O/\!/$面 AB_1D_1；面$BC_1D/\!/$面 AB_1D_1

3. 正方体 $ABCD-A_1B_1C_1D_1$ 的棱长为 a

(1) 求证：$BD\perp$平面 ACC_1A_1；

(2) 设 P 为 DD_1 的中点，求 P 到平面 ACC_1A_1 的距离.

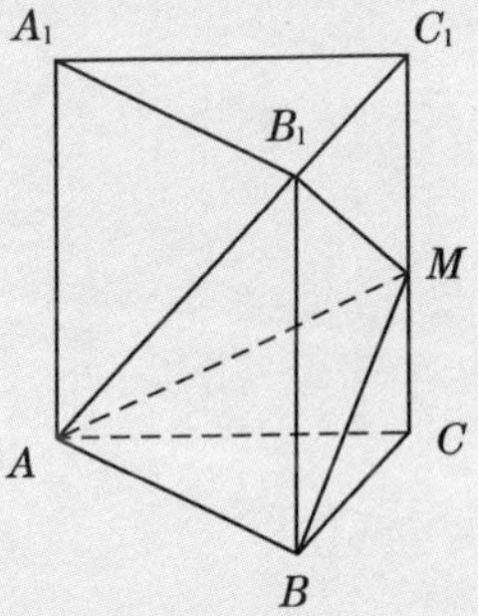

4. 如图，在直三棱柱 $ABC-A_1B_1C_1$ 中，$\angle ABC=90^\circ$，$AB=BC=a$，$AA_1=2AB$，M 为 CC_1 的中点. 求证：

(1) $AB\perp$平面 B_1BM，平面 $ABB_1\perp$平面 B_1BM；

(2) $B_1M\perp$平面 ABM.

B 组

1. 如图，在四棱锥 $P-ABCD$ 中，底面 $ABCD$ 是矩形，$PA\perp$底面 $ABCD$，E 是 PC 的中点. 已知 $AB=2$，$AD=2\sqrt{2}$，$PA=2$. 求：

(1) 三角形 PCD 的面积；

(2) 异面直线 BC 与 AE 所成的角的大小.

2. 如图所示，$ABCD$ 是正方形，O 是正方形的中心，$PO\perp$底面 $ABCD$，底面边长为 a，E 是 PC 的中点.

(1) 求证：$PA/\!/$面 BDE；

(2) 求证：平面 $PAC\perp$平面 BDE；

(3) 若二面角 $E-BD-C$ 为 30°，求四棱锥 $P-ABCD$ 的体积.

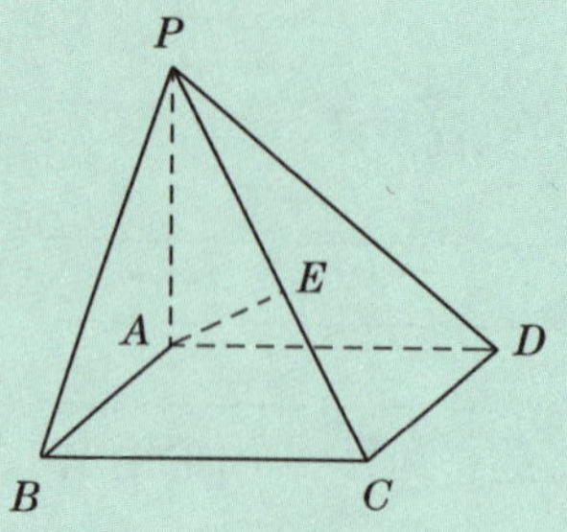

第 1 题图

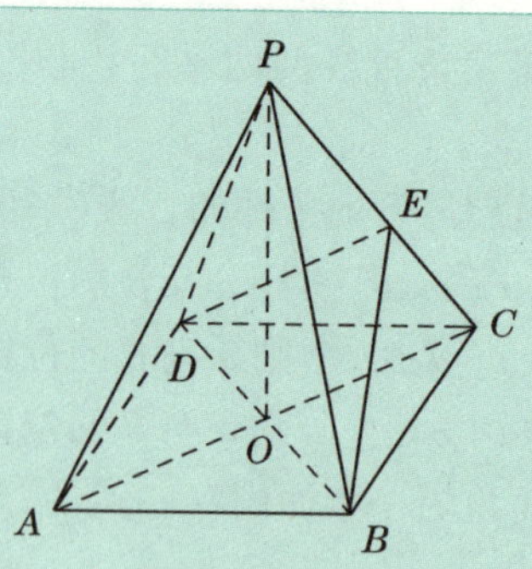

第 2 题图

附 录

1. 整数包括：

负整数、零、正整数.

2. (1) 角度制下的弧长公式

$$l=\frac{n\pi R}{180}$$

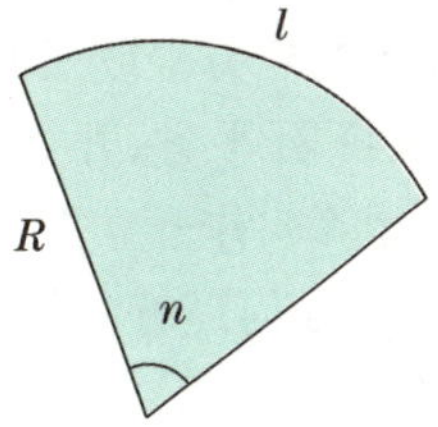

其中 n 表示弧所对的圆心角的度数，R 为半径(如右图).

(2) 角度制下扇形面积公式

$$S=\frac{n\pi R^2}{360}$$

3. 解二元一次方程组方法：

加减消元法、代入消元法.

4. 分母有理化

(1) 定义：把分母中的根号化去，叫作分母有理化.

(2) 有理化因式：两个含有二次根式的代数式相乘，如果它们的积不含有二次根式，就说这两个代数式互为有理化因式. 有理化因式确定方法如下：

① 单项二次根式：利用$\sqrt{a}\cdot\sqrt{a}=a$ 来确定，如：$\sqrt{a}$与$\sqrt{a}$，$\sqrt{a+b}$与$\sqrt{a+b}$，$\sqrt{a-b}$与$\sqrt{a-b}$等分别互为有理化因式.

② 两项二次根式：利用平方差公式来确定. 如 $a+\sqrt{b}$与$a-\sqrt{b}$，$\sqrt{a}+\sqrt{b}$与$\sqrt{a}-\sqrt{b}$，$a\sqrt{x}+b\sqrt{y}$与$a\sqrt{x}-b\sqrt{y}$分别互为有理化因式.

(3) 分母有理化的方法与步骤：

第一，先将分子、分母化成最简二次根式；

第二，将分子、分母都乘以分母的有理化因式，使分母中不含根式；

第三，最后结果必须化成最简二次根式或有理式.

5. 三角函数值表

α	$30°$	$45°$	$60°$
$\sin\alpha$	$\frac{1}{2}$	$\frac{\sqrt{2}}{2}$	$\frac{\sqrt{3}}{2}$
$\cos\alpha$	$\frac{\sqrt{3}}{2}$	$\frac{\sqrt{2}}{2}$	$\frac{1}{2}$
$\tan\alpha$	$\frac{\sqrt{3}}{3}$	1	$\sqrt{3}$

6. 平方根、立方根

(1) 平方根：一般地，如果一个数 x 的平方等于 a，即 $x^2=a$，那么这个数叫作 a 的平方根，也叫二次方根，正数 a 的平方根表示为 $\pm\sqrt{a}$，其中一个是 $\sqrt{a}$，另一个是 $-\sqrt{a}$，它们互为相反数.零的平方根是零，负数没有平方根.

(2) 算术平方根：一般地，如果一个正数 x 的平方等于 a，即 $x^2=a$，那么这个正数 x 叫作 a 的算术平方根，非负数 a 的算术平方根记作 $\sqrt{a}$ $(a\geqslant 0)$，正数的算术平方根是 $\sqrt{a}$，零的算术平方根是零，负数没有算术平方根.

(3) 立方根：如果一个数的立方等于 a，那么这个数叫作 a 的立方根，即 $x^3=a$ 那么 x 叫作 a 的立方根或三方方根.

(4) 开平方、开立方：求一个非负数 a 的平方根的运算叫作开平方；求一个数的立方根的运算叫作开立方.

7. 如何理解"垂线"、"垂线段"、"两点间距离"、"点到直线的距离"这些相近而又相异的概念？

(1) 垂线与垂线段

区别：垂线是一条直线，不可度量长度；垂线段是一条线段，可以度量长度.

联系：具有垂直于已知直线的共同特征.(垂直的性质)

(2) 两点间距离与点到直线的距离

区别：两点间的距离是点与点之间，点到直线的距离是点与直线之间.

联系：都是线段的长度；点到直线的距离是特殊的两点(即已知点与垂足)间距离.

(3) 线段与距离

距离是线段的长度，是一个量；线段是一种图形，它们之间不能等同.

8. 平行线

(1) 平行线的概念

同一平面内两条直线的位置关系有两种：1. 相交；2. 平行.

在同一平面内，不相交的两条直线叫作平行线，直线 a 与直线 b 互相平行，记作 $a /\!/ b$.

附：判断同一平面内两直线的位置关系时，可以根据它们的公共点的个数来确定：

① 有且只有一个公共点，两直线相交；

② 无公共点，则两直线平行；

③ 两个或两个以上公共点，则两直线重合(因为两点确定一条直线).

(2) 平行公理——平行线的存在性与唯一性

经过直线外一点，有且只有一条直线与这条直线平行.

(3) 平行公理的推论

如果两条直线都与第三条直线平行，那么这两条直线也互相平行.

9. 平行线截线段成比例

两条直线被一组平行线(不少于 3 条)所截，所得的对应线段成比例.

已知如图，直线 l_1、l_2、l_3 是一组等距离的平行线，l_4、l_5 是任意画的两条直线，分别于这组平行线相交于点 A,B,C,D,E,F，则比例式成立.

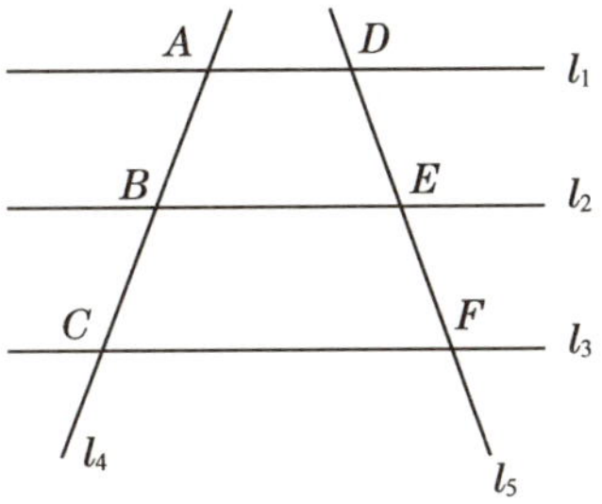

10. 相似三角形的判定

① 两角对应相等,两个三角形相似

② 两边对应成比例且夹角相等,两三角形相似

③ 三边对应成比例,两三角形相似

④ 如果一个直角三角形的斜边和一条直角边与另一个直角三角形的斜边和一条直角边对应成比例,那么这两个直角形相似.

11. 相似三角形的性质

① 相似三角形的对应角相等

② 相似三角形的对应边成比例

③ 相似三角形对应高的比、对应中线的比和对应角平分线的比都等于相似比

④ 相似三角形周长的比等于相似比,面积的比等于相似比的平方

12. 三角形中位线定理

三角形的中位线平行第三边,并且等于它的一半.

13. 梯形中位线定理

梯形的中位线平行于两底,并且等于两底和的一半.

14. 三角形五种心

重心:三条中线的交点,这点到顶点的距离是它到对边中点距离的 2 倍;重心分中线比为 1∶2.

垂心:三角形三条高的交点.

内心:三条角平分线的交点,是三角形的内切圆的圆心的简称;到三边距离相等.

外心:三条中垂线的交点,是三角形的外接圆的圆心的简称;到三顶点距离相等.

旁心:一条内角平分线与其他二外角平分线的交点.(共有三个)是三角形的旁切圆的圆心的简称.

仅当三角形是正三角形的时候,重心、垂心、内心、外心四心合一心,称作正三角形的中心.

数学(第二册)
学习指导用书

第五章　三角函数

第一节　角的概念的推广　弧度制

知识要点

1. 角的定义：

任意角：
- 正角：按逆时针方向旋转形成的角
- 负角：按顺时针方向旋转形成的角
- 零角：不做任何旋转形成的角

2. 角 α 的顶点与原点重合，角的始边与 x 轴的非负半轴重合，终边落在第几象限，则称 α 为第几象限角.

3. 与角 α 终边相同的角的集合为 $\{\beta|\beta=2k\pi+\alpha,k\in\mathbf{Z}\}$.

4. 半径为 r 的圆的圆心角 α 所对弧的长为 l，则角 α 的弧度数的绝对值是 $|\alpha|=\frac{l}{r}$.

5. 弧度制与角度制的换算公式：$2\pi=360°$，$1°=\frac{\pi}{180}$，$1=\left(\frac{180}{\pi}\right)°\approx57.3°$.

6. 若扇形的圆心角为 α（α 为弧度制），半径为 r，弧长为 l，周长为 C，面积为 S，则 $l=r|\alpha|$，$C=2r+l$，$S=\frac{1}{2}lr=\frac{1}{2}|\alpha|r^2$.

疑难解释

1. 直角坐标系中，确定角的象限时应注意什么？

(1) 要使角的顶点与坐标原点重合，角的始边在 x 轴的正半轴上；(2) 在此前提下，角的终边所在的象限，即为此角的象限；(3) 不是所有的角都是象限角，如终边在坐标轴上的角就不是象限角.

2. 终边在坐标轴上的角如何表示？

终边在 x 轴上的角的集合为 $\{\alpha\mid\alpha=k\pi,k\in\mathbf{Z}\}$；终边在 y 轴上的角的集合为 $\left\{\alpha\,\middle|\,\alpha=k\pi+\frac{\pi}{2},k\in\mathbf{Z}\right\}$；终边在坐标轴上的角的集合为 $\left\{\alpha\,\middle|\,\alpha=\frac{k\pi}{2},k\in\mathbf{Z}\right\}$.

3. “终边相同的角”与“相等的角”有何区别与联系？

终边相同的角不一定相等，但相等的角终边一定相同. 终边相同的角有无数多个，它们相差 360° 的整数倍.

一、基础训练

1. 判断正误.

(1) 终边相同的角一定相等. ( )

(2) 小于 90° 的角一定是锐角. ( )

(3) 第二象限的角大于第一象限的角. ( )

(4) 不相等的角的终边位置一定不相同. ( )

(5) 一条射线没有做任何旋转，形成的角叫零角. ( )

(6) 第一象限的角是锐角. ( )

(7) 终边相同的两个角的大小相等. ( )

(8) 第二象限的角大于第一象限的角. ( )

(9) 终边在第一象限的角的集合是：$S=\left\{\alpha \middle| 2k\pi<\alpha<\frac{\pi}{2}+2k\pi, k\in \mathbf{Z}\right\}$. ( )

(10) 角 $\alpha=3$，则角 α 是第二象限角. ( )

(11) 角的集合与实数集 $\mathbf{R}$ 之间具有一一对应关系. ( )

(12) 在半径不等的两个圆内，1 弧度的圆心角所对弧长等于各自的半径. ( )

(13) 圆半径 7 cm，弧长为 21 cm 的圆弧所对的圆心角是 3°. ( )

2. 若 α 是第四象限角，则 $180^\circ-\alpha$ 一定是( ).

A. 第一象限角　B. 第二象限角　C. 第三象限角　D. 第四象限角

3. 下列各角中，终边在第二象限的角是( ).

A. 420°　B. -75°　C. 855°　D. 190°

4. 在下列各角中，终边与 -30° 角终边相同的角是( ).

A. 30°　B. -330°　C. 690°　D. 300°

5. 已知下列各角：① 787°，② -2006°，③ -289°，④ 2007°，其中在第一象限的角是( ).

A. ①，④　B. ②，③　C. ①，③　D. ②，④

6. 下列命题中，假命题是( ).

A. “度”与“弧度”是度量角的两种不同的度量单位

B. 1° 的角是周角的 $\frac{1}{360}$，1 弧度的角是周角的 $\frac{1}{2\pi}$.

C. 180° 的角一定等于 π 弧度的角.

D. 不论是用角度制还是用弧度制度量角，它们都与圆的半径大小有关.

7. 把 $\frac{16\pi}{3}$ 化为 $2k\pi+\alpha(0\leqslant\alpha<2\pi, k\in\mathbf{Z})$ 的形式是( ).

A. $5\pi+\frac{\pi}{3}$　　B. $4\pi+\frac{4\pi}{3}$　　C. $6\pi-\frac{2\pi}{3}$　　D. $3\pi+\frac{7\pi}{3}$

8. 若 $\alpha=-6$，则角 α 的终边在(　　).

A. 第一象限　　B. 第二象限　　C. 第三象限　　D. 第四象限

9. 若将钟表拨慢 5 分钟，则分针转过的弧度数是(　　).

A. $\frac{\pi}{3}$　　B. $-\frac{\pi}{3}$　　C. $\frac{\pi}{6}$　　D. $\frac{\pi}{2}$

10. 扇形的圆心角为 120°，半径为$\sqrt{3}$，则此扇形的面积为(　　).

A. π　　B. $\frac{5\pi}{4}$　　C. $\frac{\sqrt{3}\pi}{3}$　　D. $\frac{2\sqrt{3}\pi}{9}$

11. 已知扇形的周长是 6 cm，面积是 2 cm^2，则扇形的圆心角的弧度数是(　　).

A. 1　　B. 4　　C. 1 或 4　　D. 2 或 4

12. 所有和$-70°$的角终边相同的角，连同$-70°$角在内，可以用式子________表示.

13. 在 0°到 360°间与 1180°终边相同的角是________.

14. 将角$-\frac{25}{6}\pi$ 化成 $\alpha+2k\pi$ 的形式($0\leqslant\alpha<2\pi$，$k\in\mathbf{Z}$)是________.

15. 圆半径等于 240 mm，这个圆上长 500 mm 的弧长所对圆周角的大小是________.

16. $1080°=$________(rad)；　$-120°=$________(rad)；　$0°=$________(rad)；

$\frac{13}{4}\pi=$________(度)；　$-\frac{8}{3}\pi=$________(度)；　$5=$________(度).

二、能力提高

17. 终边在 x 轴上的角的集合是(　　).

A. $\{\beta|\beta=k\pi,k\in\mathbf{Z}\}$　　B. $\{\beta|\beta=2k\pi,k\in\mathbf{Z}\}$

C. $\{\beta|\beta=\pi+2k\pi,k\in\mathbf{Z}\}$　　D. $\{\beta|\beta=\frac{\pi}{2}+k\pi,k\in\mathbf{Z}\}$

18. 已知 $A=\{$第一象限角$\}$，$B=\{$锐角$\}$，$C=\{$小于 90°的角$\}$，则下列关系式正确的是(　　).

A. $A=B=C$　　B. $A\subset C$　　C. $A\cap B\subset C$　　D. $A\cup B=C$

19. 已知角 α,β 的终边相同，那么 $\alpha-\beta$ 的终边在(　　).

A. x 轴非负半轴　B. y 轴非负半轴　C. x 轴非正半轴　D. y 轴非正半轴

20. 已知 α 为第三象限的角，则$\frac{\alpha}{2}$所在象限是(　　).

A. 第一或第二象限　　B. 第二或第三象限

C. 第一或第三象限　　D. 第二或第四象限

21. 设集合 $M=\left\{\alpha\left|\alpha=\frac{k\pi}{2}-\frac{\pi}{3},k\in\mathbf{Z}\right.\right\}$，$N=\{\alpha|-\pi<\alpha<\pi\}$，则 $M\cap N$ 为(　　).

A. $\left\{-\frac{\pi}{3},\frac{3\pi}{10}\right\}$　　B. $\left\{-\frac{7\pi}{10},\frac{4\pi}{5}\right\}$

C. $\left\{-\frac{5\pi}{6},-\frac{\pi}{3},\frac{\pi}{6},\frac{2\pi}{3}\right\}$　　　　D. $\left\{\frac{3\pi}{10},-\frac{7\pi}{10}\right\}$

第二节　任意角的三角函数(1)

知识要点

1. 三角函数的定义

设α是一个任意大小的角，α的终边上任意一点P的坐标是(x,y)，它与原点的距离是$r(r=\sqrt{x^2+y^2}>0)$，则$\sin\alpha=\frac{y}{r}$，$\cos\alpha=\frac{x}{r}$，$\tan\alpha=\frac{y}{x}(x\neq0)$，$\cot\alpha=\frac{x}{y}(y\neq0)$，$\sec\alpha=\frac{r}{x}(x\neq0)$，$\csc\alpha=\frac{r}{y}(y\neq0)$.

2. 三角函数在各象限的符号

第一象限全为正，第二象限正弦、余割为正，第三象限正切、余切为正，第四象限余弦、正割为正.

3. 终边相同的角的同一三角函数值相等. 由此得到一组公式(公式一)：

$$\sin(\alpha+k\cdot360^\circ)=\sin\alpha,\cos(\alpha+k\cdot360^\circ)=\cos\alpha$$
$$\tan(\alpha+k\cdot360^\circ)=\tan\alpha,\cot(\alpha+k\cdot360^\circ)=\cot\alpha(k\in\mathbf{Z})$$
$$\sec(\alpha+k\cdot360^\circ)=\sec\alpha,\csc(\alpha+k\cdot360^\circ)=\csc\alpha$$

当α用弧度制表示时，上式中的$k\cdot360^\circ$相应的换成$2k\pi$。

4. 同角三角函数的基本关系式

(1) 平方关系：$\sin^2\alpha+\cos^2\alpha=1(\sin^2\alpha=1-\cos^2\alpha,\cos^2\alpha=1-\sin^2\alpha)$

(2) 商数关系：$\frac{\sin\alpha}{\cos\alpha}=\tan\alpha\left(\sin\alpha=\tan\alpha\cdot\cos\alpha,\cos\alpha=\frac{\sin\alpha}{\tan\alpha}\right)$

(3) 倒数关系：$\tan\alpha\cdot\cot\alpha=1$

疑难解释

1. *本节三角函数定义与初中三角函数定义有何关系?*

初中是在直角三角形中定义的三角函数，而本节的三角函数是在直角坐标系中定义的；角的范围也不同，前者的范围仅限于锐角，而本节的三角函数定义中，角的范围是任意的.

2. *如何判断任意角三角函数值的符号?*

由于三角函数值的符号由角所在的象限确定，因此应先判断角所在的象限，再根据相应三角函数值的符号规律做出判断.

3. $\sin^2\alpha$ *与* $\sin\alpha^2$ *相同吗?*

不同. 前者是α的正弦值的平方，即是$(\sin\alpha)^2$的简写，而后者是α平方的正弦值.

4. 运用同角三角函数的关系式时，是否要根据角所在象限选择符号？

只有运用平方关系的公式进行开方时，需要根据角所在象限选择符号，其他情况下都可以直接根据公式进行运算.

一、基础训练

1. 判断正误.

(1) 在三角函数的定义中，对于确定的角 α，三角函数值的大小和 P 点在角 α 的终边上的位置没有关系.　(　　)

(2) 已知 $\sin\alpha\cdot\cos\alpha>0$，则 α 是第一象限角.　(　　)

(3) $\tan\alpha$ 的定义域是 $\left\{\alpha\left|\alpha\neq\frac{\pi}{2}+k\pi,k\in\mathbf{Z}\right.\right\}$.　(　　)

(4) 已知角 $\cos\alpha>0$，$\tan\alpha<0$，则角 α 是第四象限的角.　(　　)

(5) α 的终边过点 $(3,-1)$，则 $\sin\alpha=-\frac{\sqrt{2}}{3}$.　(　　)

2. $\tan\frac{\pi}{3}\sin\frac{\pi}{6}$ 的值是(　　).

A. $\frac{1}{2}$　B. $\frac{3}{2}$　C. $\frac{\sqrt{6}}{6}$　D. $\frac{\sqrt{3}}{2}$

3. 如果角 α 的终边经过点 $P(-1,0)$，那么不存在的是(　　).

A. $\sin\alpha$　B. $\cos\alpha$　C. $\tan\alpha$　D. $\frac{1}{\cos\alpha}$

4. 如果 $\cos\theta<0$，那么(　　).

A. θ 是第一象限角　B. θ 是第二象限角

C. θ 是第二、三象限角　D. θ 是第二、三象限角或 $\theta=2k\pi+\pi(k\in\mathbf{Z})$

5. 下列各三角函数值中，负值的个数是(　　).

① $\sin(-680°)$　② $\cos(-730°)$　③ $\tan 320$　④ $\sin(-130°)\cdot\cos 850°$

A. 一个　B. 二个　C. 三个　D. 四个

6. 若点 $(a,9)$ 在函数 $y=3^x$ 的图像上，则 $\tan\frac{a\pi}{6}$ 的值为(　　).

A. 0　B. 1　C. $\frac{\sqrt{3}}{3}$　D. $\sqrt{3}$

7. $\sin 2\cdot\cos 3\cdot\tan 4$ 的值为(　　).

A. 负数　B. 正数　C. 0　D. 不存在

8. 若 $\sin\alpha=\frac{4}{5}$，且 α 是第二象限角，则 $\tan\alpha$ 的值等于(　　).

A. $-\frac{4}{3}$　B. $\frac{3}{4}$　C. $\pm\frac{3}{4}$　D. $\pm\frac{4}{3}$

9. 化简 $\sqrt{1-\sin^2 160°}$ 的结果是(　　).

A. $\cos 160°$　B. $-\cos 160°$　C. $\pm\cos 160°$　D. $\pm|\cos 160°|$

10. 若α是第四象限的角，$\tan\alpha=-\frac{5}{12}$，则$\sin\alpha$等于(　　).

A. $\frac{1}{5}$　　B. $-\frac{1}{5}$　　C. $\frac{3}{15}$　　D. $-\frac{5}{13}$

11. 若α为第三象限角，则$\frac{\cos\alpha}{\sqrt{1-\sin^2\alpha}}+\frac{2\sin\alpha}{\sqrt{1-\cos^2\alpha}}$的值为(　　).

A. 3　　B. −3　　C. 1　　D. −1

12. 下列结论中成立的是(　　).

A. $\sin\alpha=\frac{1}{2}$且$\cos\alpha=\frac{1}{2}$　　B. $\tan\alpha=2$且$\cot\alpha=\frac{1}{3}$

C. $\tan\alpha=1$且$\cos\alpha=\pm\frac{\sqrt{2}}{2}$　　D. $\sin\alpha=1$且$\tan\alpha\cdot\cos\alpha=\pm\frac{\sqrt{2}}{2}$

13. 已知$\triangle ABC$中，$\tan A=-\frac{5}{12}$，则$\cos A$的值为(　　).

A. $\frac{12}{13}$　　B. $\frac{5}{13}$　　C. $-\frac{5}{13}$　　D. $-\frac{12}{13}$

14. 计算下列各式的值：

$\sin\frac{7\pi}{6}=$________，$\cos\frac{7\pi}{6}=$________，$\tan\frac{7\pi}{6}=$________.

$\sin^2 30°+\cos^2 30°=$________；$\sin^2 420°+\cos^2 420°=$________；

$\frac{\sin 45°}{\cos 45°}=$________；$\tan\frac{5\pi}{6}\cdot\cot\frac{5\pi}{6}=$________.

15. (1) 已知$\sin\alpha=-3\cos\alpha$，α在第二象限，则$(\sin\alpha+\cos\alpha)^2=$________；

(2) 已知$\tan\alpha=\sqrt{5}$，$\alpha\in\left(\pi,\frac{3\pi}{2}\right)$，则$\cos\alpha-\sin\alpha=$________.

16. 计算：$5\sin 90°+2\cos 0°-3\sin 270°+10\cos 180°+\tan 180°$.

17. 求下列三角函数的值

(1) $\sin(-1\,020°)$　　(2) $\cos\frac{9\pi}{4}$　　(3) $\tan\left(-\frac{11\pi}{6}\right)$

18. 已知角α的终边上一点$p(3k,-4k)(k\neq0)$，求$\sin\alpha$、$\cos\alpha$、$\tan\alpha$.

19. 求值：$\sin(-1\,320°)\cos 1\,110°+\cos(-1\,020°)\sin 750°+\tan 4\,950°$.

二、能力提高

20. 若α,β的终边关于y轴对称，则下列等式正确的是(　　).

A. $\sin\alpha=\sin\beta$　B. $\cos\alpha=\cos\beta$　C. $\tan\alpha=\tan\beta$　D. $\sin\alpha=-\sin\beta$

21. 有下列四个命题：

① 终边相同的角的同名三角函数值相等；

② 终边不同的角的同名三角函数值不等；

③ 若$\sin\alpha>0$，则角α是第一、二象限角；

④ 若α是第二象限角，且$P(x,y)$是终边上任一点，则$\cos\alpha=\frac{-x}{\sqrt{x^2+y^2}}$，

其中正确的有(　　).

A. 1个　B. 2个　C. 3个　D. 4个

22. 若θ是第三象限角，且$\sqrt{\cos^2\frac{\theta}{3}}=-\cos\frac{\theta}{3}$，则$\frac{\theta}{3}$所在的象限是(　　).

A. 第一象限　B. 第二象限　C. 第三象限　D. 第四象限

23. 平面直角坐标系中，点$(-3,t)$在$120°$终边上，则t的值为(　　).

A. 3　B. $-3\sqrt{3}$　C. $3\sqrt{3}$　D. -3

24. 已知$\sin\alpha,\cos\alpha$是方程$3x^2-2x+a=0$的两根，则实数a的值为______.

A. $\frac{6}{5}$　B. $-\frac{6}{5}$　C. $\frac{3}{4}$　D. $\frac{4}{3}$

25. 若$\cos\alpha+2\sin\alpha=-\sqrt{5}$，则$\tan\alpha$的值为______.

A. $\frac{1}{2}$　B. 2　C. 1　D. -2

26. 已知$0<\alpha<\pi$，$\sin\alpha\cos\alpha=-\frac{60}{169}$，则$\sin\alpha-\cos\alpha=$______.

27. $y=\frac{\sin x}{|\sin x|}+\frac{\cos x}{|\cos x|}+\frac{\tan x}{|\tan x|}$的值域是______.

28. 已知θ是第三象限角，且$\sin^4\theta+\cos^4\theta=\frac{5}{9}$，求$\sin\theta\cos\theta$的值.

29. 若$\tan\alpha=2$，求下列各式的值：

(1) $\frac{2\sin\alpha-\cos\alpha}{\sin\alpha+2\cos\alpha}$；　(2) $\sin^2\theta+\sin\theta\cos\theta-2\cos^2\theta$.

第三节　任意角的三角函数(2)

知识要点

三角函数的诱导公式：

	sin	cos	tan	
$2k\pi+\alpha$	$+\sin\alpha$	$+\cos\alpha$	$+\tan\alpha$	公式一
$\pi+\alpha$	$-\sin\alpha$	$-\cos\alpha$	$+\tan\alpha$	公式二
$-\alpha$	$-\sin\alpha$	$+\cos\alpha$	$-\tan\alpha$	公式三
$\pi-\alpha$	$+\sin\alpha$	$-\cos\alpha$	$-\tan\alpha$	公式四
$2\pi-\alpha$	$-\sin\alpha$	$+\cos\alpha$	$-\tan\alpha$	

三角函数值等于 α 的同名三角函数值，前面加上一个把 α 看作锐角时，原三角函数值的符号，即：函数名不变，符号看象限.

$\frac{\pi}{2}\pm\alpha$ 的正弦(余弦)函数值，分别等于 α 的余弦(正弦)函数值，前面加上一个把 α 看成锐角时原函数值的符号：

$$\sin\left(\frac{\pi}{2}-\alpha\right)=\cos\alpha,\cos\left(\frac{\pi}{2}-\alpha\right)=\sin\alpha. \quad \text{(公式五)}$$

$$\sin\left(\frac{\pi}{2}+\alpha\right)=\cos\alpha,\cos\left(\frac{\pi}{2}+\alpha\right)=-\sin\alpha. \quad \text{(公式六)}$$

疑难解释

1. 为什么要学诱导公式？

学诱导公式的目的，在于求任意角的三角函数值，进而解决与任意三角函数值相关的求值、化简、证明题.

2. 如何运用诱导公式求任意角的三角函数值？

首先，如果已知角是负角，运用诱导公式(一)或(三)，将负角转化为正角，求此正角的三角函数值；其次，如果此正角大于 360°，运用诱导公式(一)，将此正角转化为 0°—360°之间的某个角，求该角的三角函数值；再次，如果该角非锐角，则运用诱导公式(二)、(四)或(五)，将该角转化为锐角，求该锐角的三角函数值，从而任意角的三角函数值已经求得. 总之，运用诱导公式，将任意角转化为锐角，然后求该锐角的三角函数值即可.

一、基础训练

1. $\cos 1110^\circ=$________;$\tan\dfrac{19}{3}\pi=$________;$\sin\left(-\dfrac{47\pi}{6}\right)=$________;$\cos(960^\circ)=$

________.

2. $\sin\dfrac{5\pi}{3}.\cot\dfrac{4\pi}{3}=$________;$\sin\dfrac{5\pi}{2}\cdot\tan\left(-\dfrac{\pi}{6}\right)=$________.

3. $\tan 240^\circ$的值为(　　).

A. $-\dfrac{\sqrt{3}}{3}$　　B. $\dfrac{\sqrt{3}}{3}$　　C. $-\sqrt{3}$　　D. $\sqrt{3}$

4. $\sin 980^\circ$可以化简为(　　).

A. $\sin 20^\circ$　　B. $-\sin 80^\circ$　　C. $\cos 80^\circ$　　D. $\sin 80^\circ$

5. $\sin^2(-\alpha)+\cos(10\pi-\alpha)\cos(-\alpha)+1$ 等于(　　).

A. 1　　B. $2\sin^2\alpha$　　C. 0　　D. 2

6. 如果α,β满足$\alpha-\beta=\pi$,那么下列式子正确的是(　　).

A. $\sin\alpha=\sin\beta$　　B. $\cos\alpha=\cos\beta$　　C. $\tan\alpha=\tan\beta$　　D. $\dfrac{1}{\cos\alpha}=\dfrac{1}{\cos\beta}$

7. 已知 $\sin\left(\dfrac{5\pi}{2}+\alpha\right)=\dfrac{1}{5}$,那么 $\cos\alpha=$(　　).

A. $-\dfrac{2}{5}$　　B. $-\dfrac{1}{5}$　　C. $\dfrac{1}{5}$　　D. $\dfrac{2}{5}$

8. 计算下列各式的值:

(1) $\sin^2 150^\circ+\sin^2 135^\circ+2\sin 210^\circ+\cos^2 225^\circ$;

(2) $\sin(-1200^\circ)\cos 1290^\circ+\cos(-1020^\circ)\sin(-1050^\circ)+\tan 945^\circ$.

9. 证明题.

(1) $\dfrac{\sin(2\pi-\alpha)\tan(\pi+\alpha)\cot(-\pi-\alpha)}{(-\cos\alpha)\tan(\pi-\alpha)}=1$;

(2) $\cos\left(\frac{3\pi}{2}+\alpha\right)=\sin\alpha$.

二、能力提高

10. 已知 $\cos(\pi+\alpha)=-\frac{3}{5}$,且 α 是第四象限角,则 $\sin(-2\pi+\alpha)$ 等于(　　).

A. $\frac{4}{5}$　　B. $-\frac{4}{5}$　　C. $\pm\frac{4}{5}$　　D. $\frac{3}{5}$

11. 若 $\tan(2\pi-\theta)=2,\theta\in\left(-\frac{\pi}{2},\frac{\pi}{2}\right)$,则 $\sin^2\theta+\cos(\theta-2\pi)$ 等于(　　).

A. $\frac{1}{5}(4+\sqrt{5})$　　B. $\frac{1}{5}(4-\sqrt{5})$　　C. $\frac{1}{5}(4\pm\sqrt{5})$　　D. $\frac{1}{5}(\sqrt{5}-4)$

12. 设 $\cos(-80^\circ)=k$,那么 $\tan 100^\circ$ 的值为(　　).

A. $\frac{\sqrt{1-k^2}}{k}$　　B. $-\frac{\sqrt{1-k^2}}{k}$　　C. $\frac{k}{\sqrt{1-k^2}}$　　D. $-\frac{k}{\sqrt{1-k^2}}$

13. 化简:$\frac{\sqrt{1-2\sin 10^\circ\cos 10^\circ}}{\cos 10^\circ-\sqrt{1-\cos^2 170^\circ}}$.

14. 求 $\sin^2 1^\circ+\sin^2 2^\circ+\sin^2 3^\circ+\cdots+\sin^2 88^\circ+\sin^2 89^\circ+\sin^2 90^\circ$ 的值.

第四节　三角函数的图像和性质

知识要点

三角函数的图像与性质：

	$y=\sin x$	$y=\cos x$	$y=\tan x$
图像	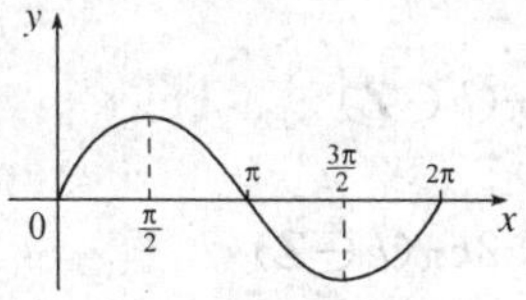	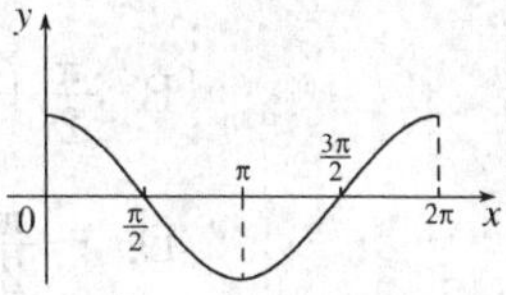	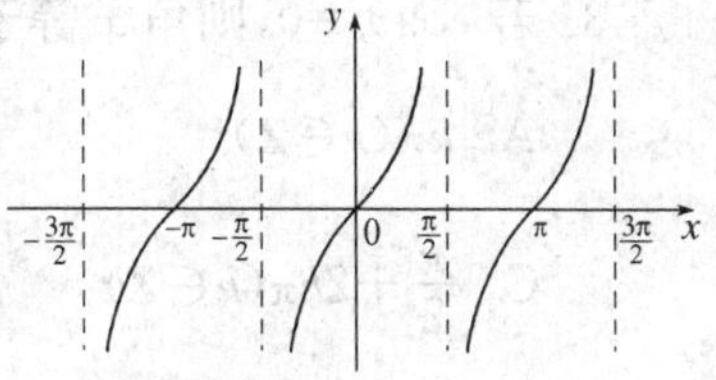
定义域	$\mathbf{R}$	$\mathbf{R}$	$x\neq\frac{\pi}{2}+k\pi,(k\in\mathbf{Z})$
值域	$[-1,1]$	$[-1,1]$	$\mathbf{R}$
最值	当 $x=2k\pi+\frac{\pi}{2}(k\in\mathbf{Z})$ 时，$y_{\max}=1$；当 $x=2k\pi-\frac{\pi}{2}(k\in\mathbf{Z})$ 时，$y_{\min}=-1$	当 $x=2k\pi(k\in\mathbf{Z})$ 时，$y_{\max}=1$；当 $x=2k\pi+\pi(k\in\mathbf{Z})$ 时，$y_{\min}=-1$	无
周期性	2π	2π	π
奇偶性	奇函数	偶函数	奇函数
单调性	在 $\left[2k\pi-\frac{\pi}{2},2k\pi+\frac{\pi}{2}\right]$ $(k\in\mathbf{Z})$ 上是增函数；在 $\left[2k\pi+\frac{\pi}{2},2k\pi+\frac{3\pi}{2}\right]$ $(k\in\mathbf{Z})$ 上是减函数	在 $[2k\pi-\pi,2k\pi](k\in\mathbf{Z})$ 上是增函数；在 $[2k\pi,2k\pi+\pi](k\in\mathbf{Z})$ 上是减函数	在每个开区间 $\left(-\frac{\pi}{2}+k\pi,\frac{\pi}{2}+k\pi\right)(k\in\mathbf{Z})$ 内都是增函数

疑难解释

1. 何为“五点作图法”？

五个关键点可以确定正弦函数、余弦函数的图像形状，因此，画正弦、余弦函数的图像时，可以先作出对确定图像形状起关键作用的五点，然后用描点法作出图像. 这种方法称为五点作图法. 注意五点作图法只能用于对图像的精确度要求不高的情况下.

2. 是不是任何周期函数都有最小正周期？

不是. 如：常数函数 $f(x)=C$（C 为常数），$x\in\mathbf{R}$，当 x 为定义域内任何值时，函数值都

是 C,即对定义域中的每一个 x,都有 $f(x+T)=f(x)$,所以 T 是任意不为 0 的常数,而正数集合中无最小者,所以 $f(x)$ 无最小正周期.

一、基础训练

1. 用“五点法”做 $y=-\sin x+1$ 图像的“五点”是____________________.

2. 下列各组函数的图像相同的是(　　).

   A. $y=\sin x$ 与 $y=\sin(x+\pi)$　　B. $y=\sin(x-\pi/2)$ 与 $y=\sin(\pi/2-x)$

   C. $y=\sin x$ 与 $y=\sin(-x)$　　D. $y=\sin(2\pi+x)$ 与 $y=\sin x$

3. 若 $\cos x=0$,则角 x 等于(　　).

   A. $k\pi(k\in\mathbf{Z})$　　B. $\frac{\pi}{2}+k\pi(k\in\mathbf{Z})$

   C. $\frac{\pi}{2}+2k\pi(k\in\mathbf{Z})$　　D. $-\frac{\pi}{2}+2k\pi(k\in\mathbf{Z})$

4. 使 $\cos x=\frac{1+m}{1-m}$ 有意义的 m 的值为(　　).

   A. $m\geqslant 0$　　B. $m\leqslant 0$　　C. $-1<m<1$　　D. $m<-1$ 或 $m>1$

5. 函数 $y=3\cos\left(\frac{2}{5}x-\frac{\pi}{6}\right)$ 的最小正周期是(　　).

   A. $\frac{2\pi}{5}$　　B. $\frac{5\pi}{2}$　　C. 2π　　D. 5π

6. 函数 $y=2-\sin x$ 的最大值及取得最大值时 x 的值是(　　).

   A. $y=3,x=\frac{\pi}{2}$　　B. $y=1,x=\frac{\pi}{2}+2k\pi(k\in\mathbf{Z})$

   C. $y=3,x=-\frac{\pi}{2}+2k\pi(k\in\mathbf{Z})$　　D. $y=1,x=-\frac{\pi}{2}+2k\pi(k\in\mathbf{Z})$

7. 函数 $y=\tan(3\pi x)$ 的最小正周期为(　　).

   A. $\frac{1}{3}$　　B. $\frac{2}{3}$　　C. $\frac{6}{\pi}$　　D. $\frac{3}{\pi}$

8. 与函数 $y=\tan\left(2x+\frac{\pi}{4}\right)$ 的图象不相交的一条直线是(　　).

   A. $y=\frac{\pi}{2}$　　B. $x=-\frac{\pi}{2}$　　C. $x=\frac{\pi}{4}$　　D. $x=\frac{\pi}{8}$

9. 下列不等式中,正确的是(　　).

   A. $\tan\frac{4\pi}{7}>\tan\frac{3\pi}{7}$　　B. $\tan\left(-\frac{13}{4}\pi\right)>\tan\left(-\frac{12}{5}\pi\right)$

   C. $\frac{1}{\tan 4}<\frac{1}{\tan 3}$　　D. $\frac{1}{\tan 281^\circ}<\frac{1}{\tan 665^\circ}$

10. $\sin 1,\cos 1,\tan 1$ 的大小关系为(　　).

    A. $\sin 1>\cos 1>\tan 1$　　B. $\sin 1>\tan 1>\cos 1$

    C. $\tan 1>\sin 1>\cos 1$　　D. $\tan 1>\cos 1>\sin 1$

11. 函数 $y=4-3\cos x$ 的最大值是________，此时 x 的集合为________；最小值是________，此时 x 的集合为________.

12. 函数 $y=2\sin\left(\frac{\pi}{3}-2x\right)$ 的值域为________，最小正周期是________.

13. $y=\sin(x+\pi/6)$，$x\in\left[0,\frac{\pi}{2}\right]$ 的值域为________.

14. 观察正弦曲线、余弦曲线，写出满足下列条件的 x 的区间.

(1) $\sin x>0$：________________；　　(2) $\cos x<0$：________________.

15. 不求值，比较下列各组函数值的大小.

(1) $\sin 1°$，$\sin 1$，$\sin \pi°$；　　(2) $\cos 4$，$\cos\frac{4\pi}{5}$，$\sin\frac{7\pi}{6}$；

(3) $\cos 730°$，$\cos(-750°)$；　　(4) $\log_{\frac{1}{2}}\sin\frac{\pi}{7}$，$\log_{\frac{1}{2}}\sin\frac{\pi}{5}$.

16. 求下列函数的定义域：

(1) $f(x)=\frac{1}{\cos x}$　　(2) $f(x)=\sqrt{1+\sin x}$

二、能力提高

17. 函数 $y=\sin\left(\frac{\pi}{4}-2x\right)$ 的单调增区间是(　　).

A. $\left[k\pi-\frac{3\pi}{8}, k\pi+\frac{3\pi}{8}\right](k\in\mathbf{Z})$　　B. $\left[k\pi+\frac{\pi}{8}, k\pi+\frac{5\pi}{8}\right](k\in\mathbf{Z})$

C. $\left[k\pi-\frac{\pi}{8}, k\pi+\frac{3\pi}{8}\right](k\in\mathbf{Z})$　　D. $\left[k\pi+\frac{3\pi}{8}, k\pi+\frac{7\pi}{8}\right](k\in\mathbf{Z})$

18. 函数 $y=2\sin^2 x+2\cos x-3$ 的最大值是(　　).

A. -1　　B. $\frac{1}{2}$　　C. $-\frac{1}{2}$　　D. -5

19. 下列函数中，周期为 $\frac{\pi}{2}$，且在 $\left(-\frac{5\pi}{12},\frac{\pi}{12}\right)$ 内是单调递增函数的是(　　).

A. $y=\tan\left(x+\frac{\pi}{3}\right)$　　B. $y=\tan\left(2x+\frac{\pi}{3}\right)$

C. $y=\tan\left(x-\frac{\pi}{3}\right)$　　D. $y=\tan\left(2x-\frac{\pi}{3}\right)$

20. 下列函数中,同时满足① 在$\left(0,\frac{\pi}{4}\right)$上是增函数,② 为奇函数,③ 以π为最小正周期的函数是(　　).

A. $y=\sin 2x$　　B. $y=\cos 2x$　　C. $y=\sin\frac{x}{2}$　　D. $y=|\sin x|$

21. 若$\frac{\pi}{4}<\theta<\frac{\pi}{2}$,则下列不等式成立的是(　　).

A. $\sin\theta>\cos\theta>\tan\theta$　　B. $\cos\theta>\tan\theta>\sin\theta$

C. $\sin\theta>\tan\theta>\cos\theta$　　D. $\tan\theta>\sin\theta>\cos\theta$

22. 若$\tan\left(2x-\frac{\pi}{3}\right)\leqslant 1$,则$x$的取值范围是(　　).

A. $\left[k\pi-\frac{\pi}{12},\frac{k\pi}{2}+\frac{7\pi}{24}\right](k\in\mathbf{Z})$　　B. $\left[k\pi-\frac{\pi}{12},k\pi+\frac{7\pi}{24}\right](k\in\mathbf{Z})$

C. $\left[\frac{k\pi}{2}-\frac{\pi}{12},\frac{k\pi}{2}+\frac{7\pi}{24}\right](k\in\mathbf{Z})$　　D. $\left[\frac{k\pi}{2}-\frac{\pi}{12},k\pi+\frac{7\pi}{24}\right](k\in\mathbf{Z})$

23. 下列函数中不是偶函数的是(　　).

A. $y=|\tan x|$　　B. $y=|\sin 3x|$

C. $y=\tan|x|$　　D. $y=\tan(x-\pi)$

24. 函数$y=\sqrt{2}\tan x-b$在$\left[-\frac{\pi}{4},\frac{\pi}{4}\right]$上的最大值是________.

第五节　函数 y＝Asin(ωx＋φ)的图像

知识要点

本节主要学习函数$y=A\sin(\omega x+\varphi)$简图的作法,以及$y=\sin x$与$y=A\sin(\omega x+\varphi)$图像的关系.要理解、掌握参数$A$、$\omega$、$\varphi$在函数图像变换中所起的作用.基本的图像变换有:

振幅变换	周期变换	相位变换
由A的变化引起的变换一般来说,函数$y=A\sin x(A>0$且$A\neq 1)$的图像可以看作是把$y=\sin x$的图像上所有点的纵坐标伸长(当$A>1$时)或缩短(当$0<A<1$时)到原来的A倍(横坐标不变)而得到的	由ω的变化引起的变换一般来说,函数$y=\sin\omega x(\omega>0$且$\omega\neq 1)$的图像,可以看作把$y=\sin x$的图像上所有点的横坐标缩短(当$\omega>1$时)或伸长(当$0<\omega<1$时)到原来的$\frac{1}{\omega}$倍(纵坐标不变)而得到的	由φ的变化引起的变换一般来说,函数$y=\sin(x+\varphi)(\varphi\neq 0)$的图像,可以看作是把$y=\sin x$的图像上所有的点向左(当$\varphi>0$时)或向右(当$\varphi<0$时)平行移动$\lvert\varphi\rvert$个单位而得到的

余弦函数的图像可由正弦函数的图像向左移$\frac{\pi}{2}$而得到.

疑难解释

- **学法建议**

本节重点是函数 $y=A\sin(\omega x+\varphi)$ 简图的作法及三角函数的图像变换. 难点是三角函数的图像变换. 要求在理解 A、ω、φ 对图像变换所起作用的基础上，熟悉由 $y=\sin x$ 的图像变换到 $y=A\sin(\omega x+\varphi)(A、\omega>0,x\in\mathbf{R})$ 的过程：① 把 $y=\sin x$ 的图像向左($\varphi>0$)或向右($\varphi<0$)平行移动 $|\varphi|$ 个单位；② 再把所得各点的横坐标缩短($\omega>1$)或伸长($0<\omega<1$)到原来的 $\frac{1}{\omega}$ 倍(纵坐标不变)；③然后把所得各点的纵坐标伸长($A>1$)或缩短($0<A<1$)到原来的 A 倍(横坐标不变).

- **释疑解难**

1. 把 $y=3\sin 2x$ 的图像左移 $\frac{\pi}{3}$ 个单位得到的是 $y=3\sin\left(2x+\frac{\pi}{3}\right)$ 的图像吗?

答：不是. 这是初学者很容易犯的错误. 把 $y=A\sin\omega x(\omega\neq1)$ 的图像左移 $|\varphi|$ 个单位，应得到 $y=A\sin[\omega(x+|\varphi|)]$ 即函数 $y=A\sin(\omega x+\omega|\varphi|)$ 的图像. 故本题将 $y=3\sin 2x$ 的图像左移 $\frac{\pi}{3}$ 个单位，应得到 $y=3\sin\left(x+\frac{\pi}{3}\right)$，即 $y=3\sin\left(2x+\frac{2\pi}{3}\right)$ 的图像.

2. 如何根据 $f(x)=A\sin(\omega x+\varphi)(A>0,\omega>0)$ 的图像，求出函数表达式中的 A、ω、φ?

答：A 可由函数图像上的最高点或最低点的纵坐标 y 确定，$A=|y|$；ω 则根据函数的周期确定，$T=\frac{2\pi}{\omega}$；ω 的确定一般有两种方法：①利用图像上一些已知点(常用最高点或最低点)坐标代入函数式求解，②求出离原点最近的右侧图像上升(或下降)的零点横坐标 x_0，令 $\omega x_0+\varphi=0$(或 $\omega x_0+\varphi=\pi$)解得 φ.

一、基础训练

1. 要得到函数 $y=\sin 3x$ 的图像，只要把 $y=\sin x$ 图像上所有点的横坐标(纵坐标不变)变为原来的(　　).

A. 3 倍　　B. 6 倍　　C. $\frac{1}{3}$　　D. $\frac{1}{6}$

2. 把函数 $y=\sin\left(x+\frac{\pi}{8}\right)$ 的图像向左平移 $\frac{\pi}{4}$ 个单位，再把各点的横坐标压缩为原来的 $\frac{1}{2}$，所得的解析式为(　　).

A. $y=\sin\left(2x-\frac{\pi}{8}\right)$　　B. $y=\sin\left(2x+\frac{3\pi}{4}\right)$

C. $y=\sin\left(2x+\frac{3\pi}{8}\right)$　　D. $y=\sin\left(\frac{1}{2}x+\frac{3\pi}{8}\right)$

3. 要得到 $y=\cos\left(3x-\frac{\pi}{6}\right)$ 的图像，只需将 $y=\cos 3x$ 的图像(　　).

A. 右移 $\frac{\pi}{6}$　　B. 左移 $\frac{\pi}{6}$　　C. 右移 $\frac{\pi}{18}$　　D. 左移 $\frac{\pi}{18}$

4. 函数 $y=\sin\left(\frac{5}{2}\pi-2x\right)$ 为(　　).

A. 周期为 π 的奇函数　　B. 周期为 π 的偶函数

C. 周期为 2π 的奇函数　　D. 周期为 2π 的偶函数

5. 当函数 $y=10\sin\left(\pi x+\frac{\pi}{4}\right)$ 表示一个振动量时，该函数的振幅是________，最小正周期为________，相位为________，初相为________.

6. 函数 $y=2\sin x$ 的图像只需向________平移________单位，可得 $y=2\sin\left(x-\frac{\pi}{4}\right)$ 的图像.

7. 函数 $y=2\sin\left(2x+\frac{\pi}{6}\right)(-\pi\leqslant x\leqslant 0)$ 的单调递减区间是________.

8. 已知函数 $y=A\sin(\omega x+\varphi)+k\left(A>0,\omega>0,|\varphi|<\frac{\pi}{2}\right)$ 在一个周期内满足：当 $x=\frac{\pi}{3}$ 时，最大值为 4；当 $x=\frac{5\pi}{6}$ 时，最小值为 -2，求函数的解析式.

二、能力提高

9. 已知函数 $y=f(x)$，若 $f(x)$ 图像上每个点的纵坐标保持不变，将横坐标伸长到原来 2 倍，然后再将整个图像向左平移 $\frac{\pi}{2}$ 个单位，得到曲线与 $y=\frac{1}{2}\sin x$ 的图像相同，则函数 $y=f(x)$ 的表达式为(　　).

A. $y=\frac{1}{2}\sin\left(\frac{1}{2}x-\frac{\pi}{2}\right)$　　B. $y=\frac{1}{2}\sin\left(x+\frac{\pi}{2}\right)$

C. $y=\frac{1}{2}\sin\left(\frac{1}{2}x+\frac{\pi}{2}\right)$　　D. $y=\frac{1}{2}\sin\left(2x-\frac{\pi}{2}\right)$

10. 把 $y=\sin\left(2x+\frac{\pi}{4}\right)$ 的图像向右平移 $\frac{3\pi}{8}$，再把所得图像上各点的横坐标缩短为原来的 $\frac{1}{2}$ 倍，则所得图像的函数解析式为(　　).

A. $y=\sin\left(4x+\frac{3}{8}\pi\right)$　　B. $y=\sin\left(4x+\frac{\pi}{8}\right)$

C. $y=\sin\left(4x-\frac{\pi}{2}\right)$　　D. $y=\sin x$

第五章　综合测试题

一、选择题(每题 4 分,共 40 分).

1. 下列各三角函数值中,取负值的是(　　).

A. $\sin(-660°)$　　B. $\tan(-160°)$

C. $\cos(-740°)$　　D. $\sin(-420°)\cos 57°$

2. 角 α 的终边上有一点 $P(a,a)$,$a\in\mathbf{R}$ 且 $a\neq 0$,则 $\sin\alpha$ 值为(　　).

A. $-\frac{\sqrt{2}}{2}$　　B. $\frac{\sqrt{2}}{2}$　　C. 1　　D. $\frac{\sqrt{2}}{2}$或$-\frac{\sqrt{2}}{2}$

3. 函数 $y=1+\cos 2x$,(　　).

A. 最小正周期为 2π 的偶函数　　B. 最小正周期为 2π 的奇函数

C. 最小正周期为 π 的偶函数　　D. 最小正周期为 π 的奇函数

4. 若 $f(\cos x)=\cos 3x$,则 $f(\sin 30°)$的值为(　　).

A. 1　　B. -1　　C. 0　　D. $\frac{1}{2}$

5. “$x\neq y$”是“$\sin x\neq\sin y$”的(　　).

A. 充分不必要条件　　B. 必要不充分条件

C. 充要条件　　D. 既不充分也不必要条件

6. 设 M 和 m 分别表示函数 $y=\frac{1}{3}\cos x-1$ 的最大值和最小值,则 $M+m$ 等于(　　).

A. $\frac{2}{3}$　　B. $-\frac{2}{3}$　　C. $-\frac{4}{3}$　　D. -2

7. 函数 $y=\sin\left(2x+\frac{\pi}{4}\right)$的一个增区间是(　　).

A. $\left[-\frac{\pi}{4},\frac{\pi}{4}\right]$　　B. $\left[-\frac{3\pi}{8},\frac{\pi}{8}\right]$　　C. $\left[-\frac{\pi}{2},0\right]$　　D. $\left[-\frac{\pi}{8},\frac{3\pi}{8}\right]$

8. 已知$-\frac{\pi}{6}\leqslant x<\frac{\pi}{3}$,$\cos x=\frac{m-1}{m+1}$,则 m 的取值范围是(　　).

A. $m<-1$　　B. $3<m\leqslant 7+4\sqrt{3}$

C. $m>3$　　D. $3<m\leqslant 7+4\sqrt{3}$或 $m<-1$

9. 已知函数 $f(x)=\cos\frac{x}{2}$,则下列等式中成立的是(　　).

A. $f(2\pi-x)=f(x)$　　B. $f(2\pi+x)=f(x)$

C. $f(-x)=f(x)$　　D. $f(-x)=-f(x)$

10. $\sin\alpha\cos\alpha=\frac{1}{8}$,且$\frac{\pi}{4}<\alpha<\frac{\pi}{2}$,则 $\cos\alpha-\sin\alpha$ 的值为(　　).

A. $\frac{\sqrt{3}}{2}$　　B. $-\frac{\sqrt{3}}{2}$　　C. $\frac{3}{4}$　　D. $-\frac{3}{4}$

二、填空题(每题 5 分,共 25 分).

11. $\dfrac{\cos\alpha+2\sin\alpha}{\cos\alpha-\sin\alpha}=2$,则 α 在第________象限.

12. $\tan\alpha=-\dfrac{1}{3}$,则 $\sin^2\alpha+2\sin\alpha\cos\alpha-3\cos^2\alpha=$________.

13. 比较 $\tan 1,\tan 2,\tan 3$ 的大小:________________.

14. 函数 $y=\sqrt{\log_{\frac{1}{2}}\sin x}$ 的定义域是________.

15. 满足 $\sin\left(x-\dfrac{\pi}{4}\right)\geqslant\dfrac{1}{2}$ 的 x 的集合是________________.

三、解答题(16 题 8 分,17、18、19 每题 9 分,共 35 分).

16. 已知 α 为第二象限角,且 $\sin\alpha=\dfrac{\sqrt{15}}{4}$,求 $\dfrac{\sin(\alpha-3\pi)}{\sin(\alpha+4\pi)+\cos(\alpha+\pi)+1}$ 的值.

17. 当 $2k\pi-\dfrac{\pi}{4}\leqslant\alpha\leqslant 2k\pi+\dfrac{\pi}{4}(k\in\mathbf{Z})$ 时,化简:

$$\sqrt{1-2\sin\alpha\cdot\cos\alpha}+\sqrt{1+2\sin\alpha\cdot\cos\alpha}$$

18. 已知函数 $y=3\sin\left(\dfrac{1}{2}x-\dfrac{\pi}{4}\right)$,作出该函数的图象.

19. 如图是函数 $y=2\sin(\omega x+\varphi)\left(|\varphi|<\dfrac{\pi}{2}\right)$ 的图象,求 ω,φ.

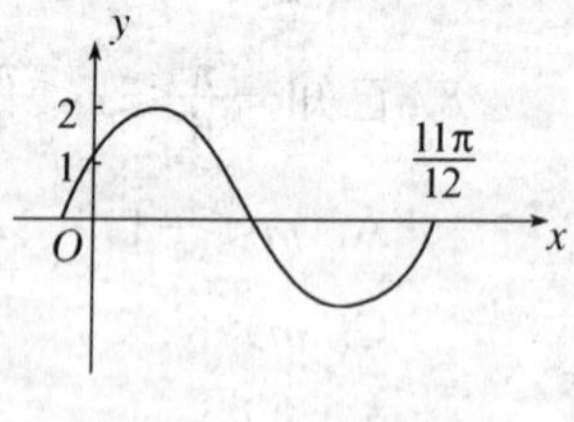

20. 已知 $-\dfrac{\pi}{2}<x<0,\sin x+\cos x=\dfrac{1}{5}$.

(1) 求 $\sin x-\cos x$ 的值;

(2) 求 $\dfrac{2\sin x\cos x+2\sin^2 x}{1-\tan x}$ 的值.

第六章　数　列

第一节　数列的概念

知识要点

本节课学习了数列的概念、一般表示法、通项公式和分类等内容.

1. 数列的概念:按照一定次序排成的一列数叫数列. 数列中的每一个数叫作数列的项,第1项称为首项.

2. 数列的一般表示:$a_1,a_2,\cdots,a_n,\cdots$或者$\{a_n\}$.

3. 数列的通项公式:用一个公式表示数列的第n项a_n与n之间的关系,这个公式叫作这个数列的通项公式.

4. 数列的递推公式:从数列的第2项起每一项可以由它前一项的解析式表示出来.

5. 数列的分类:有穷数列和无穷数列;递增数列、递减数列、常数列和摆动数列.

疑难解释

1. 如何理解数列的概念?

数列的特点:(1) 确定的数字. 数列是由一些数字构成的,不同是图像、点等. (2) 有序性. 排列次序不一样的两列数,即使数字一样,也是不同的数列,例如:1,2,3,4,…,10和10,9,8,…,1是两个不同的数列. (3) 可重复性. 数列中的数字是可以重复的,比如数列1,1,1,1,…,称这样的数列为常数列.

2. 如何理解通项公式?

用公式将数列中的项a_n与序号n表示出来,此公式就是通项公式. 根据通项公式可以求出数列中的每一项,但是不是每个数列都有通项公式,比如数列15,5,16,16,28,32,51. 一个数列的通项公式也可能存在多个.

一、基础训练

1. 判断题

(1) 在函数$f(x)=\sqrt{x}$中,令$x=1,2,3,\cdots$,得到一个数列,则这个数列的前5项是1,

$\sqrt{2},\sqrt{3},2,\sqrt{5}$.　　( )

(2) 根据通项公式可以求出数列的任何一项.　　( )

(3) 任何数列都有通项公式.　　( )

(4) 一个数列可能有几个不同形式的通项公式.　　( )

(5) 有些数列可能不存在最大项.　　( )

2. 数列 11,13,15,…,$2n+1$ 的项数是(　　).

A. n　　B. $n-3$　　C. $n-4$　　D. $n-5$

3. 已知数列$\{n^2+n\}$,那么(　　).

A. 0 是数列中的一项　　B. 21 是数列中的一项

C. 702 是数列中的一项　　D. 以上答案都不对

4. 数列$\{a_n\}$:$1,-\frac{5}{8},\frac{7}{15},-\frac{9}{24}$,…的一个通项公式是(　　).

A. $a_n=(-1)^{n+1}\frac{2n-1}{n^2+n}(n\in \mathbf{N}_+)$　　B. $a_n=(-1)^{n-1}\frac{2n+1}{n^3+3n}(n\in \mathbf{N}_+)$

C. $a_n=(-1)^{n+1}\frac{2n-1}{n^2+2n}(n\in \mathbf{N}_+)$　　D. $a_n=(-1)^{n-1}\frac{2n+1}{n^2+2n}(n\in \mathbf{N}_+)$

5. 数列$\frac{1}{2},-\frac{3}{4},\frac{5}{8},-\frac{7}{16}$,…的一个通项公式是(　　).

A. $a_n=(-1)^{n+1}\frac{2n-1}{2n}$　　B. $a_n=(-1)^{n}\frac{2n-1}{2n}$

C. $a_n=(-1)^{n+1}\frac{2n-1}{2^n}$　　D. $a_n=(-1)^{n}\frac{2n-1}{2^n}$

6. 数列 23,45,67,89,…的第 10 项是(　　).

A. 1617　　B. 1819　　C. 2021　　D. 2223

7.

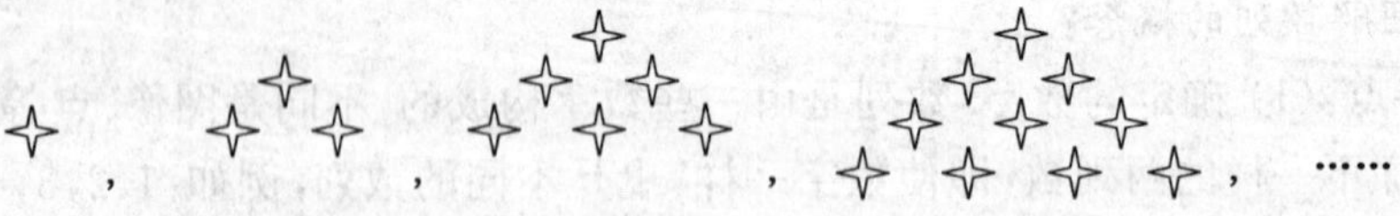

上述关于星星的图案构成一个数列,该数列的一个通项公式是(　　).

A. $a_n=n^2-n+1$　　B. $a_n=\frac{n(n-1)}{2}$

C. $a_n=\frac{n(n+1)}{2}$　　D. $a_n=\frac{n(n+2)}{2}$

8. 在数列 1,2,3,5,8,x,21,34,55 中,$x=$________.

9. 已知数列 $1,\sqrt{3},\sqrt{5},\sqrt{7},\cdots,\sqrt{2n-1},\cdots$,则 $3\sqrt{5}$是它的________.

10. 600 是数列 $1\times2,2\times3,3\times4,4\times5$,…的第________项.

11. 数列$\{a_n\}$中,$a_n=n^2-7n+6$,那么 150 是其第________项.

12. 已知数列$\{a_n\}$的通项公式 $a_n=5+3n$,求:(1) a_7 等于多少;(2) 81 是否为数列$\{a_n\}$中的项,若是,是第几项;若不是,说明理由.

二、能力提高

13. 在数列$\{a_n\}$中，$a_n=-2n^2+29n+3$，则此数列最大项的值是(　　).

A. 103　　B. $\frac{865}{8}$　　C. $\frac{825}{8}$　　D. 108

14. 已知数列$\{a_n\}$的通项公式 $a_n=\begin{cases}\frac{1}{n}(n\text{ 为正奇数})\\ 2n-1(n\text{ 为正偶数})\end{cases}$，它的前 8 项依次为______、______、______、______、______、______、______、______.

15. 数列$\{a_n\}$中，已知 $a_n=(-1)^n n+a$(a 为常数)，且 $a_1+a_4=3a_2$，求 a_{100}.

16. 已知数列$\{a_n\}$，$a_1=0$，$n\in\mathbf{N}_+$，$a_{n+1}=a_n+(2n-1)$，求通项公式 a_n.

第二节　等差数列

知识要点

本节课主要学习了等差数列的定义、通项公式和前 n 项和公式.

1. 等差数列的定义：如果一个数列从第 2 项起，每一项与前一项的差都等于同一个常数，那么这个数列就叫作等差数列，这个常数叫作公差.

2. 等差数列的通项公式：$a_n=a_1+(n-1)d$ 或 $a_n=a_m+(n-m)d$.

3. 等差数列的前 n 项和公式：$S_n=\frac{n(a_1+a_n)}{2}$ 或 $S_n=na_1+\frac{n(n-1)d}{2}$.

一、基础训练

1. 等差数列$\frac{3}{2}$，$-\frac{1}{2}$，$-\frac{5}{2}$，$-\frac{9}{2}$，…的一个通项公式是(　　).

A. $2n-\frac{1}{2}$　　B. $\frac{3}{2}-2n$　　C. $\frac{7}{2}-2n$　　D. $\frac{3}{2}+2n$

2. △ABC 中,三内角 A、B、C 成等差数列,则 $\angle B$=(　　).

A. 30°　　B. 60°　　C. 90°　　D. 120°

3. 已知 $a=\frac{1}{\sqrt{3}+\sqrt{2}}$,$b=\frac{1}{\sqrt{3}-\sqrt{2}}$,则 a、b 的等差中项是(　　).

A. $\sqrt{3}$　　B. $\sqrt{2}$　　C. $\frac{1}{\sqrt{3}}$　　D. $\frac{1}{\sqrt{2}}$

4. 2000 是等差数列 4,6,8,…的(　　).

A. 第 998 项　　B. 第 999 项　　C. 第 1001 项　　D. 第 1000 项

5. 在等差数列$\{a_n\}$中,已知 $a_1=2$,$a_2+a_3=13$,则 $a_4+a_5+a_6$ 等于(　　).

A. 40　　B. 42　　C. 43　　D. 45

6. 在等差数列$\{a_n\}$中,$a_2=1$,$a_4=5$,则$\{a_n\}$的前 5 项和 S_4=(　　).

A. 7　　B. 15　　C. 20　　D. 25

7. 判断:若数列$\{a_n\}$的前 n 项和为 $S_n=an^2+n(a\in\mathbf{R})$,则数列$\{a_n\}$一定是等差数列.

8. 一个等差数列 $a_{15}=33$,$a_{25}=66$,则 a_{35}=________.

9. 48,a,b,c,-12 是等差数列中的连续五项,则 a=________,b=________,c=________.

10. 在等差数列$\{a_n\}$中,$S_4=6$,$S_8=20$,则 S_{16}=________.

11. 根据下列各题中的条件,求相应的等差数列$\{a_n\}$的有关未知数.

(1) $a_5=10$,$a_{12}=31$,求 a_1,d,a_{20},a_n.

(2) $a_1=\frac{5}{6}$,$d=-\frac{1}{6}$,$S_n=-5$,求 n 及 a_n.

(3) $d=2$,$n=15$,$a_n=-10$,求 a_1 及 S_n.

(4) 已知 $s_8=48$,$s_{12}=168$,求 a_1,d.

12. 在 1 到 100 中被 7 除余 1 的正整数共有多少个？它们的和是多少？

二、能力提高

13. 已知整数按如下规律排成一列：(1,1),(1,2),(2,1),(1,3),(2,2),(3,1),(1,4),(2,3),(3,2),(4,1),…,则第 60 个数对是(　　).

A. (5,5)　　B. (5,6)　　C. (5,7)　　D. (5,8)

14. 如果等差数列$\{a_n\}$中,$a_3+a_4+a_5=12$,那么$a_1+a_2+\cdots+a_7=$(　　).

A. 14　　B. 21　　C. 28　　D. 35

15. 设S_n是等差数列$\{a_n\}$的前 n 项和,若$\frac{a_5}{a_3}=\frac{5}{9}$,则$\frac{S_9}{S_5}=$(　　).

A. 1　　B. -1　　C. 2　　D. $\frac{5}{9}$

16. 等差数列$\{a_n\}$的前 m 项和为 30,前 $2m$ 项和为 100,则它的前 $3m$ 项和为(　　).

A. 130　　B. 170　　C. 210　　D. 160

17. 数列$\{a_n\}$的前 n 项和为S_n,若$a_n=\frac{1}{n(n+1)}$,则S_5等于(　　).

A. 1　　B. $\frac{5}{6}$　　C. $\frac{1}{6}$　　D. $\frac{1}{30}$

18. 已知数列$\{a_n\}$的通项公式$a_n=\frac{1+2+\cdots+n}{n}$,$b_n=\frac{1}{a_na_{n+1}}$,则$\{b_n\}$的前 n 项和为________.

19. 已知等差数列$\{a_n\}$,$a_1=29$,$S_{10}=S_{20}$,问这个数列的前多少项的和最大？并求最大值.

第三节　等比数列

知识要点

本节课主要学习了等比数列的定义、通项公式和前 n 项和公式.

1. 等比数列的定义:如果一个数列从第 2 项起,每项与它前一项的比都等于同一个常数,那么这个数列叫作等比数列,这个常数叫作等比数列的公比.

2. 等比数列的通项公式:$a_n=a_1\cdot q^{n-1}$或$a_n=a_m\cdot q^{n-m}$.

3. 等比数列的前 n 项和公式:

$$q=1\text{时},S_n=na_1;$$

$$q\neq1\text{时},S_n=\frac{a_1(1-q^n)}{1-q}\text{或}S_n=\frac{a_1-a_nq}{1-q}.$$

疑难解释

1. 如何理解等比数列?

从第二项起,每项与它前一项的比等于同一个常数的数列为等比数列,公比 q 可以由后项除以相邻的前项得到. 等比数列中每一项都不能为 0,公比也不能为 0. 判断一个数列是否为等比数列,可以通过$\frac{a_n}{a_n-1}=q$(常数)是否成立来验证.

2. 运用等比数列的前 n 项和公式求和时,应注意什么?

运用等比数列的求和公式时,不能直接使用公式 $S_n=\frac{a_1(1-q^n)}{1-q}$ 或 $S_n=\frac{a_1-a_nq}{1-q}$ 求解. 首先判断公比 q 是否等于 1,如果公比 $q\neq1$,运用公式 $S_n=\frac{a_1(1-q^n)}{1-q}$ 或 $S_n=\frac{a_1-a_nq}{1-q}$ 求解;如果 $q=1$,则运用 $S_n=na_1$.

一、基础训练

1. 在等比数列$\{a_n\}$中,$a_3=20$,$a_6=160$,则 $a_n=$________.

2. 等比数列中,首项为$\frac{9}{8}$,末项为$\frac{1}{3}$,公比为$\frac{2}{3}$,则项数 n 等于________.

3. 在等比数列$\{a_n\}$中,已知 $S_n=3^n+b$,则 b 的值为________.

4. 等比数列 $1,2a,4a^2,8a^3,\cdots$的前 n 项和 $S_n=$________.

5. 数列 $1,3^7,3^{14},3^{21},\cdots\cdots$中,$3^{98}$是这个数列的(　　).

A. 第 13 项　　B. 第 14 项　　C. 第 15 项　　D. 不在此数列中

6. 在 2 与 6 之间插入 n 个数,使它们组成等比数列,则这个数列的公比为(　　).

A. $\sqrt[n]{3}$　　B. $\frac{1}{\sqrt[n]{3}}$　　C. $\sqrt[n+1]{3}$　　D. $\sqrt[n+2]{3}$

7. $\sqrt{2}+1$ 与$\sqrt{2}-1$,两数的等比中项是(　　).

A. 1　　B. -1　　C. ±1　　D. $\frac{1}{2}$

8. 在等比数列$\{a_n\}$中,$a_9+a_{10}=a(a\neq0)$,$a_{19}+a_{20}=b$,则 $a_{99}+a_{20}$的值为(　　).

A. $\frac{b^9}{a^8}$　　B. $\left(\frac{b}{a}\right)^9$　　C. $\frac{b^{10}}{a^9}$　　D. $\left(\frac{b}{a}\right)^{10}$

9. 已知等比数列$\{a_n\}$的公比$q=-\frac{1}{3}$,则$\frac{a_1+a_3+a_5+a_7}{a_2+a_4+a_6+a_8}=$________.

10. 在等比数列$\{a_n\}$,已知$a_1=5,a_9a_{10}=100$,求a_{18}.

11. 在等差数列$\{a_n\}$中,$a_4=10$,且a_3,a_6,a_{10}成等比数列,求数列$\{a_n\}$前20项的和S_{20}.

12. 设等比数列$\{a_n\}$的前n项和为S_n,$S_4=1,S_8=17$,求通项公式a_n.

二、能力提高

13. 已知等比数列$\{a_n\}$的各项为正数,且3是a_5和a_6的等比中项,则$a_1a_2\cdots a_{10}=$(　　).

A. 3^9　　B. 3^{10}　　C. 3^{11}　　D. 3^{12}

14. 在等比数列$\{a_n\}$中,若$a_3a_5a_7a_9a_{11}=243$,则$\frac{a_9^2}{a_{11}}$的值为(　　).

A. 9　　B. 1　　C. 2　　D. 3

15. 在等比数列$\{a_n\}$中,$a_n>a_{n+1}$,且$a_7a_{11}=6,a_4+a_{14}=5$,则$\frac{a_6}{a_{16}}=$(　　).

A. $\frac{3}{2}$　　B. $\frac{2}{3}$　　C. $\frac{1}{6}$　　D. 6

16. 在等比数列$\{a_n\}$中,a_1和a_{10}是方程$2x^2+5x+1=0$的两个根,则$a_4\cdot a_7=$________.

17. 数列$1\frac{1}{2},3\frac{1}{4},5\frac{1}{8},7\frac{1}{16},\cdots$的前$n$项和$S_n=$________.

18. 设$\{a_n\}$是等差数列,$\{b_n\}$是各项都为正数的等比数列,且$a_1=b_1=1$,$a_3+b_5=21$,$a_5+b_3=13$.

(1) 求$\{a_n\}$,$\{b_n\}$的通项公式;

(2) 求数列$\left\{\frac{a_n}{b_n}\right\}$的前$n$项和$S_n$.

19. 给出前n项和求通项公式.

(1) $S_n=2n^2+3n$;

(2) $S_n=3^n+1$.

20. 求和:$S_n=1+3x+5x^2+7x^3+\cdots+(2n-1)x^{n-1}$.

第四节　数列实际应用举例

知识要点

以数列知识作为背景的应用题是常见的题型,要正确快速地求解这类问题,需要在理解题意的基础上,识别数列的等差关系或等比关系或者正确处理数列中的递推关系.

涉及等差数列的应用问题时,首先应弄清楚数列的首项和公差,然后用其通项公式和前n项和公式,然后运用等差数列的性质解决有关问题;涉及等比数列与应用问题时,应明确是解决第n项的问题,还是解决前n项和的问题,然后运用等比数列的性质解决相关问题.

基础训练

1. 若某商品两年内的月平均增长率为p,则年平均增长率为________.

2. 据测定,光线每通过一块某种玻璃其强度要减少10%,至少把________块这样的玻璃重叠起来，能使通过它们的光线强度在原来的$\frac{1}{3}$以下.

3. 某商品的单价今年第一、二季度均比上一季度降低10%，第三、四季度均比上一季度上升10%，则今年第四季度与去年第四季度的单价比较，正确的是(　　).

A. 不增不减　　B. 均减2%　　C. 均增2%　　D. 均减3%

4. 某林场第一年造林0.5平方千米，以后每年比上一年多造林0.1平方千米，问6年后林场共造林多少？

5. 某种卷筒卫生纸绕在圆柱形纸筒芯上，空纸筒芯直径是40 mm，满筒时直径是120 mm，已知卫生纸的厚度为0.1 mm，问：满筒时卫生纸的总长度大约是多少米？

6. 某种电子产品经过3次降价，单价由原来的174元降到58元，这种产品平均每次降价的百分率是多少？

7. 某人为了5年后能购买一辆车，准备每年到银行去存一笔数额相同的钱.假设银行储蓄年利率是5%，按照复利计算，为了使5年后本利共有10万元，问他每年约需要存多少钱？(精确到元)

8. 某剧场有20排座位，后一排比前一排多2个座位，最后一排有60个座位，这个剧场共有多少个座位？

第五节　数学归纳法

知识要点

一般来说,证明对于某些与正整数 n 有关的命题,可按下面的步骤进行:

(1)(归纳奠基)证明当 n 取第一个值 n_0 时命题成立;

(2)(归纳递推)假设当 $n=k(k\in\mathbf{N}^*,k\in n_0)$ 时命题成立,证明当 $n=k+1$ 时命题也成立.

当我们完成了上述两步证明,就可以断定命题对从初始值 n_0 开始的所有正整数正确.这种证明方法就叫作数学归纳法.

注意以下几点:

1. 验证是基础.数学归纳法的原理表明:第一个步骤是找到一个数 n_0,这个数 n_0 就是我们要证明的命题对象的最小自然数,这个自然数并不一定是"1".

2. 递推是关键.数学归纳法的实质在于递推,所以从"k"到"$k+1$"的过程,必须把归纳假设"$n=k$"时命题成立作为条件来导出"$n=k+1$"时命题成立,在推导过程中,要把归纳假设用上一次或几次,没有用上归纳假设的证明不是数学归纳法.

3. 正确寻求递推关系.数学归纳法的第二步递推至关重要,那么如何寻找递推关系呢?首先,在第一步验证时,不妨多计算出几项,并正确写出来,这样对发现递推关系是有帮助的;其次,探求数列的通项公式时,要善于观察式子或命题的变化规律,观察 n 处于哪个位置;最后,在书写 $f(k+1)$时,一定要把包含 $f(k)$的式子要写出来,尤其是 $f(k)$中的最后一项.

一、基础训练

1. 已知 n 为正偶数,用数学归纳法证明 $1-\frac{1}{2}+\frac{1}{3}-\frac{1}{4}+\cdots-\frac{1}{n}=2\left(\frac{1}{n+2}+\frac{1}{n+4}+\cdots+\frac{1}{2n}\right)$时,若已假设 $n=k(k\geqslant 2$ 且 k 为偶数)时命题为真,则还需要用归纳假设再证(　　).

A. $n=k+1$ 时等式成立　　B. $n=k+2$ 时等式成立

C. $n=2k+2$ 时等式成立　　D. $n=2(k+2)$时等式成立

2. 已知 $f(n)=1^2+2^2+3^2+\cdots+(2n)^2$,则 $f(k+1)$与 $f(k)$的关系是(　　).

A. $f(k+1)=f(k)+(2k+1)^2+(2k+2)^2$

B. $f(k+1)=f(k)+(k+1)^2$

C. $f(k+1)=f(k)+(2k+2)^2$

D. $f(k+1)=f(k)+(2k+1)^2$

3. 用数学归纳法证明不等式 $1+\frac{1}{2}+\frac{1}{4}+\cdots+\frac{1}{2^{n-1}}>\frac{127}{64}(n\in\mathbf{N}^*)$成立,其初始值至

少应取(　　).

A. 7　　　　B. 8　　　　C. 9　　　　D. 10

4. 用数学归纳法证明 $2^n>2n+1$，n 的第一个取值应是(　　).

A. 1　　　　B. 2　　　　C. 3　　　　D. 4

5. 平面内有 n 条直线，最多可将平面分成 $f(n)$ 个区域，则 $f(n)$ 的表达式为(　　).

A. $n+1$　　　　B. $2n$

C. $\dfrac{n^2+n+2}{2}$　　　　D. n^2+n+1

6. 已知 $f(n)=1+\dfrac{1}{2}+\dfrac{1}{3}+\cdots+\dfrac{1}{n}(n\in\mathbf{N}^*)$，经计算得 $f(4)>2$，$f(8)>\dfrac{5}{2}$，$f(16)>3$，$f(32)>\dfrac{7}{2}$，则其一般结论为________.

7. 设平面内有 n 条直线($n\geqslant3$)，其中有且仅有两条直线互相平行，任意三条直线不过同一点. 若用 $f(n)$ 表示这 n 条直线交点的个数，则 $f(4)=$________；当 $n>4$ 时，$f(n)=$________(用 n 表示).

8. 已知数列 $\{a_n\}$ 满足 $a_{n+1}=\dfrac{1}{2-a_n}(n\in\mathbf{N}^*)$，$a_1=\dfrac{1}{2}$. 试通过求 a_2，a_3，a_4 的值猜想 a_n 的表达式，并用数学归纳法加以证明.

二、能力提高

9. 是否存在常数 a，b，c，使等式 $1\cdot(n^2-1^2)+2(n^2-2^2)+\cdots+n(n^2-n^3)=an^4+bn^2+c$ 对一切正整数 n 成立？证明你的结论.

10. 数列 $\{a_n\}$ 满足 $a_{n+1}=\dfrac{a_n}{2a_n+1}$，$a_1=1$.

(1) 证明：数列 $\left\{\dfrac{1}{a_n}\right\}$ 是等差数列；

(2) 求数列 $\left\{\dfrac{1}{a_n}\right\}$ 的前 n 项和 S_n，并证明 $\dfrac{1}{S_1}+\dfrac{1}{S_2}+\cdots+\dfrac{1}{S_n}>\dfrac{n}{n+1}$.

11. 已知集合 $X=\{1,2,3\}$，$Y_n=\{1,2,3,\cdots,n\}(n\in\mathbf{N}^*)$，设 $S_n=\{(a,b)\mid a$ 整除 b 或 b 整除 a，$a\in X,b\in Y_n\}$. 令 $f(n)$表示集合 S_n 所含元素的个数.

(1) 写出 $f(6)$的值；

(2) 当 $n\geqslant6$ 时，写出 $f(n)$的表达式，并用数学归纳法证明.

12. 设 $a>0$，$f(x)=\dfrac{ax}{a+x}$，令 $a_1=1$，$a_{n+1}=f(a_n)$，$n\in\mathbf{N}^*$.

(1) 写出 a_2，a_3，a_4 的值，并猜想数列$\{a_n\}$的通项公式；

(2) 用数学归纳法证明你的结论.

第六章　综合测试题

一、选择题(每题 5 分,共 50 分).

1. 公比为 2 的等比数列$\{a_n\}$的各项都是正数,且$a_3a_{11}=16$,则$a_5=$(　　).

A. 1　　B. 2　　C. 4　　D. 8

2. 若$\{a_n\}$为等比数列,S_n为前n项的和,$S_3=3a_3$,则公比q为(　　).

A. 1 或$-1/2$　　B. -1 或 $1/2$　　C. $-1/2$　　D. $1/2$ 或$-1/2$

3. 三个正数a、b、c成等比数列,则$\lg a$、$\lg b$、$\lg c$是(　　).

A. 等比数列　　B. 既是等差又是等比数列

C. 等差数列　　D. 既不是等差又不是等比数列

4. 已知数列$-1,a_1,a_2,-4$成等差数列,$-1,b_1,b_2,b_3-4$成等比数列,则$\frac{a_2-a_1}{b_2}$的值为(　　).

A. $\frac{1}{2}$　　B. $-\frac{1}{2}$　　C. $\frac{1}{2}$或$-\frac{1}{2}$　　D. $\frac{1}{4}$

5. 已知数列$\{a_n\}$的前n项和为S_n,$a_1=1$,$S_n=2a_{n+1}$,则$S_n=$(　　).

A. 2^{n-1}　　B. $\left(\frac{3}{2}\right)^{n-1}$　　C. $\left(\frac{2}{3}\right)^{n-1}$　　D. $\frac{1}{2^{n-1}}$

6. 已知$\{a_n\}$为等差数列,其公差为-2,且a_7是a_3与a_9的等比中项,S_n为$\{a_n\}$的前n项和,$n\in\mathbf{N}^*$,则S_{10}的值为(　　).

A. -110　　B. -90　　C. 90　　D. 110

7. 在等比数列$\{a_n\}$中,$a_n>0$,$a_2a_4+a_3a_5+a_4a_6=25$,那么a_3+a_5的值是(　　).

A. 20　　B. 15　　C. 10　　D. 5

8. 一个等比数列前三项的积为 2,最后三项的积为 4,且所有项的积为 64,则该数列有(　　)项.

A. 13　　B. 12　　C. 11　　D. 10

9. 前 100 个自然数中,除以 7 余数为 2 的所有数的和是(　　).

A. 765　　B. 653　　C. 658　　D. 660

10. 若互不相等的实数a,b,c成等差数列,c,a,b成等比数列,且$a+3b+c=10$,则$a=$(　　).

A. 4　　B. 2　　C. -2　　D. -4

二、填空题(每题 5 分,共 20 分).

11. 若等比数列$\{a_n\}$满足$a_2a_4=\frac{1}{2}$,则$a_1a_3^2a_5=$________.

12. 公差不为 0 的等差数列的第 2,3,6 项依次构成等比数列,该等比数列的公比$q=$________.

13. 等比数列$\{a_n\}$的前n项和为S_n,已知$S_1,2S_2,3S_3$成等差数列,则$\{a_n\}$的公比

为________.

14. 设$\{a_n\}$是公比为q的等比数列,$|q|>1$,令$b_n=a_n+1(n=1,2,\cdots)$,若数列$\{b_n\}$有连续四项在集合$\{-53,-23,19,37,82\}$中,则$6q=$________.

三、解答题(每题10分,共30分).

15. 已知数列$\{a_n\}$的前n项和$S_n=2n-n^2$,$a_n=\log_5 b_n$,其中$b_n>0$,求数列$\{b_n\}$的前n项和.

16. 求和:$(a-1)+(a^2-2)+\cdots+(a^n-n)$,$(a\neq 0)$.

17. 在等差数列$\{a_n\}$中,$a_1=2$,$a_1+a_2+a_3=12$.

(1) 求数列$\{a_n\}$的通项公式;

(2) 令$b_n=a_n\cdot 3^n$,求数列$\{b_n\}$的前n项和S_n.

18. 已知数列$\{a_n\}$中,$a_1=1$,$a_n=2a_n-1+1(n\geqslant 2)$,求$a_n$.

19. 设数列$\{a_n\}$的前n项和为S_n,并且满足$2S_n=a_n^2+n$,$a_n>0(n\in\mathbf{N}^*)$.

(1) 猜想$\{a_n\}$的通项公式,并用数学归纳法加以证明;

(2) 设$x>0$,$y>0$,且$x+y=1$,证明:$\sqrt{a_nx+1}+\sqrt{a_ny+1}\leqslant\sqrt{2(n+2)}$.

第七章　空间几何体

第一节　空间几何体的结构

知识要点

1. 多面体——由若干个平面多边形围成的几何体.

围成多面体的各个多边形叫作多面体的面,相邻两个面的公共边叫作多面体的棱,棱与棱的公共点叫作顶点.

2. 旋转体——把一个平面图形绕它所在平面内的一条定直线旋转形成的封闭几何体.其中,这条定直线称为旋转体的轴.

3. 柱、锥、台、球的结构特征

多面体	结构特征
棱柱	有两个面互相平行,其余各面都是四边形,每相邻两个四边形的交线都互相平行
棱锥	有一个面是多边形,而其余各面都是有一个公共顶点的三角形.
棱台	棱锥被平行于底面的平面所截,底面和截面之间的部分叫作棱台
旋转体	旋转轴
圆柱	以矩形的一边所在的直线为旋转轴
圆锥	以直角三角形的一条直角边所在直线为旋转轴
圆台	以直角梯形的一条直角边为旋转轴
球	以半圆的直径所在直线为旋转轴

4. 简单组合体的构成有两种基本形式:一种是由简单几何体组合拼接构成;一种是简单几何体截去或挖去一部分构成.

5. 空间几何体的补充概念:

(1) 棱柱 $\begin{cases} \xrightarrow{\text{侧棱与底面不垂直}} \text{斜棱柱} \\ \xrightarrow{\text{侧棱与底面垂直}} \text{直棱柱} \xrightarrow{\text{底面是正多边形}} \text{正棱柱} \end{cases}$

(2) 特殊的四棱柱:

棱柱 $\xrightarrow{\text{底面是平行四边形}}$ 平行六面体 $\xrightarrow{\text{侧棱与底面垂直}}$ 直平行六面体 $\xrightarrow{\text{底面是矩形}}$ 长方体

$\xrightarrow{\text{底面是正方形}}$正四棱柱$\xrightarrow{\text{侧棱与底面边长相等}}$正方体

(3) 正棱锥：

定义：底面是正多面形，并且顶点在底面的射影是底面的中心；

性质：① 侧棱都相等，侧面是全等的等腰三角形；

② 棱锥的高、斜高和斜高在底面上的射影组成一个直角三角形；

③ 棱锥的高、侧棱和侧棱在底面上的射影也组成一个直角三角形.

(4) 球的相关定义与性质：

① 球面被经过球心的平面截得的圆叫大圆；被不过小圆的平面截得的圆叫球的小圆.

② 在球面上，两点之间的最短距离，就是经过这两点的大圆在这两点间的一段劣弧的长度(两点的球面距离)；

③ 球心和球的截面圆心的连线垂直于截面；

④ 球心到截面的距离 d，球的半径 R，截面圆的半径 r 满足 $r=\sqrt{R^2-d^2}$.

一、基础训练

1. 下列各组几何体中是多面体的一组是(　　).

A. 三棱柱　四棱台　球　圆锥　　B. 三棱柱　四棱台　正方体　圆台

C. 三棱柱　四棱台　正方体　六棱锥　D. 圆锥　圆台　球　半球

2. 下列几何体中是旋转体的是(　　).

① 圆柱；② 六棱锥；③ 正方体；④ 球体；⑤ 四面体.

A. ①和⑤　　B. ①　　C. ③和④　　D. ①和④

3. 下图中的几何体是由哪个平面图形旋转得到的(　　).

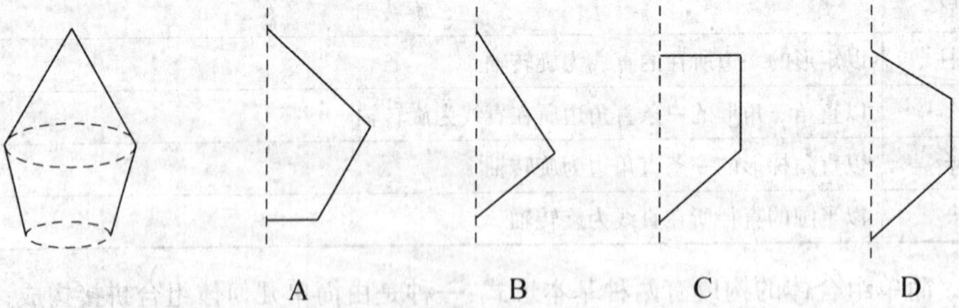

4. 下列命题中，正确的是(　　).

A. 有两个面互相平行，其余各面都是四边形的几何体叫棱柱

B. 棱柱中互相平行的两个面叫作棱柱的底面

C. 棱柱的侧面是平行四边形，而底面不是平行四边形

D. 棱柱的侧棱都相等，侧面是平行四边形

5. 在棱柱中(　　).

A. 只有两个面平行　　B. 所有的棱都平行

C. 所有的面都是平行四边形　　　　D. 两底面平行，且各侧棱也互相平行

6. 下面描述中，不是棱锥的几何结构特征的为(　　).

A. 三棱锥有四个面是三角形　　　　B. 棱锥都是有两个面是互相平行的多边形

C. 棱锥的侧面都是三角形　　　　D. 棱锥的侧棱交于一点

7. 判断题：圆柱、圆锥的母线各只有两条.(　　)

8. 下列几个命题中，正确的有________个.(　　)

① 以直角三角形的一直角边为轴旋转所得的旋转体是圆锥；

② 圆柱、圆锥都有两个底面；

③ 各侧面都是正方形的四棱柱一定是正方体；

④ 分别以矩形两条不等的边所在直线为旋转轴，将矩形旋转，所得到的两个圆柱是两个不同的圆柱.

A. 1　　B. 2　　C. 3　　D. 4

9. 下列命题中错误的是(　　).

A. 圆柱的轴截面是过母线的截面中面积最大的一个

B. 圆锥的轴截面是所有过顶点的截面中面积最大的一个

C. 圆柱的所有平行于底面的截面都是圆面

D. 圆锥所有的轴截面是全等的等边三角形

10. 下列几何体中是台体的是(　　).

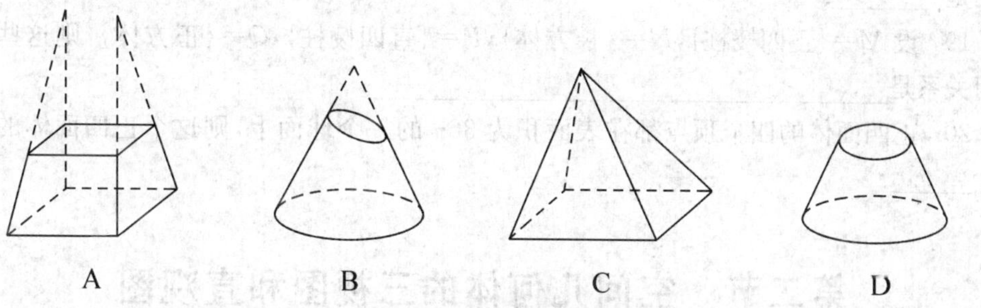

11. 有下列说法：

① 球的半径是球面上任意一点与球心的连线段；② 球的直径是球面上任意两点间的连线段；③ 用一个平面截一个球，得到的是一个圆；④ 不过球心的截面截得的圆叫作小圆. 其中正确命题有(　　).

A. ①④　　B. ②③　　C. ①②　　D. ③④

12. 已知球的大圆的内接直角三角形的两直角边长分别为 3 和 4，则球的半径为________.

13. 用一个平面截半径为 5 cm 的球，球心到截面距离为 4 cm，则截面圆的面积为________ cm^2.

二、能力提高

14. 若正四棱锥的底面边长是 a，斜高是 h，则它的侧棱长为________，高

为________.

15. 下列命题中正确的是(　　).

A. 有一条侧棱与底面两边垂直的棱柱是直棱柱

B. 有一个侧面是矩形的棱柱是直棱柱

C. 有两个侧面是矩形的棱柱是直棱柱

D. 有两个相邻侧面是矩形的棱柱是直棱柱

16. 一个棱柱是正四棱柱的条件是(　　).

A. 底面是正方形,有两个侧面是矩形

B. 底面是正方形,有两个侧面垂直于底面

C. 底面是菱形,且有一个顶点处的三条棱两两垂直

D. 每个侧面都是全等矩形的四棱柱

17. 下列四个命题中正确命题的个数是(　　).

(1) 有四个相邻侧面互相垂直的棱柱是直棱柱

(2) 各侧面都是正方形的四棱柱是正方体

(3) 底面是正三角形,各侧面都是等腰三角形的三棱锥是正三棱锥

A. 1个　　B. 2个　　C. 3个　　D. 0个

18. 已知一个长方体共一顶点的三个面的面积分别是$\sqrt{2}$、$\sqrt{3}$、$\sqrt{6}$,这个长方体的对角线长是________.

19. 设M=\{正四棱柱\},N=\{长方体\},P=\{直四棱柱\},Q=\{正方体\},则这些集合之间关系是________________________.

20. 正四面体的四个顶点都在表面积为36π的一个球面上,则这个正四面体的高等于________.

第二节　空间几何体的三视图和直观图

知识要点

1. 空间几何体的三视图:正视图、侧视图、俯视图.

2. 直观图,实际上是把空间几何体用平面图形来表示,使我们能够根据平面图形想象出空间几何体的形状和结构.

3. 斜二测画法:

step1:在已知图形中取互相垂直的轴Ox、Oy,(即取$\angle xOy=90°$);

step2:画直观图时,把它画成对应的轴$O'x'$,$O'y'$,取$\angle x'O'y'=45°$(或$135°$),它们确定的平面表示水平平面;

step3:在坐标系$x'O'y'$中画直观图时,已知图形中平行于数轴的线段保持平行性不变,平行于x轴(或在x轴上)的线段保持长度不变,平行于y轴(或在y轴上)的线段长

度减半.

4. 空间几何体的直观图的画法规则，与平面图形的画法相比，只是多画一个与 x 轴和 y 轴都垂直的 Z 轴，并且平行 Z 轴的线段的平行性和长度都不变，在直观图上，平面 $x'O'y'$ 表示水平面，平面 $y'O'z'$ 和 $z'O'x'$ 表示直立平面.

一、基础训练

1. 下列几种说法正确的个数是(　　).

① 相等的角在直观图中对应的角仍然相等

② 相等的线段在直观图中对应的线段仍然相等

③ 平行的线段在直观图中对应的线段仍然平行

④ 线段的中点在直观图中仍然是线段的中点

A. 1　　B. 2　　C. 3　　D. 4

2. 下列说法正确的是(　　).

A. 水平放置的正方形的直观图可能是梯形

B. 两条相交直线的直观图可能是平行直线

C. 平行四边形的直观图仍然是平行四边形

D. 互相垂直的两条直线的直观图仍然互相垂直必须是 $45°$

3. 一个三角形的直观图是一个边长为 2 的正三角形，则此三角形的面积是________.

4. 用斜二测画法画各边长为 2 cm 的正三角形的直观图的面积为________.

5. 画出一个水平放置的上底长为 3 cm，下底长为 5 cm 的等腰梯形的直观图.

6. 如图，某几何体的正视图，侧视图和俯视图分别是等边三角形，等腰三角形和菱形，用斜二测画法画出它的直观图.

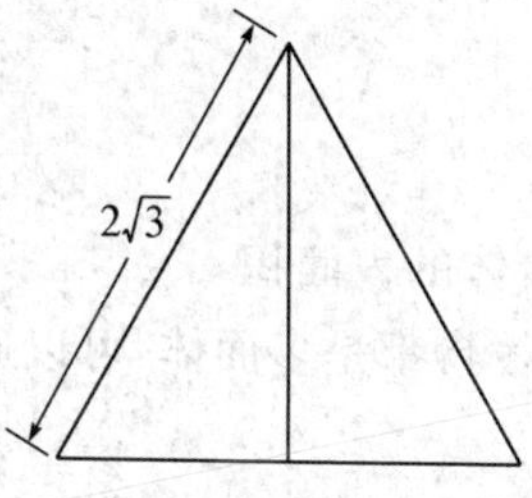

正视图

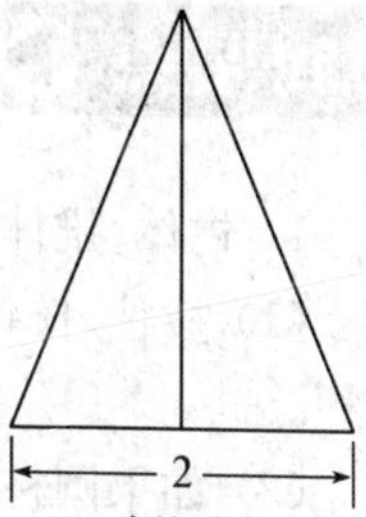

侧视图

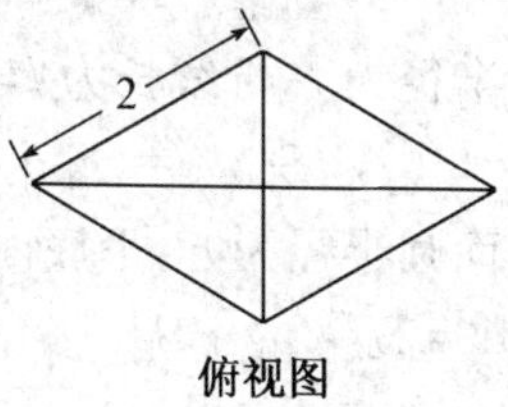

俯视图

二、能力提高

7. 若一个三角形,采用斜二测画法作出其直观图,其直观图面积是原三角形面积的(　　).

A. $\frac{1}{2}$倍　　B. $\frac{\sqrt{2}}{4}$倍　　C. 2倍　　D. $\sqrt{2}$倍

8. 如果一个水平放置的图形的斜二测直观图是一个底面为45°,腰和上底均为1的等腰梯形,那么原平面图形的面积是(　　).

A. $2+\sqrt{2}$　　B. $\frac{1+\sqrt{2}}{2}$　　C. $\frac{2+\sqrt{2}}{2}$　　D. $1+\sqrt{2}$

9. 如图所示的直观图,其原来平面图形的面积是(　　).

A. 4　　B. $4\sqrt{2}$　　C. $2\sqrt{2}$　　D. 8

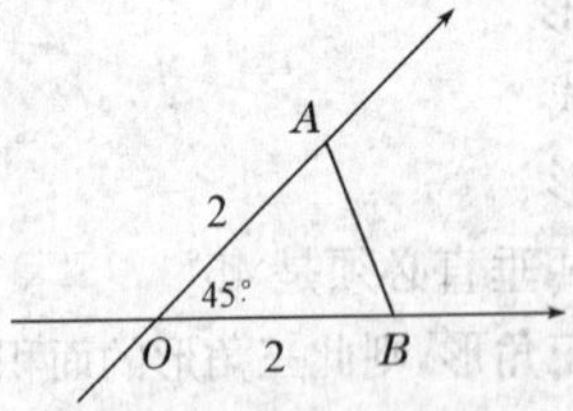

第9题图

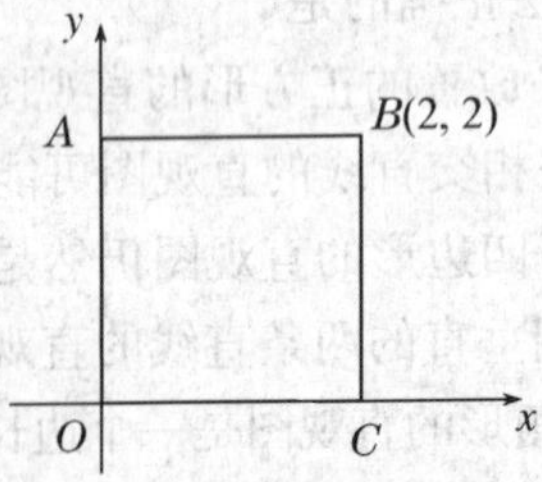

第10题图

10. 如图为水平放置的正方形$ABCO$,它在直角坐标系xOy中点B的坐标为(2,2),则在用斜二测画法画出的正方形的直观图中,顶点B'到x'轴的距离为________.

第三节　空间几何体的表面积与体积

知识要点

1. 柱体、锥体、台体的表面积

(1) 棱柱、棱锥、棱台都是多面体,可以通过计算各个面的面积的和,来计算它们的表面积.

(2) 如果圆柱的底面半径为r,高为l,那么圆柱的表面积为

$$S_{圆柱表}=S_{底}+S_{圆柱侧}=2\pi r(r+l)$$

如果圆锥的底面半径为r,母线长为l,那么圆锥的表面积为

$$S_{圆锥表}=S_{底}+S_{圆锥侧}=\pi r(r+l)$$

如果圆台的上底面圆半径为r',下底面圆半径为r,母线长为l,那么它的表面积为

$$S_{圆台表}=S_{圆台上底}+S_{圆台下底}+S_{圆台侧}=\pi(r'^2+r^2+r'l+rl)$$

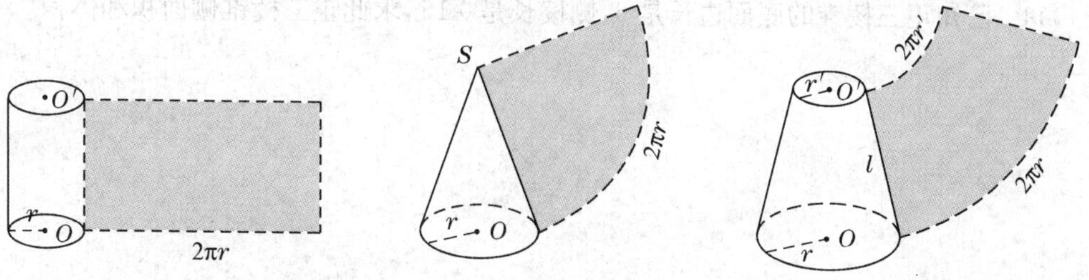

2. 柱体、锥体、台体的体积

(1) 柱体的体积也是 $V_{柱}=Sh$,其中 S 是底面面积,h 是柱体的高.

(2) 锥体的体积也是 $V_{锥}=\frac{1}{3}Sh$,其中 S 是底面面积,h 是锥体的高,它是同底等高的柱体体积的$\frac{1}{3}$.

(3) 一般地,台体的体积公式 $V_{台}=\frac{1}{3}(S'+\sqrt{S'S}+S)h$,其中 S' 与 S 分别为上、下底面面积,h 表示台体的高.

3. 球面积、体积公式:$V_{球}=\frac{4}{3}\pi R^3$,$S_{球}=4\pi R^2$(其中 R 为球的半径).

一、基础训练

1. 棱长都是 1 的三棱锥的表面积为( ).

A. $\sqrt{3}$ B. $2\sqrt{3}$ C. $3\sqrt{3}$ D. $4\sqrt{3}$

2. 圆锥母线长为 l,侧面展开圆心角为 240°,该圆锥的体积是( ).

A. $\frac{2\sqrt{2}}{81}\pi$ B. $\frac{8}{81}\pi$ C. $\frac{4\sqrt{5}}{81}\pi$ D. $\frac{10}{81}\pi$

3. 若长方体的共顶点的三个面的面积分别为 3,5,15,则它的体积为( ).

A. 3 B. 5 C. 10 D. 15

4. 正四棱锥的底面边长是 4 cm,侧棱长是 $\sqrt{17}$ cm,则棱锥的斜高为________;高为________;侧面积为________,体积是________.

5. 圆柱的侧面展开图是正方形,则其底面积与侧面积之比是________.

6. 已知圆锥的底面半径为 2 cm,母线长为 3 cm,它的侧面展开图的形状为________,高为________ cm,侧面积为________ cm²,体积为________ cm³.

7. 已知圆柱与圆锥的底面积相等,高也相等,它们的体积分别为 V_1 和 V_2,则 $V_1:V_2=$________.

8. 如果球的半径为 3,则它的体积为________,表面积为________.

9. 如果两个球的体积之比为 8∶27,那么两个球的表面积之比为________.

10. 五棱台的上、下底面均是正五边形,边长分别是 6 cm 和 30 cm,侧面是全等的等腰梯形,侧棱长是 13 cm,则它的侧面积为________.

11. 已知正三棱锥的底面边长是6,侧棱长是$\sqrt{15}$,求此正三棱锥侧面积和体积.

二、能力提高

12. 一个长方体全面积是 20 cm^2,所有棱长和是 24 cm,长方体的对角线长为________.

13. 在底半径为2,母线长为4的圆锥中内接一个高为$\sqrt{3}$的圆柱,圆柱的表面积为________.

14. 一个四面体的所有棱长都为$\sqrt{2}$,四个顶点在同一球面上,则此球的表面积为________.

15. 如图所示:$A_1B_1C_1D_1$ 是长方体的一个斜截面,其中$AB=4$, $BC=3$, $CC_1=12$, $AA_1=5$,则这个几何体的体积为________.

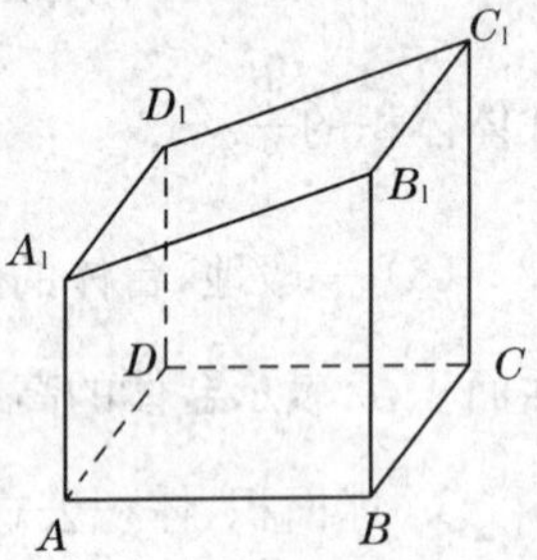

第15题图

第七章　综合测试题

一、选择题(本大题共10小题,每小题4分,共40分).

1. 有两个面平行的多面体不可能是(　　).

A. 棱柱　　B. 棱锥　　C. 棱台　　D. 以上都错

2. 下列命题中正确的是(　　).

A. 用一个平面去截棱锥,棱锥底面和截面之间的部分是棱台

B. 两个底面平行且相似,其余各面都是梯形的多面体是棱台

C. 棱台的底面是两个相似的正方形

D. 棱台的侧棱延长后必交于一点

3. 以钝角三角形的较小边所在的直线为轴,其他两边旋转一周所得到的几何体是(　　).

A. 两个圆锥拼接而成的组合体　　B. 一个圆台

C. 一个圆锥　　D. 一个圆锥挖去一个同底的小圆锥

4. 给出下列命题:

① 在圆柱的上、下两底面的圆周上各取一点,则这两点的连线是圆柱的母线;

② 圆锥的顶点与底面圆周上任意一点的连线是圆锥的母线;

③ 在圆台上、下两底面的圆周上各取一点,则这两点的连线是圆台的母线;

④ 圆柱的任意两条母线相互平行.

其中正确的是(　　).

A. ①②　　B. ②③　　C. ①③　　D. ②④

5. 如图,几何体的正视图和侧视图都正确的是(　　).

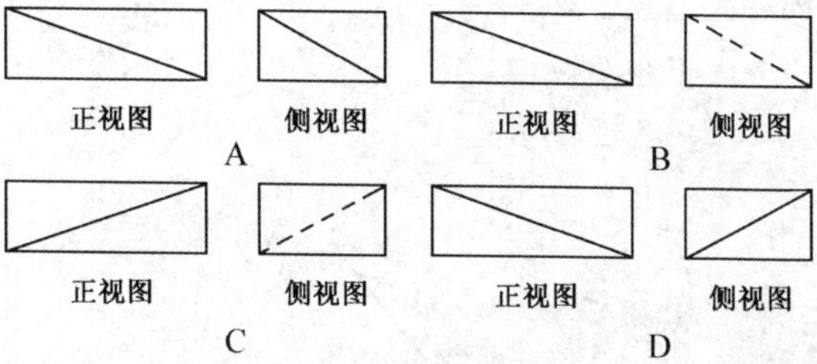

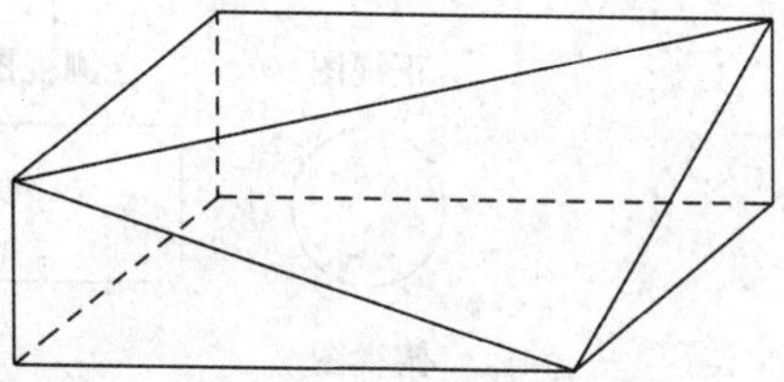

6. 在一个几何体的三视图中,正视图和俯视图如右图所示,则相应的侧视图可以为(　　).

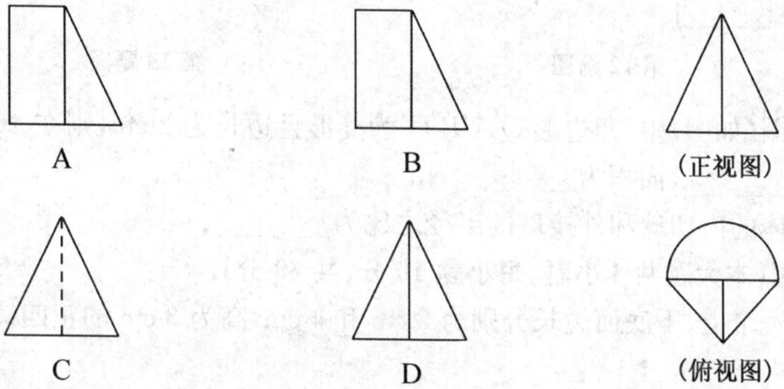

7. 圆锥的侧面展开图是直径为 a 的半圆面,那么此圆锥的轴截面是(　　).

A. 等边三角形　　B. 等腰直角三角形

C. 顶角为 30° 的等腰三角形　　D. 其他等腰三角形

8. 下列四个命题中正确的命题有______个.(　　)

① 各侧面是全等的等腰三角形的四棱锥是正四棱锥;

② 底面是正多边形的棱锥是正棱锥;

③ 棱锥的所有面可能都是直角三角形;

④ 四棱锥中侧面最多有四个直角三角形.

A. 1　　B. 2　　C. 3　　D. 4

9. 长方体的一个顶点上三条棱长分别是 3,4,5,且它的 8 个顶点都在同一球面上,则这个球的表面积是(　　).

A. 25π　　B. 50π　　C. 125π　　D. 都不对

10. 已知正方体外接球的体积是 $\frac{32}{3}\pi$,那么正方体的棱长等于(　　).

A. $2\sqrt{2}$　　B. $\frac{2\sqrt{3}}{3}$　　C. $\frac{4\sqrt{2}}{3}$　　D. $\frac{4\sqrt{3}}{3}$

二、填空题(本大题共 4 小题,每小题 5 分,共 20 分).

11. 一个棱柱至少有________个面,面数最少的一个棱锥有________个顶点,顶点最少的一个棱台有________条侧棱.

12. 下图中三视图所表示几何体的名称为________.

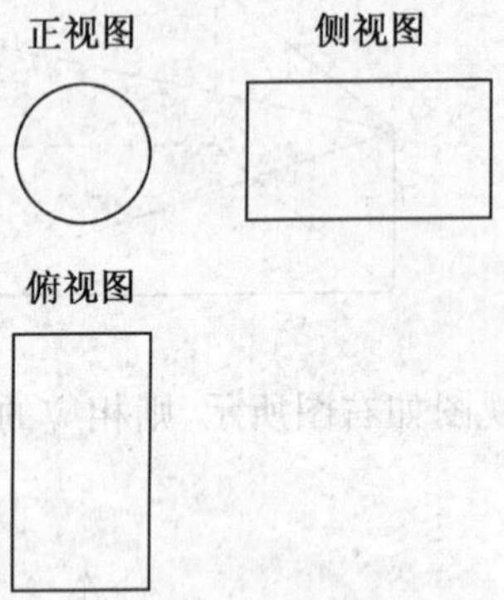

第 12 题图

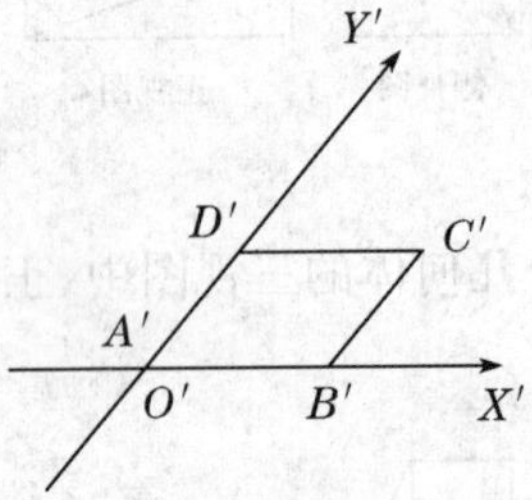

第 13 题图

13. 直观图(如图)中,四边形 $O'A'B'C'$ 为菱形且边长为 2 cm,则在 xOy 坐标中四边形 $ABCD$ 为________,面积为________ cm^2.

14. 正方体的内切球和外接球的半径之比为________.

三、解答题(本大题共 4 小题,每小题 10 分,共 40 分).

15. 画出一个上、下底面边长分别为 2 cm 和 4 cm,高为 3 cm 的正四棱台的直观图.

16. 某四棱锥的三视图如图所示,求该四棱锥的表面积和体积.

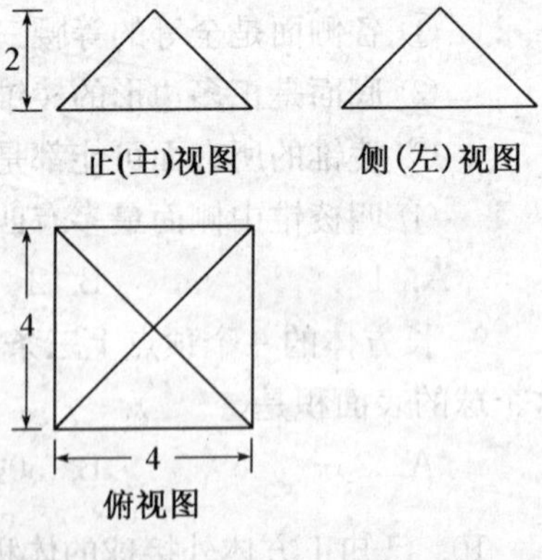

17. 已知过球面上 A、B、C 三点的截面到球心的距离是球半径的一半,且 $AB=BC=CA=2$,求球的表面积和体积.

18. 养路处建造圆锥形仓库用于贮藏食盐(供融化高速公路上的积雪之用),已建的仓库的底面直径为 12 m,高 4 m,养路处拟建一个更大的圆锥形仓库,以存放更多食盐,现有两种方案:一是新建的仓库的底面直径比原来大 4 m(高不变);二是高度增加 4 m(底面直径不变).

(1) 分别计算按这两种方案所建的仓库的体积;

(2) 分别计算按这两种方案所建的仓库的表面积;

(3) 哪个方案更经济些?

第八章　点、直线、平面的位置关系

第一节　平面

知识要点

本节课主要学习了平面的概念、表示方法、点线面之间的关系和平面的基本性质.

1. 平面的特征:抽象的概念,绝对平的,没有厚薄,可以无限延展.
2. 平面的表示方法:一般画平行四边形来表示平面.
3. 图形语言,文字语言,符号语言的转化:

图形语言	文字语言	符号语言
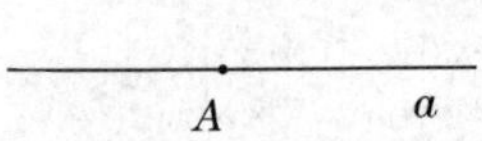	点 A 在直线 a 上 点 B 在直线 a 外	$A\in a$ $B\notin a$
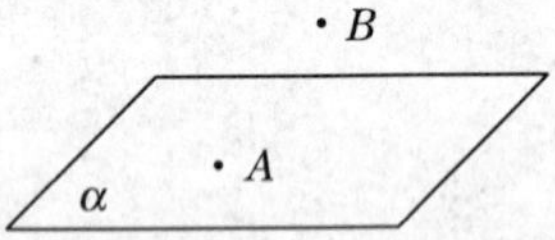	点 A 在平面 α 外 点 B 在平面 α 内	$A\in \alpha$ $B\notin \alpha$
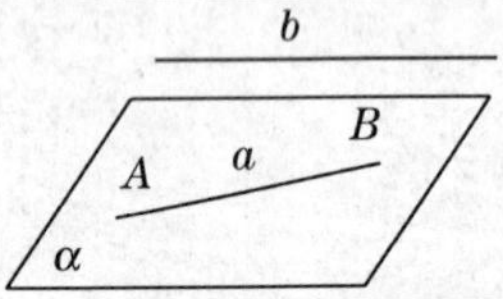	直线 a 在平面 α 内 直线 b 在平面 α 外	$a\subset\alpha$ $b\not\subset\alpha$
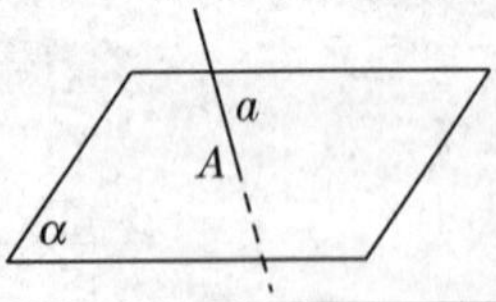	直线 a 与平面 α 相交于点 A	$a\cap\alpha=A$
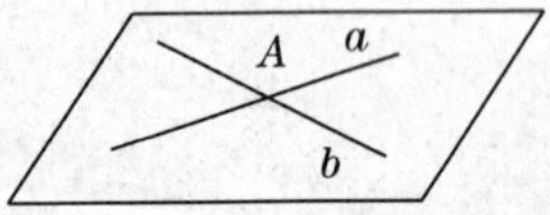	直线 a 与直线 b 交于点 A	$a\cap b=A$
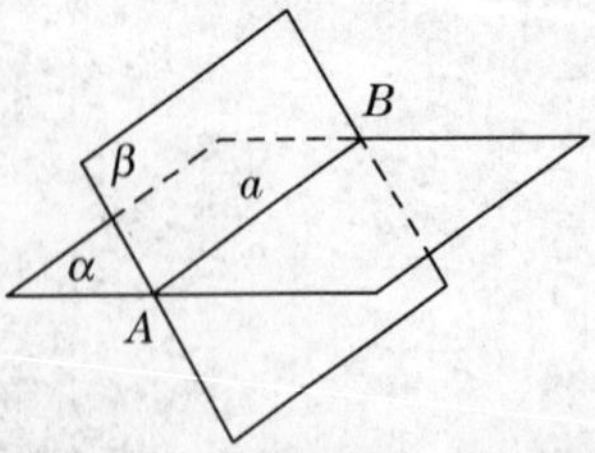	平面 α 与平面 β 相交于直线 a	$\alpha\cap\beta=a$

4. 三个定理与三个推论

公理1:如果一条直线上的两点在一个平面内,那么这条直线上所有的点都在这个平面内.

如果直线 l 上所有的点都在平面 α 内,我们说直线 l 在平面 α 内,或者平面 α 经过直线 l,记作 $l\subset\alpha$;否则,就说直线 l 在平面 α 外,记作 $l\not\subset\alpha$.

用途:常用于证明直线在平面内.

公理2:如果两个不重合的平面有一个公共点,那么它们有且只有一条过该点的公共直线..

用途:常用于证明线在面内,证明点在线上.

公理3:经过不在同一条直线上的三点,有且只有一个平面.

推论1:经过一条直线和这条直线外的一点,有且只有一个平面.

推论2:经过两条相交直线,有且只有一个平面.

推论3:经过两条平行直线,有且只有一个平面.

用途:用于确定平面.

一、基础训练

1. 判断题.

(1) 桌面是一个平面. (　　)

(2) 一个平面长4米宽3米. (　　)

(3) 两个平面重叠在一起比一个平面厚. (　　)

(4) 一个平面的面积是25 m^2. (　　)

(5) 一条直线的长度比一个平面的长度大. (　　)

(6) 平面是矩形或平行四边形. (　　)

(7) 二个平面可以只有一个公共点. (　　)

(8) 空间三个点可以确定一个平面. (　　)

(9) 一条直线和一个点可以确定一个平面. (　　)

2. 空间中可以确定一个平面的条件有(　　).

① 两条直线;② 一个点和一直线;③ 一个三角形;④ 三个点.

A. 0个　　B. 1个　　C. 2个　　D. 3个

3. 下列四个命题,其中正确命题的命题个数有(　　).

① 两个相交平面有不在同一直线上的三个公共点;

② 经过空间任意三点有且只有一个平面;

③ 过两平行直线有且只有一个平面;

④ 在空间两两相交的三条直线必共面.

A. 0个　　B. 1个　　C. 2个　　D. 3个

4. 下列说法正确的是(　　).

① 一条直线上有一个点在平面内,则这条直线上所有的点在这平面内;

② 一条直线上有两点在一个平面内,则这条直线在这个平面内;

③ 若线段 $AB\subset\alpha$,则线段 AB 延长线上的任何一点必在平面 α 内;

④ 一条射线上有两点在一个平面内,则这条射线上所有的点都在这个平面内.

A. ①②③　　B. ②③④　　C. ③④　　D. ②③

5. 以下四个命题:(1) 圆上三点可确定一个平面;(2) 圆心和圆上两点可确定一个平面;(3) 四条平行线确定六个平面;(4) 不共线的五点可以确定一个平面,则必有三点共线. 其中正确的是(　　).

A. (1)　　B. (1)(3)　　C. (1)(4)　　D. (1)(2)(4)

6. 若点 N 在直线 a 上,直线 a 又在平面 α 内,则点 N,直线 a 与平面 α 之间的关系可记作____________.

7. 直线 a 和 b 相交于点 P,记为________,平面 α 与 β 相交于直线 l 记为________.

8. 请将以下四图中,看得见的部分用实线描出.

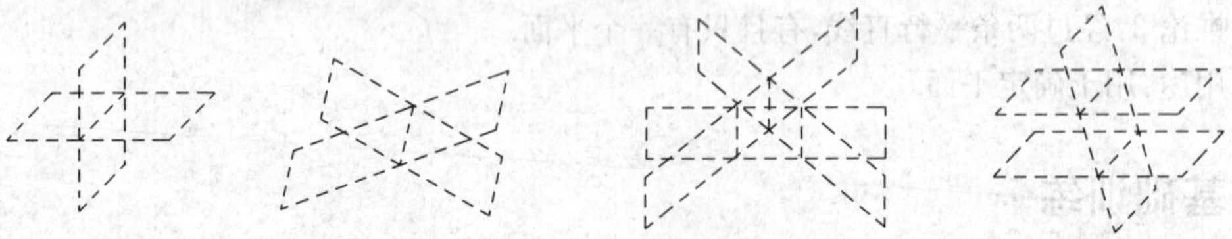

(1)　　(2)　　(3)　　(4)

9. 观察(1)、(2)、(3)三个图形,模型说明它们的位置关系有什么不同,并用字母表示各个平面.

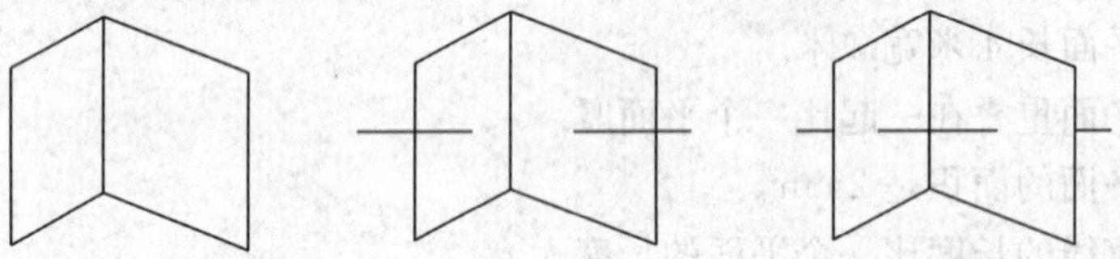

(1)　　(2)　　(3)

二、能力提高

10. 直线 $l_1 /\!/ l_2$,在 l_1 上取 3 点,l_2 上取 2 点,由这 5 点能确定的平面有(　　).

A. 9 个　　B. 6 个　　C. 3 个　　D. 1 个

11. 如图,在正方体 $ABCD-A_1B_1C_1D_1$ 中,直线 EF 是平面 ACD_1 与下面哪个平面的交线(　　).

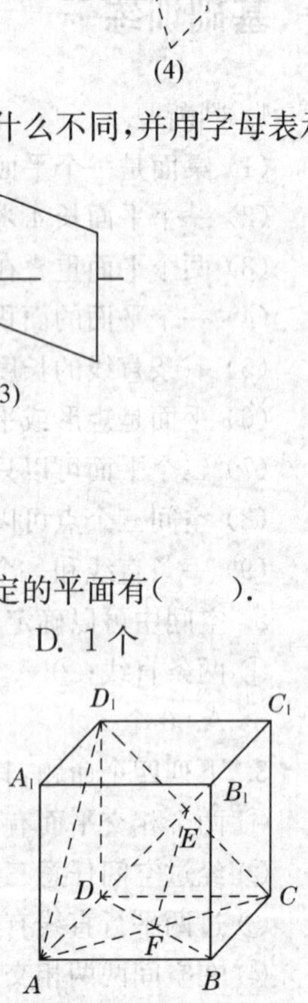

A. 面 BDB_1　　B. 面 BDC_1

C. 面 ACB_1　　D. 面 ACC_1

12. 空间不共线的四点,可以确定平面的个数为(　　).

A. 0　　B. 1

C. 1 或 4　　D. 无法确定

13. 空间不重合的三个平面可以把空间分成(　　).

A. 4 或 6 或 7 个部分　　B. 4 或 6 或 7 或 8 个部分

C. 4 或 7 或 8 个部分　　D. 6 或 7 或 8 个部分

第二节　空间两条直线的位置关系

知识要点

1. 空间两条直线的位置关系：相交直线、平行直线、异面直线.

2. 公理4(平行公理)：平行于同一条直线的两条直线互相平行. 符号表述：

$$a/\!/b, b/\!/c \Rightarrow a/\!/c$$

3. 等角定理：如果一个角的两边和另一个角的两边分别平行并且方向相同，那么这两个角相等.

如果一个角的两边与另一个角的两边分别平行，那么这两个角相等或互补.

4. 异面直线

(1) 定义：不同在任何一个平面内的两条直线叫作异面直线；

(2) 判定定理：连接平面内的一点与平面外一点的直线与这个平面内不过此点的直线是异面直线.

图形语言：

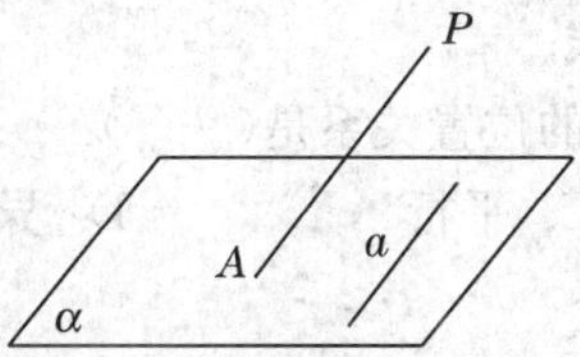

符号语言：$P\notin\alpha, A\in\alpha, a\subset\alpha, A\notin a \Rightarrow PA$ 与 a 异面

5. 异面直线所成的角：如右图，在空间任取一点 O，过 O 作 $a'/\!/a, b'/\!/b$，则 a', b' 所成的 θ 角为异面直线 a, b 所成的角. 特别地，找异面直线所成的角时，经常把一条异面直线平移到另一条异面直线的特殊点(如线段中点，端点等)上，形成异面直线所成的角.

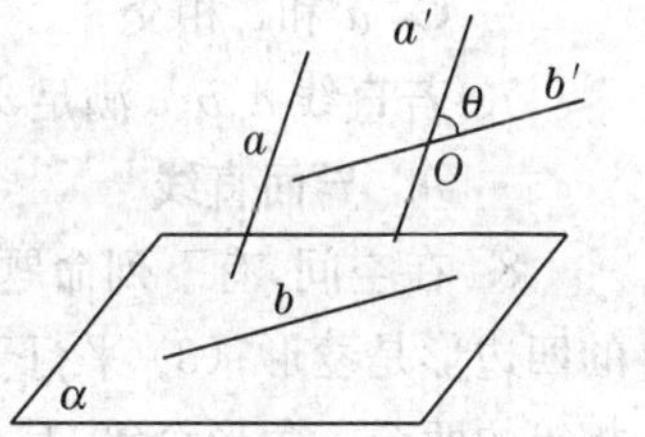

(1) 范围：$\theta\in(0°, 90°]$；

(2) 作异面直线所成的角：平移法.

6. 异面直线的公垂线：和两条异面直线都垂直相交的直线叫做两条异面直线的公垂线. 公垂线夹在异面直线间的部分，叫作这两条异面直线的公垂线段.

注意：任意两条异面直线有且只有一条公垂线.

7. 异面直线的距离：两条异面直线的公垂线段的长度，叫作这两条异面直线的距离.

一、基础训练

1. 判断题

(1) 若三条直线两两平行，则这三条直线必共面.　(　　)

(2) 一条直线和两条平行直线相交，那么这三条直线在同一平面内.　(　　)

(3) 互不平行的两条直线是异面直线. ( )

(4) 不同在一个平面内的两条直线是异面直线. ( )

(5) 若 $a\perp b, c\perp b$，则 $a\parallel c$. ( )

(6) 若 $a\parallel b, b\parallel c$，则 $a\parallel c$. ( )

2. 两条异面直线指的是( ).

A. 在空间不相交的两条直线

B. 分别位于两个不同平面内的两条直线

C. 一个平面内的一条直线和这个平面外的一条直线

D. 不同在任何一个平面内的两条直线

3. 下列命题中，真命题的是( ).

A. 两两相交的三条直线共面　　B. 两两相交且不共点的四条直线共面

C. 不共面的四点中可以有三点共线　　D. 边长相等的四边形一定是菱形

4. 空间两条互相平行的直线，指的是( ).

A. 在空间没有公共点的两条直线

B. 分别在两个平行平面内的两条直线

C. 位于同一平面内且没有公共点的两条直线

D. 分别与第三条直线成等角的两条直线

5. 若 a、b 为异面直线，直线 $c\parallel a$，则 c 与 b 的位置关系是( ).

A. 相交　　B. 异面　　C. 平行　　D. 异面或相交

6. 若 a 和 b 异面，b 和 c 异面，则( ).

A. $a\parallel c$　　B. a 和 c 异面

C. a 和 c 相交　　D. a 与 c 或平行或相交或异面

7. 若直线 a、b、c 满足 $a\parallel b, b\perp c$，则 a 与 c 的关系是( ).

A. 异面直线　　B. 平行直线　　C. 垂直　　D. 相交

8. 在空间，有下列命题：(1) 有两组对边相等的四边形是平行四边形；(2) 四边相等的四边形是菱形；(3) 平行于同一条直线的两条直线平行；(4) 有两边和它们的夹角对应相等的两个三角形全等. 其中正确的个数为( ).

A. 1　　B. 2　　C. 3　　D. 4

9. 在棱长为 a 的正方形 $ABCD-A_1B_1C_1D_1$ 中，与 AD 成异面直线且距离为 a 的棱共有( ).

A. 4 条　　B. 5 条　　C. 6 条　　D. 7 条

10. 已知 a,b,c 是三条直线，角 $a\parallel b$，且 a 与 c 的夹角为 θ，那么 b 与 c 夹角为________.

11. 如图，在正方体 $ABCD-A_1B_1C_1D_1$ 中，E 为 A_1C_1 的中点，则异面直线 CE 与 BD 所成角的大小为________.

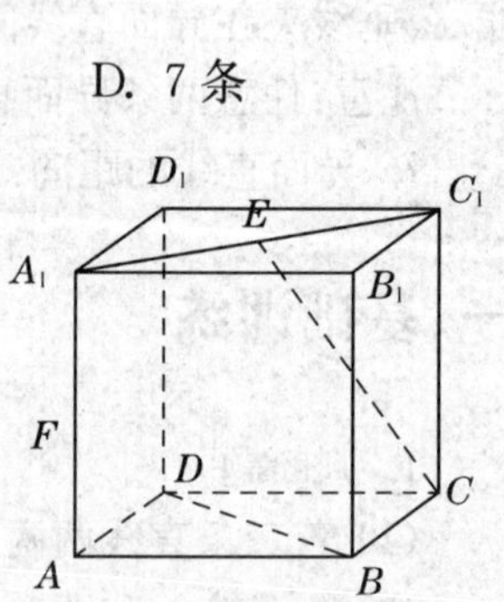

第 11 题图

12. 如图，已知长方体 $ABCD-A'B'C'D'$ 中，$AB=2\sqrt{3}$，$AD=2\sqrt{3}$，$AA'=2$.

(1) 此长方体中与 AA' 垂直的棱共有多少条?

(2) 求 BC 和 $A'C'$ 所成角的大小.

(3) 求 AA' 和 BC' 所成角的大小.

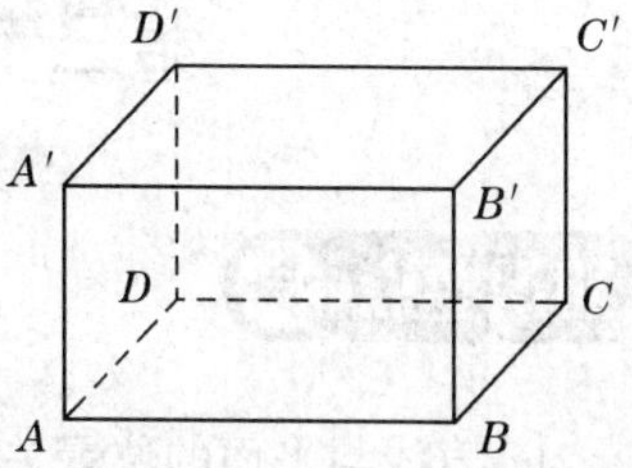

第 12 题图

13. 如图:正方体 AC_1 的棱长为 a.

(1) 求 CD_1 与 A_1C_1 所成角的大小;

(2) 求 CD_1 与 B_1C_1 之间的距离.

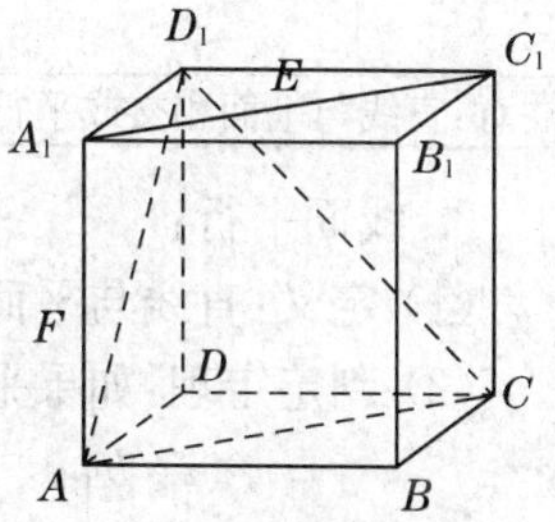

第 13 题图

二、能力提高

14. 已知 m、n 为异面直线,$m\subset$平面 α,$n\subset$平面 β,$\alpha\cap\beta=l$,则 l(　　).

A. 与 m、n 都相交　　B. 与 m、n 中至少一条相交

C. 与 m、n 都不相交　　D. 至多与 m、n 中的一条相交

15. 如图,在空间四边形 $ABCD$ 中,点 E、H 分别是边 AB、AD 的中点,F、G 分别是边 BC、CD 上的点,且 $\frac{CF}{CB}=\frac{CG}{CD}=\frac{2}{3}$,则(　　).

A. EF 与 GH 互相平行

B. EF 与 GH 异面

C. EF 与 GH 的交点 M 可能在直线 AC 上,也可能不在直线 AC 上

D. EF 与 GH 的交点 M 一定在直线 AC 上

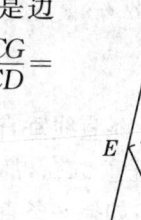

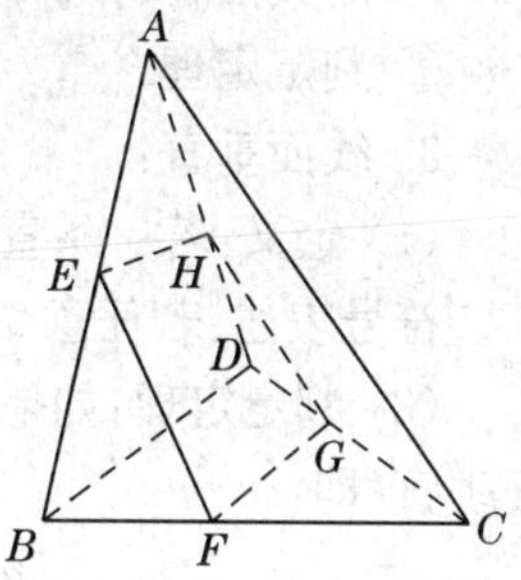

第 15 题图

第三节　直线与平面的位置关系

知识要点

1. 直线与平面的位置关系：

位置关系	直线 l 在平面 α 内	直线 l 与平面 α 相交	直线 l 与平面 α 平行
公共点	有无数个公共点	有且只有一个公共点	没有公共点
符号表示	$l\subset\alpha$	$l\cap\alpha=P$	$l/\!/\alpha$
图形表示	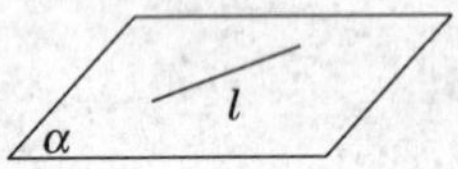 	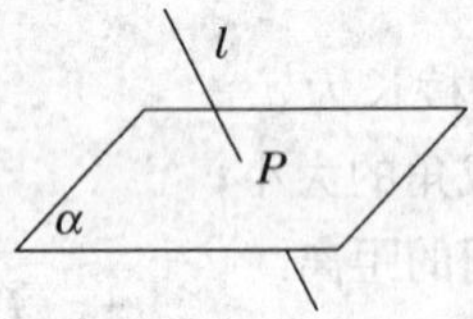 	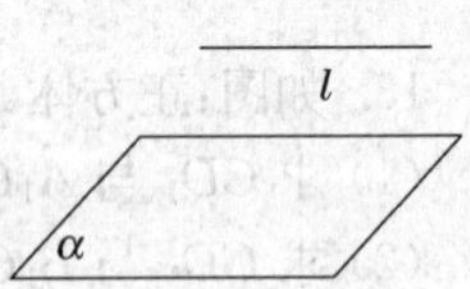
注意：直线与平面相交或平行的情况我们统称为直线在平面外，记作 $l\not\subset\alpha$.			

2. 线面平行：

(1) 定义：直线与平面无公共点.

(2) 判定定理：如果平面外的一条直线与平面内的一条直线平行，那么这条直线和这个平面平行. 即：

$$\left.\begin{matrix}a/\!/b\\ a\not\subset\alpha\\ b\subset\alpha\end{matrix}\right\}\Rightarrow a/\!/\alpha\text{(线线平行}\Rightarrow\text{线面平行)}$$

(3) 性质定理：如果一条直线与一个平面平行，则过这条直线的任一平面与这个平面的交线与该直线平行. 即：

$$\left.\begin{matrix}a/\!/\alpha\\ a\subset\beta\\ \alpha\cap\beta=b\end{matrix}\right\}\Rightarrow a/\!/b\text{(线面平行}\Rightarrow\text{线线平行)}$$

(4) 判定或证明线面平行的依据：

① 定义法(反证).

② 判定定理.

3. 线面垂直：

(1) 定义：若一条直线垂直于平面内的任意一条直线，则这条直线垂直于平面.

符号表述：若任意 $a\subset\alpha$，都有 $l\perp a$，且 $l\not\subset\alpha$，则 $l\perp\alpha$.

(2) 判定定理：如果一条直线与一个平面内的两条相交直线都垂直，则该直线与此平面垂直. 即：

$$\left.\begin{matrix}a,b\subset\alpha\\ a\cap b=O\\ l\not\subset\alpha\\ l\perp a\\ l\perp b\end{matrix}\right\}\Rightarrow l\perp\alpha\text{(线线垂直}\Rightarrow\text{线面垂直)}$$

推论：如果两条平行直线中的一条垂直于一个平面，那么另一条也垂直于这个平面.

(3) 性质定理：如果两条直线同时垂直于一个平面，那么这两条直线互相平行.

即：$a\perp\alpha, b\perp\alpha \Rightarrow a /\!/ b$.

(4) 证明或判定线面垂直的依据：

① 定义(反证)

② 判定定理(常用)

③ 判定定理推论

4. 线面斜交：

(1) 斜线与平面所成的角：平面的一条斜线和它在平面内的射影所成的锐角叫做这条斜线和这个平面所成的角.

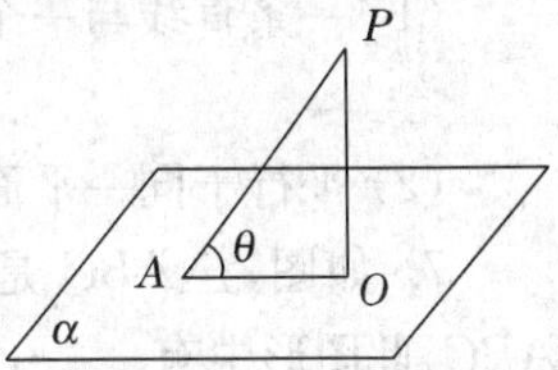

如右图，$PO\perp\alpha$ 于 O，则 AO 是 PA 在平面 α 内的射影，则 $\angle PAO$ 就是斜线 PA 与平面 α 所成的角.

(2) 斜线与平面所成角的范围是：$(0°, 90°)$.

直线与平面所成角的范围是：$[0°, 90°]$.

注：若 $l\subset\alpha$ 或 $l /\!/ \alpha$，则直线 l 与平面 α 所成的角为 $0°$；若 $l\perp\alpha$，则直线 l 与平面 α 所成的角为 $90°$.

5. 三垂线定理及逆定理：

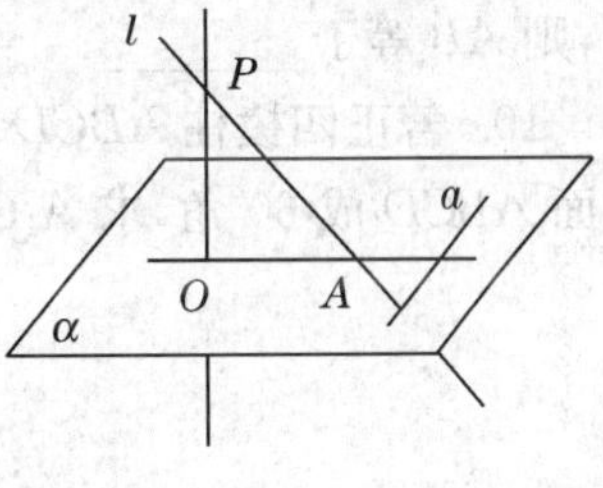

(1) 三垂线定理及逆定理：已知 $PO\perp\alpha$，斜线 PA 在平面 α 内的射影为 OA，$a\subset\alpha$.

① 若 $a\perp OA$，则 $a\perp PA$(垂直射影 ⇒ 垂直斜线)，此为三垂线定理；

② 若 $a\perp PA$，则 $a\perp OA$(垂直斜线 ⇒ 垂直射影)，此为三垂线定理的逆定理.

(2) 三垂线定理及逆定理的主要应用：

① 证明异面直线垂直；

② 作点到线的垂线段；

③ 作、证二面角的平面角.

一、基础训练

1. 直线与平面平行的条件是这条直线与平面内的(　　).

A. 一条直线不相交　　B. 两条直线不相交

C. 任意一条直线不相交　　D. 无数条直线不相交

2. 若直线 a 不平行于平面 α，则下列结论成立的是(　　).

A. α 内所有的直线都与 a 异面　　B. α 内不存在与 a 平行的直线

C. α 内所有的直线都与 a 相交　　D. 直线 a 与平面 α 有公共点

3. 已知两条相交直线 a，b，$a /\!/$ 平面 α，则 b 与 α 的位置关系是(　　).

A. 平行　　B. 相交　　C. b 在 α 外　　D. b 在 α 内

4. 如果直线 a 平行于平面 α,则( ).

A. 平面 α 内有且只有一条直线与 a 平行

B. 平面 α 内有无数条直线与 a 平行

C. 平面 α 内不存在与 a 平行的直线

D. 平面 α 内的任意直线与直线 a 都平行

5. 一条直线与一个平面垂直的条件是( ).

A. 垂直于平面内的一条直线　　B. 垂直于平面内的两条直线

C. 垂直于平面内的无数条直线　　D. 垂直于平面内的两条相交直线

6. 判断题

(1) 一条直线与一个平面内无数条直线平行,那么这条直线一定和这个平面平行.( )

(2) 平行于同一平面的两条直线平行.( )

7. 如图,$\triangle ABC$ 是直角三角形,$\angle ABC=90°$,$PA\perp$ 平面 ABC,此图形中有________个直角三角形.

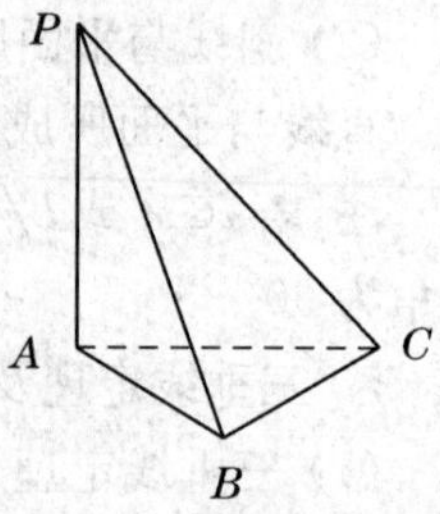

第 7 题图

8. 平面 α 外的直线与平面 α 所成的角为 θ,则 θ 的取值范围是________.

9. 若直线 AB 与平面成 $30°$,A、B 与平面的距离分别是 6 和 10,则 AB 等于________.

10. 若正四棱柱 $ABCD-A_1B_1C_1D_1$ 的底面边长为 1,AB_1 与底面 $ABCD$ 成 $60°$角,求 A_1C_1 到底面 $ABCD$ 的距离.

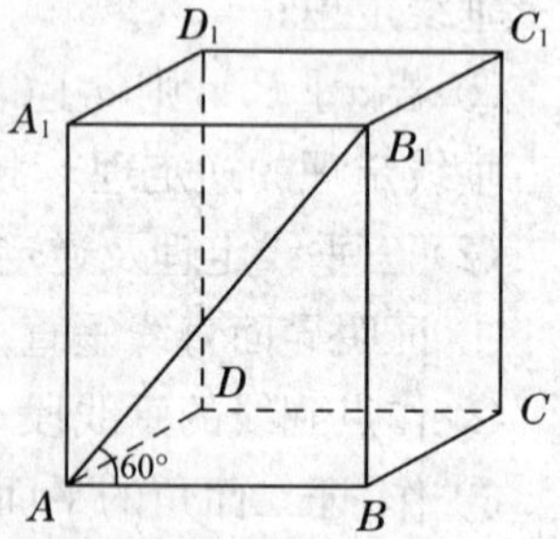

11. 平面 α 与 $\triangle ABC$ 的两边 AB、AC 分别交于 D、E,且 $AD:DB=AE:EC$,求证:$BC/\!/$平面 α.

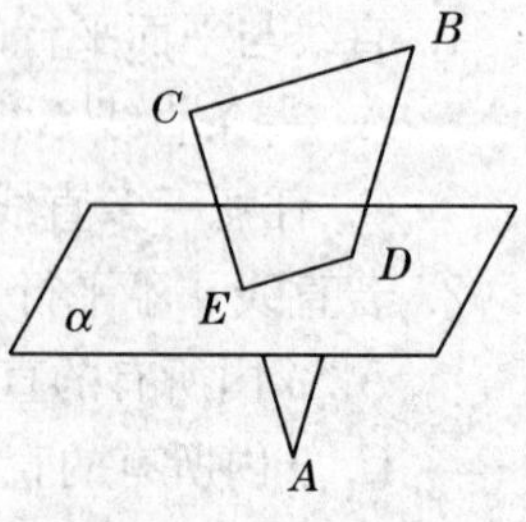

12. 如图，已知 E，F 分别是正方形 $ABCD$ 边 AD，AB 的中点，EF 交 AC 于 M，GC 垂直于 $ABCD$ 所在平面. 求证：$EF\perp$ 平面 GMC.

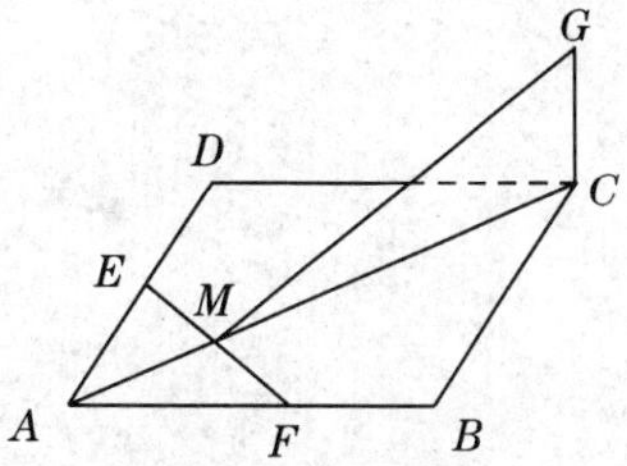

13. 正方体 $ABCD-A'B'C'D'$ 中，AC 是底面 $ABCD$ 的对角线，BD' 是与 AC 异面的正方体的对角线. 求证：$AC\perp BD'$.

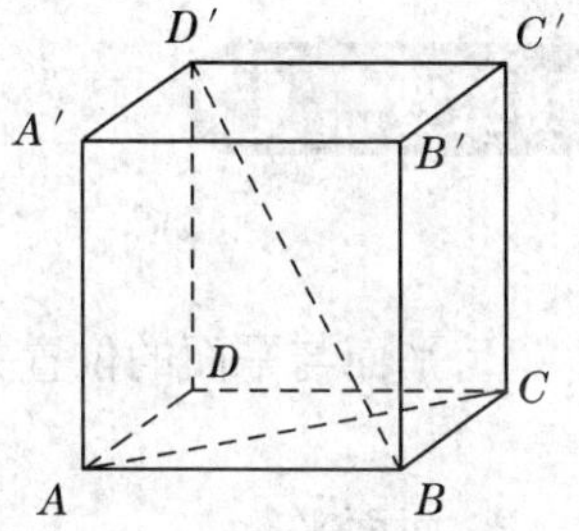

二、能力提高

14. 过空间一点作平面，使其同时与两条异面直线平行，这样的平面（　　）.

A. 只有一个　　B. 至多有两个

C. 不一定有　　D. 有无数个

15. 如图所示，$AB=8$ cm，$BC\perp AB$，$BD\perp AB$，在 BC、BD 所在的平面 α 内有一点 E，$BE=6$ cm，

求：(1) EB 和 AB，CD 和 AB 所成角的度数；

(2) AE 的长.

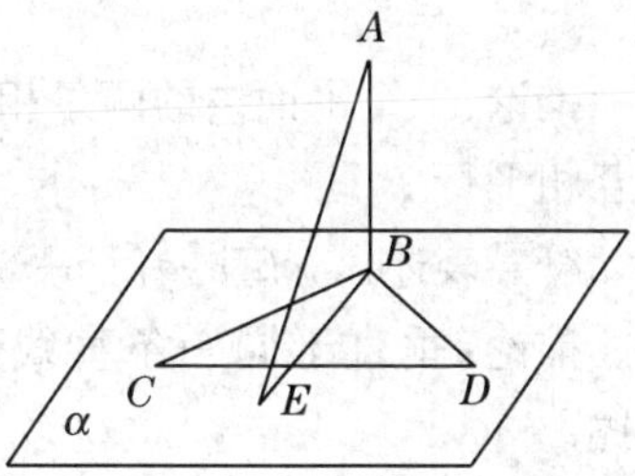

16. 如图所示,点 P 在正方形 $ABCD$ 所在平面外,$PA\perp$平面 $ABCD$,$PA=AB$,求 PB 与 AC 所成的角.

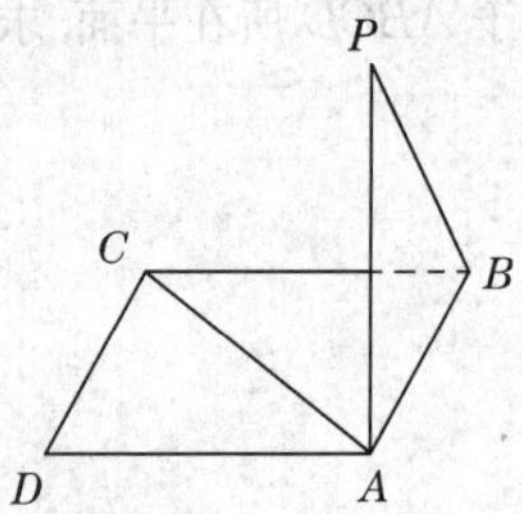

第四节　平面与平面的位置关系

知识要点

1. 平面与平面的位置关系:
   - 平行:$\alpha/\!/\beta$
   - 相交
     - 斜交:$\alpha\cap\beta=a$
     - 垂直:$\alpha\perp\beta$

2. 面面平行.

(1) 定义:如果两个平面没有公共点,那么就说这两个平面互相平行.$\alpha\cap\beta=\varnothing\Rightarrow\alpha/\!/\beta$.

(2) 判定定理:如果一个平面内的两条相交直线都平行于另一个平面,那么两个平面互相平行.

符号表述:$a,b\subset\alpha,a\cap b=O,a/\!/\alpha,b/\!/\alpha\Rightarrow\alpha/\!/\beta$(如下图①)

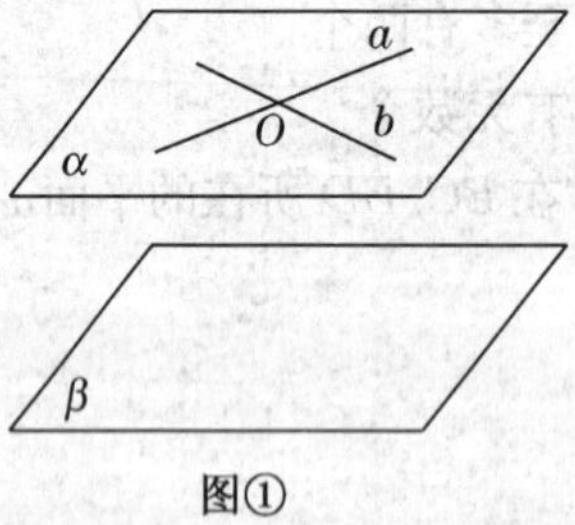

图①

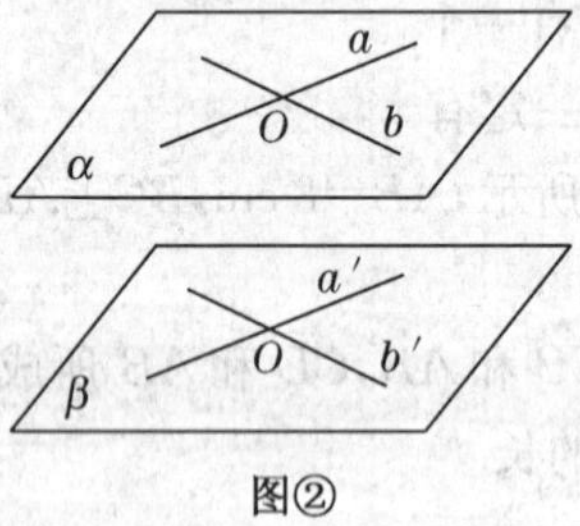

图②

推论:一个平面内的两条相交直线分别平行于另一个平面的两条直线,那么这两个平面互相平行.

符号表述:$a,b\subset\alpha,a\cap b=O,a',b'\subset\beta,a/\!/a',b/\!/b'\Rightarrow\alpha/\!/\beta$(如上图②)

推论:垂直于同一条直线的两个平面互相平行. 符号表述:

$a\perp\alpha,a\perp\beta\Rightarrow\alpha/\!/\beta$.(如右图)

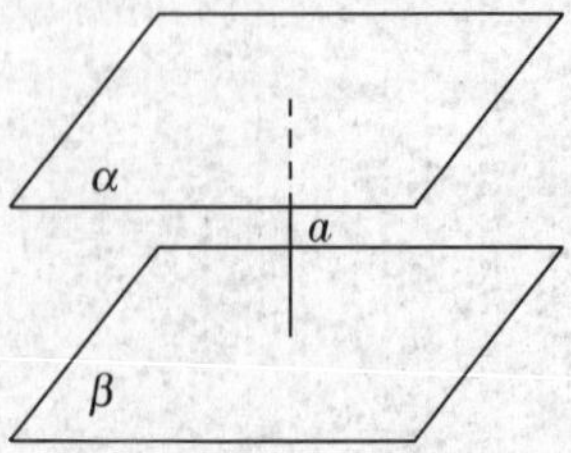

(3) 面面平行的性质.

① 如果两个平行平面同时和第三个平面相交,那么它们的交线平行.

用符号表示为：$\left.\begin{array}{l}\alpha /\!/ \beta \\ \alpha \cap \gamma=a \\ \beta \cap \gamma=b\end{array}\right\} \Rightarrow a /\!/ b$；(面面平行 ⇒ 线线平行)

② 两个平面平行，一个平面内的直线平行于另一个平面. 即：$\left.\begin{array}{l}\alpha /\!/ \beta \\ a \subset \alpha\end{array}\right\} \Rightarrow a /\!/ \beta$；"面面平行 ⇒ 线面平行"(用于证明)；

③ 夹在两个平行平面间的平行线段相等.

④ 和两个平行平面同时垂直的直线，叫作两个平行平面的公垂线.

夹在两个平行平面之间的公垂线段的长相等. 我们把它叫作两个平行平面间的距离.

3. 二面角及其平面角

① 二面角的概念：

从一条直线出发的两个半平面所成的图形叫作二面角.

② 二面角的表示：(如右图)

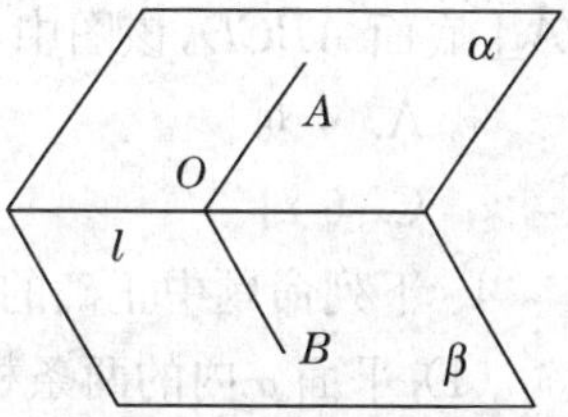

$\alpha-l-\beta$，$A-l-B$.

③ 二面角的平面角：

(1) 定义：(如右上图)

$OB \perp l, OA \perp l \Rightarrow \angle AOB$ 是二面角 $\alpha-l-\beta$ 的平面角.

(2) 特征：角的顶点在二面角的棱上；角的两边分别在两个平面内；角的两边都要垂直于二面角的棱.

(3) 范围：$\angle AOB \in [0°, 180°]$.

(4) 作用：用来度量二面角的大小.

④ 作二面角的平面角的方法：

(1) 定义法；(2) 三垂线法(常用)；(3) 垂面法.

4. 面面垂直

(1) 定义：若二面角 $\alpha-l-\beta$ 的平面角为 $90°$，则 $\alpha \perp \beta$；

(2) 判定定理：如果一个平面经过另一个平面的一条垂线，那么这两个平面互相垂直. 简记为：线面垂直，则面面垂直.

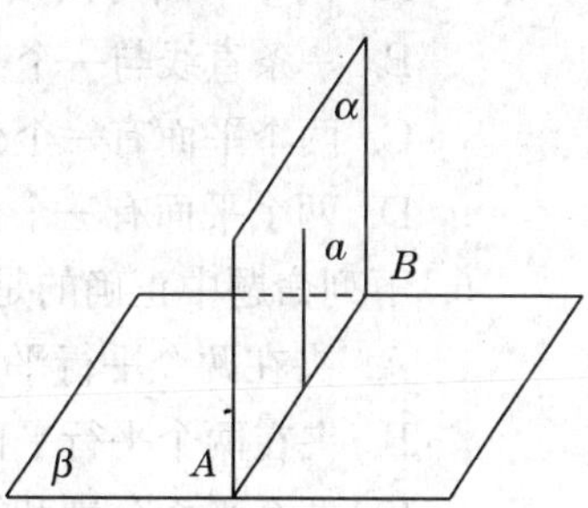

$\left.\begin{array}{l}a \subset \alpha \\ a \perp \beta\end{array}\right\} \Rightarrow \alpha \perp \beta$

(3) 性质定理：

① 若 $\alpha \perp \beta$，二面角的一个平面角为 $\angle MON$，则 $\angle MON=90°$；

② 如果两个平面互相垂直，那么在一个平面内垂直于交线的直线与另一个平面垂直. 简记为：面面垂直，则线面垂直.

$\left.\begin{array}{l}\alpha \perp \beta \\ \alpha \cap \beta=AB \\ a \subset \alpha \\ a \perp AB\end{array}\right\} \Rightarrow a \perp \beta$

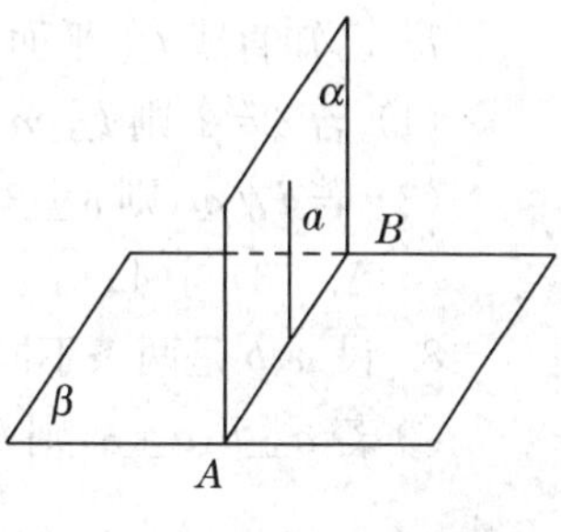

一、基础训练

1. 下列条件中,能判断两个平面平行的是(　　).

A. 一个平面内的一条直线平行于另一个平面

B. 一个平面内的两条直线平行于另一个平面

C. 一个平面内有无数条直线平行于另一个平面

D. 一个平面内任何一条直线都平行于另一个平面

2. 已知平面 α 内有无数条直线都与平面 β 平行,那么(　　).

A. $\alpha /\!/ \beta$　　B. α 与 β 相交

C. α 与 β 重合　　D. $\alpha /\!/ \beta$ 或 α 与 β 相交

3. 如图,四棱锥 $P-ABCD$ 中,$ABCD$ 是正方形,$PA \perp$ 底面 $ABCD$,该图中,互相垂直的面有(　　).

A. 4 对　　B. 5 对

C. 6 对　　D. 7 对

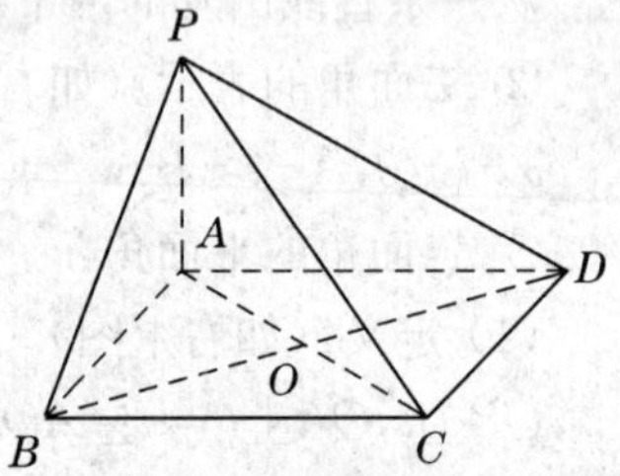

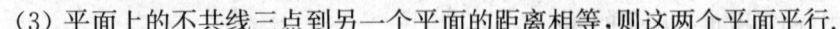

第 3 题图

4. 下列命题中正确的是(　　).

(1) 平面 α 内的两条相交直线分别平行于平面 β 内的两条相交直线,则 $\alpha /\!/ \beta$.

(2) 两个平面分别经过两条平行直线,则这两个平面互相平行.

(3) 平面上的不共线三点到另一个平面的距离相等,则这两个平面平行.

A. (1)　　B. (2)　　C. (3)　　D. (1)(2)(3)

5. 以下命题正确的是(　　).

A. 两个平面可以只有一个交点

B. 一条直线与一个平面最多有一个公共点

C. 两个平面有一个公共点,它们一定相交

D. 两个平面有三个公共点,它们一定重合

6. 下列命题中正确的是(　　).

A. 夹在两个平行平面间的相等线段必平行

B. 夹在两个平行平面间的平行线段相等

C. 两个平面分别和第三个平面相交,若两条交线平行,则这两个平面平行

D. 平行于同一条直线的两个平面互相平行

7. 已知直线 $l \perp$ 平面 α,直线 $m \subset$ 平面 β,下列四个命题中正确的是(　　).

(1) 若 $\alpha /\!/ \beta$,则 $l \perp m$　　(2) 若 $\alpha \perp \beta$,则 $l /\!/ m$

(3) 若 $l /\!/ m$,则 $\alpha \perp \beta$　　(4) 若 $l \perp m$,则 $\alpha /\!/ \beta$

A. (3)与(4)　　B. (1)与(3)　　C. (2)与(4)　　D. (1)与(2)

8. 设 a、b 是两条不同的直线,α、β 是两个不同的平面,则下列四个命题

① 若 $a \perp b$,$a \perp \alpha$,则 $b /\!/ \alpha$　　② 若 $a /\!/ \alpha$,$\alpha \perp \beta$,则 $a \perp \beta$

③ 若 $a\perp\beta,\alpha\perp\beta$,则 $a/\!/\alpha$　　④ 若 $a\perp b,a\perp\alpha,b\perp\beta$,则 $\alpha\perp\beta$

其中正确的命题的个数是(　　).

A. 0个　　B. 1个　　C. 2个　　D. 3个

9. 设两个平面互相垂直,则(　　).

A. 一个平面内的任何一条直线都垂直与另一个平面

B. 过交线上一点垂直于一个平面的直线必在另一个平面上

C. 过交线上一点垂直于交线的直线,必垂直于另一个平面

D. 分别在两个平面上的两条直线互相垂

10. 判断题

(1) 若 $\alpha\perp\beta$,则平面 α 内所有直线都垂直于平面 β.　(　　)

(2) 若平面 α 不垂直于平面 β,则平面 α 内一定不存在直线垂直于平面 β.　(　　)

(3) 经过平面的一条垂线,可以作且只能作一个平面与这个平面垂直.　(　　)

(4) 若 $a/\!/\alpha,a\perp\beta$,则 $\alpha\perp\beta$.　(　　)

(5) 一个二面角的平面角只有一个.　(　　)

(6) 二面角的棱必垂直于这个二面角的平面角所在的平面.　(　　)

11. 已知直线 $a/\!/$平面 α,平面 $\alpha/\!/$平面 β,则 a 与 β 的位置关系为________.

12. 一条直线与直二面角的两个面所成的角分别为 α 和 β,则 $\alpha+\beta$ 的取值范围为________.

13. 如图,P 是$\triangle ABC$ 所在平面外的一点,E,F,G 分别是$\triangle PBC$,$\triangle PAB$,$\triangle PAC$ 的重心,求证:平面 $ABC/\!/$平面 EFG.

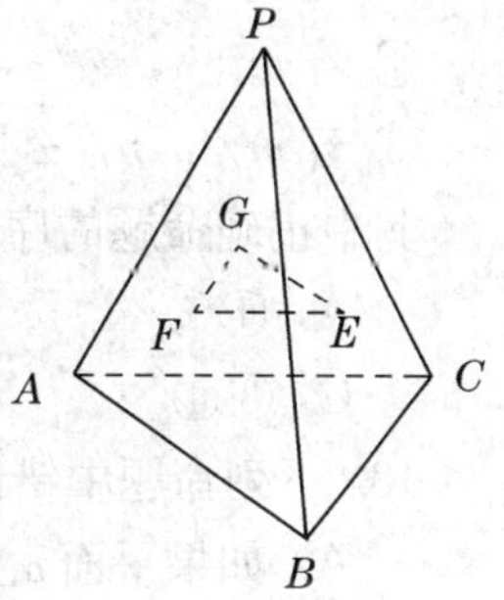

14. 如图,直二面角 $D-AB-E$ 中,四边形 $ABCD$ 是边长为 2 的正方形,$AE=EB$,F 为 CE 上的点,且 $BF\perp$平面 ACE.

(1) 求证:$AE\perp$平面 BCE;

(2) 求二面角 $B-AC-E$ 的大小.

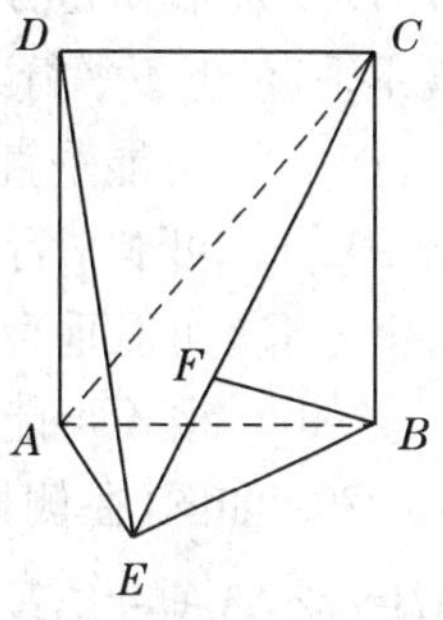

15. 河堤堤面上有一条直道 CD,它与堤脚的水平线 AB 的夹角为 $30°$,沿这条直道从堤脚上行走 40 m 时人升高了 14 m,求河堤斜面与水平面所成角的正弦值.

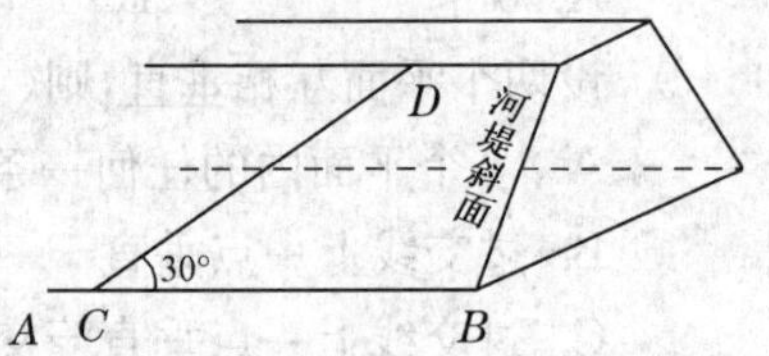

二、能力提高

16. a,b,c 为三条不重合的直线,α,β,γ 为三个不重合的平面,直线均不在平面内,给出六个命题:

① $\left.\begin{matrix}a/\!/c\\ b/\!/c\end{matrix}\right\}\Rightarrow a/\!/b$;② $\left.\begin{matrix}a/\!/\gamma\\ b/\!/\gamma\end{matrix}\right\}\Rightarrow a/\!/b$;③ $\left.\begin{matrix}\alpha/\!/c\\ \beta/\!/c\end{matrix}\right\}\Rightarrow \alpha/\!/\beta$;④ $\left.\begin{matrix}\alpha/\!/c\\ a/\!/c\end{matrix}\right\}\Rightarrow a/\!/\alpha$;

⑤ $\left.\begin{matrix}\alpha/\!/\gamma\\ \beta/\!/\gamma\end{matrix}\right\}\Rightarrow \alpha/\!/\beta$;⑥ $\left.\begin{matrix}a/\!/\gamma\\ a/\!/\gamma\end{matrix}\right\}\Rightarrow a/\!/\alpha$.

其中正确的命题是________________.( )

A. ①②④⑤　　B. ①③④⑤

C. ①④⑤⑥　　D. ②③⑤⑥

17. 设 m、n 是两条不同的直线,α、β、γ 是三个不同的平面,给出下列四个命题:

① 若 $m\perp\alpha$, $n/\!/\alpha$,则 $m\perp n$;② 若 $\alpha/\!/\beta,\beta/\!/\gamma,m\perp\alpha$,则 $m\perp\gamma$;

③ 若 $m/\!/\alpha,n/\!/\alpha$,则 $m/\!/n$;④ 若 $\alpha\perp\gamma,\beta\perp\gamma$,则 $\alpha/\!/\beta$.

其中正确命题的序号是( ).

A. ①②　　B. ②③

C. ③④　　D. ①④

18. 下列命题中错误的是( ).

A. 如果平面 $\alpha\perp$ 平面 β,那么 α 内所有直线都垂直于平面 β

B. 如果平面 $\alpha\perp$ 平面 β,那么 α 内一定存在直线平行于平面 β

C. 如果平面 α 不垂直于平面 β,那么 α 内一定不存在直线垂直于平面 β

D. 如果平面 $\alpha\perp$ 平面 γ,平面 $\beta\perp$ 平面 γ,$\alpha\cap\beta=l$,那么 $l\perp$ 平面 γ

19. m 和 n 是分别在两个互相垂直的面 α、β 内的两条直线,α 与 β 交于 l,m 和 n 与 l 既不垂直,也不平行,那么 m 和 n 的位置关系是( ).

A. 可能垂直,但不可能平行

B. 可能平行,但不可能垂直

C. 可能垂直,也可能平行

D. 既不可能垂直,也不可能平行

20. 如图,在侧棱垂直底面的四棱柱 $ABCD-A_1B_1C_1D_1$ 中,$AD/\!/BC$,$AD\perp AB$,$AB=\sqrt{2}$,$AA_1=2$,E 是 DD_1 的中点,F 是平面 B_1C_1E 与直线 AA_1 的交点.

证明：(1) $EF /\!/ A_1D_1$；

(2) $BA_1 \perp$ 平面 B_1C_1EF.

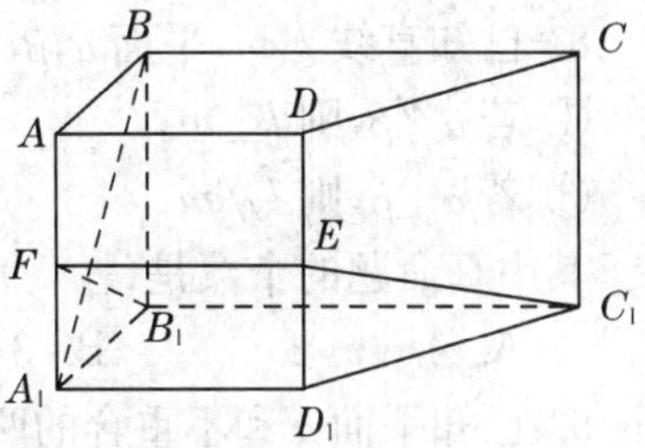

第八章　综合测试题

一、选择题(本大题共 10 小题，每小题 4 分，共 40 分).

1. 下列命题，真命题的是(　　).

A. 空间不同的三点确定一个平面

B. 空间两两相交的三条直线确定一个平面

C. 和同一直线都相交的三条平行线在同一平面内

D. 两组对边相等的四边形是平行四边形

2. 若 $a /\!/ b, b \cap c = A$，则 a, c 的位置关系是(　　).

A. 异面直线　　B. 相交直线

C. 平行直线　　D. 相交直线或异面直线

3. 下列命题中正确的是(　　).

A. $\left.\begin{array}{l} a /\!/ b \\ a \perp \alpha \end{array}\right\} \Rightarrow b /\!/ \alpha$　　B. $\left.\begin{array}{l} a \perp \alpha \\ b \perp \alpha \end{array}\right\} \Rightarrow a /\!/ b$

C. $\left.\begin{array}{l} a \perp \alpha \\ a \perp b \end{array}\right\} \Rightarrow b /\!/ \alpha$　　D. $\left.\begin{array}{l} a /\!/ \alpha \\ a \perp b \end{array}\right\} \Rightarrow b \perp \alpha$

4. 平面 α 与平面 β 平行的条件可以是(　　).

A. α 内有无穷多条直线与 β 平行

B. 直线 $a /\!/ \alpha, a /\!/ \beta$

C. 直线 $a \subset \alpha$，直线 $b \subset \beta$，且 $a /\!/ \beta, b /\!/ \alpha$

D. α 内的任何直线都与 β 平行

5. 在 $\triangle ABC$ 所在的平面 α 外有一点 P，且 $PA = PB = PC$，则 P 在 α 内的射影是 $\triangle ABC$ 的(　　).

A. 垂心　　B. 内心　　C. 外心　　D. 重心

6. 若 l、m、n 是互不相同的空间直线，α、β 是不重合的平面，则下列命题中为真命题的是(　　).

A. 若 $\alpha /\!/ \beta, l \subset \alpha, n \subset \beta$，则 $l /\!/ n$　　B. 若 $\alpha \perp \beta, l \subset \alpha$，则 $l \perp \beta$

C. 若 $l \perp \alpha, l /\!/ \beta$，则 $\alpha \perp \beta$　　D. 若 $l \perp n, m \perp n$，则 $l /\!/ m$

7. 在直二面角 $\alpha - l - \beta$ 中，直线 $a \subset \alpha$，直线 $b \subset \beta$，a, b 与 l 斜交，则(　　).

A. a 不能和 b 垂直，但可能 $a /\!/ b$

B. a 可能和 b 垂直，也可能 $a /\!/ b$

C. a 不能和 b 垂直，a 也不能和 b 平行

D. a 不能和 b 平行，但可能 $a \perp b$

8. 已知直线 l,m,平面 α,β,且 $l\perp\alpha,m\subset\beta$,给出四个命题:

① 若 $\alpha/\!/\beta$,则 $l\perp m$; ② 若 $l\perp m$,则 $\alpha/\!/\beta$;

③ 若 $\alpha\perp\beta$,则 $l/\!/m$; ④ 若 $l/\!/m$,则 $\alpha\perp\beta$.

其中真命题的个数是( ).

A. 4 B. 3 C. 2 D. 1

9. 已知平面 α 和不重合的两条直线 m、n,下列选项正确的是( ).

A. 如果 $m\subset\alpha,n\not\subset\alpha$,$m$、$n$ 是异面直线,那么 $n/\!/\alpha$

B. 如果 $m\subset\alpha$,n 与 α 相交,那么 m、n 是异面直线

C. 如果 $m\subset\alpha,n/\!/\alpha$,$m$、$n$ 共面,那么 $m/\!/n$

D. 如果 $m\perp\alpha,n\perp m$,那么 $n/\!/\alpha$

10. 如图,正方体 $ABCD-A_1B_1C_1D_1$ 中,E、F 分别为棱 AB、CC_1 的中点,在平面 ADD_1A_1 内且与平面 D_1EF 平行的直线( ).

A. 有无数条 B. 有 2 条

C. 有 1 条 D. 不存在

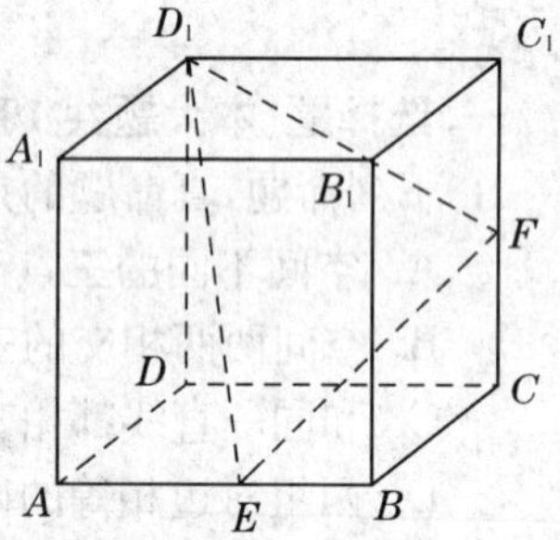

第 10 题图

二、填空题(本大题共 4 小题,每小题 5 分,共 20 分).

11. 已知直线 $b/\!/$平面 α,平面 $\alpha/\!/$平面 β,则直线 b 与 β 的位置关系为__________________.

12. 在正方体 $ABCD-A_1B_1C_1D_1$ 中,写出过顶点 A 的一个平面________,使该平面与正方体的 12 条棱所在的直线所成的角均相等(注:填上你认为正确的一个平面即可,不必考虑所有可能的情况).

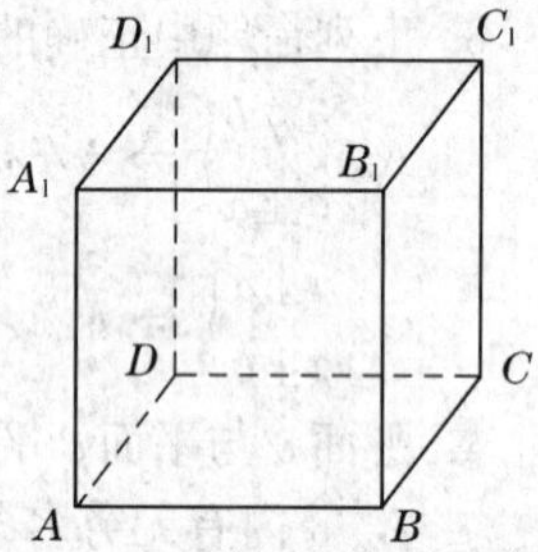

第 12 题图

13. 平面 $\alpha/\!/$平面 β,过平面 α、β 外一点 P 引直线 PAB 分别交 α、β 于 A、B 两点,$PA=6$,$AB=2$,引直线 PCD 分别交 α、β 于 C、D 两点. 已知 $BD=12$,则 AC 的长等于__________________.

14. 将正方形 $ABCD$ 沿对角线 BD 折成直二面角 $A-BD-C$,有如下四个结论:

(1) $AC\perp BD$;(2) $\triangle ACD$ 是等边三角形;

(3) AB 与平面 BCD 所成的角为 60°;(4) AB 与 CD 所成的角为 60°.

其中正确结论的序号为________.

三、解答题(本大题共 4 小题,每小题 10 分,共 40 分).

15. 如图,$ABCD-A_1B_1C_1D_1$ 为正方体,

(1) 求证:$BD/\!/$平面 CB_1D_1;

(2) 求证:$AC_1\perp$平面 CB_1D_1;

(3) 求二面角 $C-B_1D_1-C_1$ 的正切值.

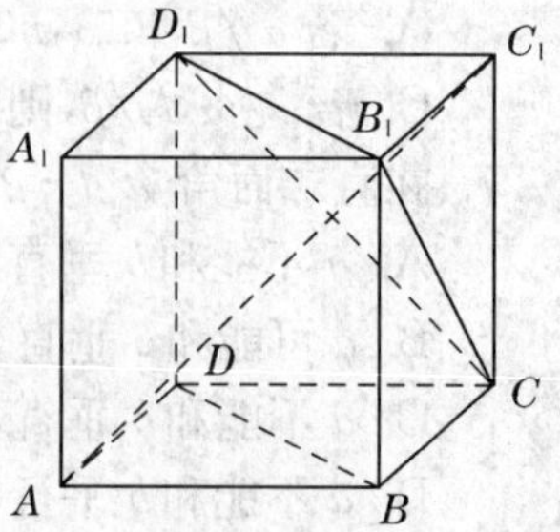

16. 如图，已知 P 是平行四边形 $ABCD$ 所在平面外一点，M、N 分别是 AB、PC 的中点.

(1) 求证：$MN /\!/$ 平面 PAD；

(2) 若 $MN=BC=4$，$PA=4\sqrt{3}$，求异面直线 PA 与 MN 所成的角的大小.

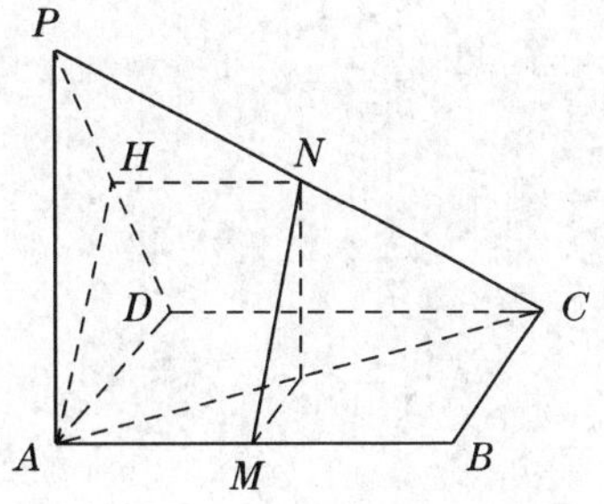

17. 如图，在四棱锥 $P-ABCD$ 中，四边形 $ABCD$ 是正方形，$PD\perp$ 平面 $ABCD$，$PD=AB=2$，E，F，G 分别是 PC，PD，BC 的中点.

(1) 求证：$GC\perp$ 平面 CEF；

(2) 求证：平面 $PAB /\!/$ 平面 EFG.

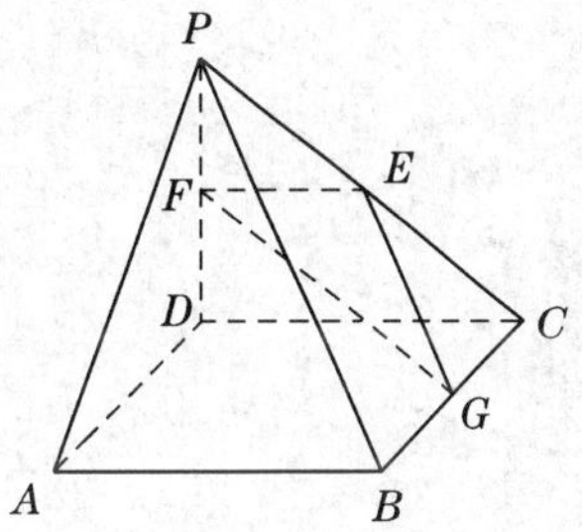

18. 如图，正四棱柱 $ABCD-A_1B_1C_1D_1$ 中，底面边长为 $2\sqrt{2}$，侧棱长为 4，E、F 分别为 AB、BC 的中点，$EF\cap BD=G$.

(1) 求证：平面 $B_1EF\perp$ 平面 BDD_1B；

(2) 求点 D_1 到平面 B_1EF 的距离.

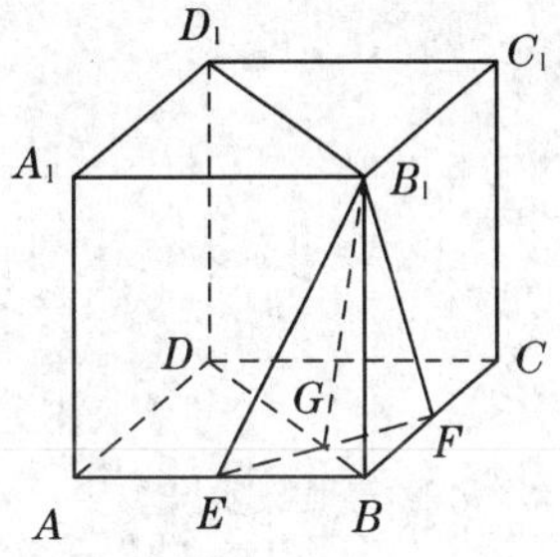

ISBN 978-7-305-21370-0

9 787305 213700 >

定价:45.00元